锚泊及动力定位系统

主　编　李文华　林珊颖
主　审　陈海泉

大连海事大学出版社
DALIAN MARITIME UNIVERSITY PRESS

图书在版编目(CIP)数据

锚泊及动力定位系统 / 李文华，林珊颖主编. — 大连：大连海事大学出版社，2022.6
ISBN 978-7-5632-4283-2

Ⅰ. ①锚…　Ⅱ. ①李… ②林…　Ⅲ. ①船舶定位—动力系统　Ⅳ. ①U675.6

中国版本图书馆 CIP 数据核字(2022)第 080156 号

大连海事大学出版社出版

地址:大连市黄浦路523号 邮编:116026 电话:0411-84729665(营销部) 84729480(总编室)
http://press.dlmu.edu.cn　E-mail:dmupress@dlmu.edu.cn

大连天骄彩色印刷有限公司印装　　大连海事大学出版社发行

2022 年 6 月第 1 版　　2022 年 6 月第 1 次印刷
幅面尺寸:184 mm×260 mm　　印张:11.75
字数:285 千　　印数:1~500 册

出版人:刘明凯

责任编辑:沈荣欣　　责任校对:刘长影
封面设计:张爱妮　　版式设计:张爱妮

ISBN 978-7-5632-4283-2　　定价:30.00 元

内容提要

本书是为满足轮机工程专业海洋装备技术与管理方向及船舶与海洋工程相关专业学生更深入地学习浮式结构物定位系统的要求而编写的。本书对锚泊及动力定位系统的基本组成、关键设备、分析和设计的基本方法以及最新技术做了系统全面的阐述。全书共计11章,内容包括概述、锚泊定位系统概述、锚泊定位系统设备、锚泊定位系统分析、锚泊定位系统设计、动力定位系统简介、动力定位测量系统、动力定位控制系统、动力定位动力系统、动力定位推进系统、动力定位船舶作业与动力定位系统失效移位。

本书可作为轮机工程专业海洋装备技术与管理方向课程对应的教材,也可作为船舶与海洋工程类及相关专业有关课程的教学用书,还可作为船舶与海洋工程方面的工程技术人员和管理人员学习和工作的参考书。

前　言

党的十八大做出了建设海洋强国的重大部署，建设海洋强国是中国特色社会主义事业的重要组成部分，而实施“海洋强国”的国家战略，建立与海洋资源开发相适应的技术人才队伍是关键。为满足建设“海洋强国”和国家海洋资源开发急需培养大量高端海洋装备技术与管理人才的迫切需要，2014 年经交通运输部批准，大连海事大学从轮机工程专业新设海洋装备技术与管理方向，目前已经毕业了四届毕业生，毕业生工作在船舶与海洋工程等领域的各个岗位，积极投身“海洋强国”建设。

全书共计 11 章。第 1 章概述；第 2 章锚泊定位系统概述；第 3 章锚泊定位系统设备；第 4 章锚泊定位系统分析；第 5 章锚泊定位系统设计；第 6 章动力定位系统简介；第 7 章动力定位测量系统；第 8 章动力定位控制系统；第 9 章动力定位动力系统；第 10 章动力定位推进系统；第 11 章动力定位船舶作业与动力定位系统失效移位。

本书是轮机工程专业海洋装备技术与管理方向的教材，也可作为船舶与海洋工程类及相关专业有关课程的教学用书。此外，还可作为船舶与海洋工程方面的工程技术人员和管理人员学习和工作的参考书。

本书由李文华、林珊颖主编，其中第 1、6、7、8、9、10、11 章由李文华编写，第 2~5 章由林珊颖编写。大连海事大学韩凤翚、周性坤、闯振菊、郭阳、乔卫亮，南通力威机械有限公司葛杨元、吕庆桃、章平，浙江四兄绳业有限公司李航宇，北京石油化工学院荆丰梅，交通运输部救助打捞局赵星福参与了编写工作。本书由陈海泉教授主审。

由于锚泊及动力定位系统涉及的专业技术领域和范围很广，限于编者的理论水平和实践经验，书中难免有不足或疏漏之处，敬请读者不吝指正。最后，向本书所参阅、引用有关资料的国内外作者，致以谢忱。

作　者

2022 年 5 月

目　录

第1章 概述

1. 海洋工程的定义与分类

海洋工程是应用海洋学、其他相关基础学科和技术学科开发利用海洋所形成的综合技术学科。海洋工程是指以开发、利用、保护、恢复海洋资源为目的,并且工程主体位于海岸线向海一侧的新建、改建、扩建工程。海洋工程具体包括:围填海、海上堤坝工程,人工岛、海上和海底物资储藏设施、跨海桥梁、海底隧道工程,海底管道、海底电(光)缆工程,海洋矿产资源勘探开发及其附属工程,海上潮汐电站、波浪电站、温差电站等海洋能源开发利用工程,大型海水养殖场、人工鱼礁工程,盐田、海水淡化等海水综合利用工程,海上娱乐及运动、景观开发工程,以及国家海洋主管部门会同国务院环境保护主管部门规定的其他海洋工程。

按海洋开发利用的海域,海洋工程可分为海岸工程、近海工程和深海工程,但三者又有所重叠。

(1)海岸工程:为海岸带开发服务的工程,主要包括海岸防护工程、围海工程、海港工程、河口治理工程、海上疏浚工程、沿海渔业设施工程、环境保护设施工程等。

(2)近海工程:又称离岸工程,主要是在大陆架较浅水域的海上平台、人工岛等的建设工程,以及在大陆架较深水域的建设工程,如浮船式平台、移动半潜平台、自升式平台、石油和天然气勘探开采平台、浮式贮油库、浮式炼油厂、浮式飞机场等建设工程。

(3)深海工程:包括无人深潜的潜水器和遥控的海底采矿设施等建设工程。

2. 海洋工程装备的定义与分类

海洋储藏着丰富的油气资源、生物资源、空间资源和可再生能源资源等,是人类生存和经济发展的重要战略空间。21 世纪以来,海洋成为国家经济发展和对外开放的重要窗口,在保护国家安全、维护国家主权和获取经济利益方面的作用日益突出。海洋开发装备在人们认识和利用海洋的过程中起到了不可取代的作用,是认知海洋、开发海洋、利用海洋、维护海洋权益的基础和保障。当前,世界海洋开发装备技术正向深水化、智能化、清洁化、系统化和集约化发展。

海洋工程装备是人类在未来开发、利用海洋资源所进行的生产和服务中使用的各类装备,其核心应当是海洋资源开发设备,主要指运用于海洋资源勘探、开采、储运及后勤服务等领域的大型工程装备或辅助装备。

目前,海洋资源开发主要包含六方面内容:油气资源、生物资源、可再生能源、矿产资源、海水资源和空间资源开发。海洋开发装备体系图见附图 1。

海洋油气资源装备是指用于油气资源勘探、开发、储运与后期服务等诸多方面的大型工程装备,可以划分为勘探装备、生产装备、海洋工程船、建造辅助船舶和水下生产系统等,具体装备包括各类钻井平台(船)、生产平台、浮式生产储卸装置(Floating Production Storage and Offloading, FPSO)、穿梭油船、起重船、铺缆铺管船、半潜船、三用工作船及平台供应船等,见附图2。

在海洋生物资源开发装备方面,发展较为迅速且较为成熟的是海洋渔业装备,其中包括鱼类探测装备、养殖工船和深水养殖网箱等。而另一方面,海洋药物与生物制品相关技术与装备的研究正在起步阶段,以海洋生物为原料或提取生物活性物质、特殊生物基因等成分,进行海洋药物、功能食品、生物材料等的生产工作正在进行之中。

海洋可再生能源,根据能源形式可划分为潮汐能、离岸风能、潮流能、波浪能、温差能和盐差能。近年来,随着海洋新能源开发装备技术的发展,一些海洋国家在海洋新能源开发技术上取得了一定的突破,并开展了相应的工程应用。

海洋矿产资源装备可划分为海洋矿产资源勘探装备和海洋矿产资源开发装备两大类,装备研发和相关技术的攻关围绕多金属结核、富钴结壳和多金属硫化物等不同矿物的采集作业特点进行。虽然整体上与大规模商业化开采还存在一定差距,但在关键装备技术上还是取得了相应的进展。

海水综合利用主要包括海水淡化、海水直接利用和海水化学元素利用三个方面。其中海水淡化技术发展最为迅猛,工业化程度也相对较高,其方法一般分为热法(蒸馏法)和膜法两大类。

海洋空间资源开发是指将水面、水下和水面上空的空间资源用于交通、生产、居住和娱乐的诸多海洋开发与生产活动。传统海洋空间资源包括海洋港口与海洋运输。新型海洋空间资源包括人工岛、海上桥梁、海上机场、海上/海底工厂、海上娱乐场、海上城市、海底隧道、海底仓库等。其中,大型海上浮式结构物和载人潜器是较为有代表性的装备。

海洋开发装备具有高投入、高风险的特点,且呈现出大型化、深水化、多样化和高端化的趋势。目前,主要的海洋开发技术依然掌握在韩国、美国、日本和一些欧洲国家手中。美国和一些欧洲国家在深水或超深水平台和核心技术设备方面始终占据着垄断地位。

3. 海上石油资源开采过程

海上石油开采作业涉及较为广泛的内容,从寻找海底石油储藏构造到将原油从海上运回岸上都属于其作业范围。其作业过程主要分为五个阶段:勘探、勘探性钻井、开发性钻井、采油生产和原油运输(指由采油处运送上岸的运输)。

(1)勘探

勘探阶段的主要任务是寻找和确定海底储油层,属于间接勘探。石油生成于沉积盆地的沉积岩里,寻找及确定此种油藏主要采用地质调查、地球物理勘探和钻井勘探三种方法,需用勘探船作业,如图1-1所示。“海洋石油720”是12缆三维地震物探船,工作水深可达3 000 m,可在5级海况和3 kn海流情况下采集地震数据,如图1-2所示。

(2)勘探性钻井

勘探性钻井阶段的主要任务是证实或否认经地质调查和地球物理勘探确定某一地区可能有油藏结构的确实性,属于直接勘探,是确定油气藏量的最后一环。一般采用移动式钻井装置来完成钻井作业,如图1-3所示。

图 1-1 勘探船作业

图 1-2 “海洋石油 720”物探船

(a)坐底式(小于 15 m 浅水区)　(b)自升式(15~80 m 水深海区)　(c)半潜式(水深超过 80 m)

图 1-3 移动式钻井装置

(3)开发性钻井

开发性钻井是在经勘探性钻井确认有开采价值的地区,将井钻到已查明的储油海底层,以最有利的方式把油藏开采出来。它是为采油服务,给地下油流打开通路的生产井。采用生产平台或移动式钻井平台的钻井设备来进行钻井作业,如图 1-4 所示。

(4)采油生产

开发性钻井一完成,便开始采油生产。将开采出来的原油经过采油处理设施进行处理,把油、气、水混合物分离出来。

海上油田的采油处理设施设置在导管架平台、重力式平台等着底型生产平台(采油平台)或张力腿平台、立柱浮筒式平台(Spar)、FPSO 等浮式结构上,如图 1-5 所示。

(5)原油运输

①开采出来的原油在离岸较近的浅水区:驳船或敷设管道直接从储油平台输运至岸上,如

(a)固定式生产平台

(b)采用动力定位的钻井船

图 1-4 开发性钻井作业

(a)导管架平台

(b)浮式结构

图 1-5 采油生产

图 1-6 所示。

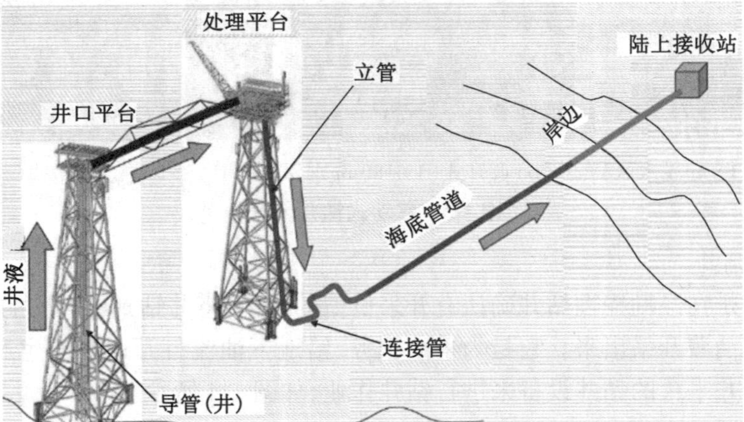

图 1-6 近岸通过海底管道输送原油

②开采出来的原油在远离岸边的海上油田：

(a)海上生产平台处理好的石油→单点系泊系统→穿梭油船→岸上，如图 1-7 所示；

(b)井口平台、水下井口的原油→单点系泊系统→浮式生产系统→穿梭油船→岸上，如图 1-8 所示。

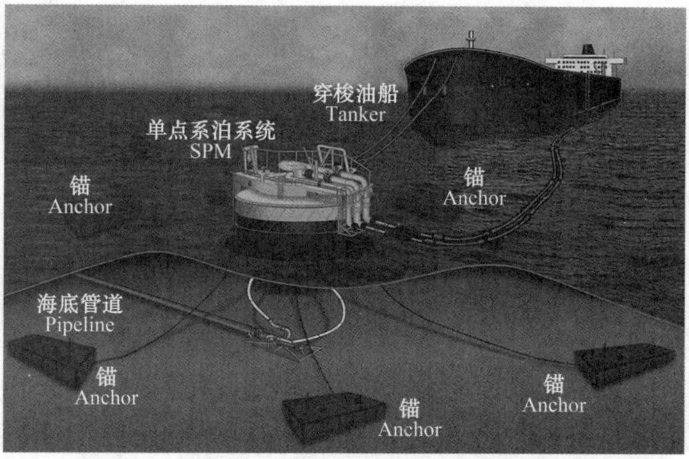

图 1-7　通过单点系泊系统经穿梭油船输送原油

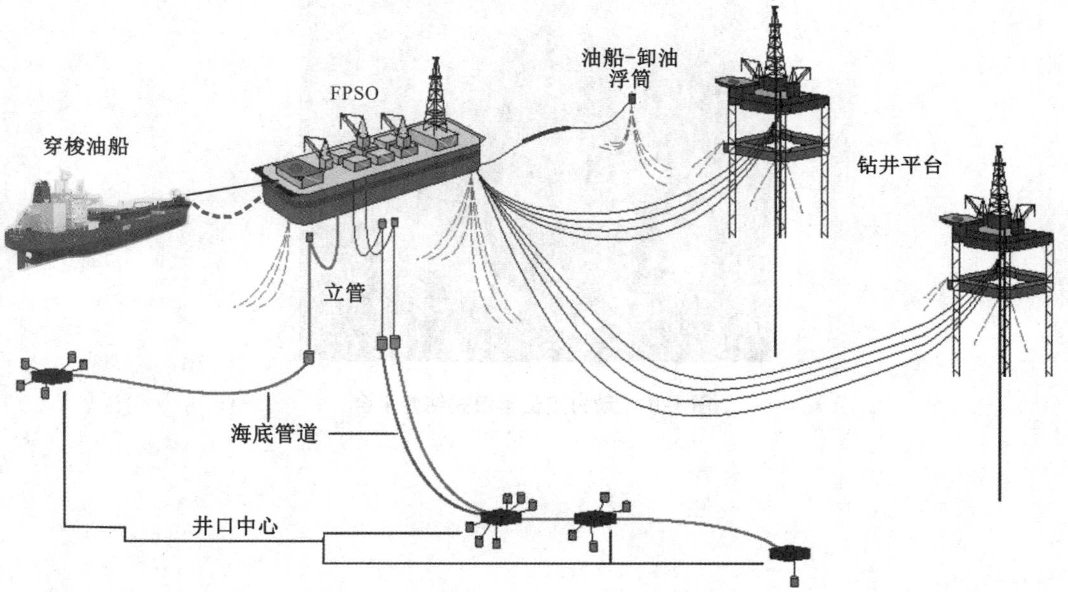

图 1-8　通过浮式生产系统处理后经穿梭油船输送原油

4. 船舶/平台的定位方式

船舶/平台在海上有两种定位方式:锚泊定位系统和动力定位系统。

(1)锚泊定位系统(Mooring Positioning System)

锚泊定位就是用锚抓住海底,再通过锚链或锚缆拉住平台将其定位。锚泊定位系统,随着作业水深增加,锚链长度和强度都要增加,进而船舶/平台重量增加,钻井甲板上的可变载荷减少,设备布置困难。锚泊定位所用的设备是锚泊定位装置,通常由锚机、锚、锚链或锚缆组成,如图 1-9 所示。

(2)动力定位系统(Dynamic Positioning System)

动力定位系统具有不受海上深度和海况影响、机动性强、定位精度高、操纵简单等特点。水面动力定位的船舶/平台,由于受到海洋环境(风、波浪和海流)的作用,会产生纵荡、横荡和

图 1-9　锚泊定位半潜式钻井平台

艏摇三自由度运动，动力定位系统就是为了克服海洋环境的扰动来控制船舶/平台的平面运动，采用动力定位半潜式钻井平台如图 1-10 所示，采用动力定位的钻井船如图 1-4(b)所示。

图 1-10　动力定位半潜式钻井平台

第2章　锚泊定位系统概述

第 1 节　锚泊定位系统分类

1. 移动性、暂时性与永久性

根据海上作业的持续时间，锚泊定位系统可分为以下三类：

（1）移动性系泊（Mobile Mooring）系统，适用于铺管船、起重船、工程辅助船等。这些船在作业时，需要拖带着它们所用的锚沿着预定的路线行进。

（2）暂时性系泊（Temporary Mooring）系统，适用于钻井平台、钻井船等临时性系泊系统，其作业时间从几周到几个月不等。

（3）永久性系泊（Permanent Mooring）系统，适用于各种长期海上作业的浮式结构物。根据设计寿命的不同和油气资源的丰富程度，可在作业海域工作几年甚至几十年。

2. 悬链线式与张紧式

根据系泊线在水下的形态，锚泊定位系统可分为悬链线式系泊系统（Catenary Mooring）和张紧式系泊系统（Taut Mooring）。

悬链线式系泊系统是对浮式结构进行定位的最常用的方式，适用于相对较浅的作业海域水深。浮式结构作业时，由于系泊线的自重，系泊线形成悬链线形状，从而产生必要的柔度，以应对浮子的静态偏移和动态运动，如图 2-1 所示。根据不同需要，系泊线可以由单一成分系泊线材料组成，也可以由多种成分组合而成，一般为纯锚链或锚链、钢缆组合。

系泊线的回复力由其自身的重力而产生，系泊线的底部通常保持有足够的长度与海底相接触，即使浮式结构处在最恶劣的海况下，系泊线底部仍需有与海底相切的部分，这样，海底锚只受水平方向的力，而不承受垂向力。悬链线式系泊系统系泊线的受力变化情况如图 2-2 所示。因此，悬链线式系泊系统在海底占据的范围，即系泊点的影响半径将会很大。可在系泊线上悬挂浮筒以提升地面部分的系泊线，从而使其免受海底障碍物的影响。浮筒减小了链的重量，增加了系泊线的刚度，减小了平台在外载荷作用下的位移；同时，浮筒还降低了平台的垂向载荷。

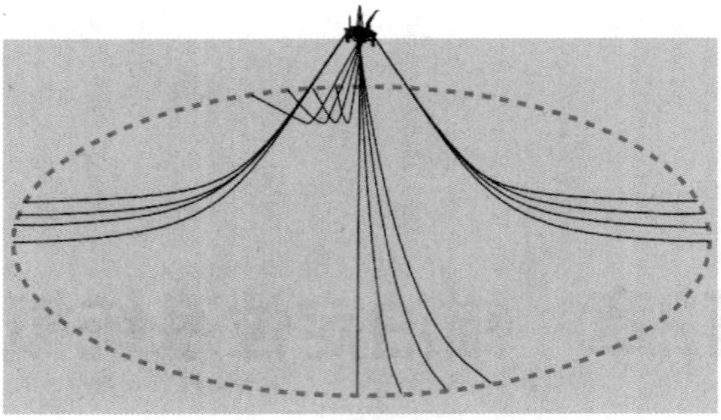

图 2-1　悬链线式系泊系统

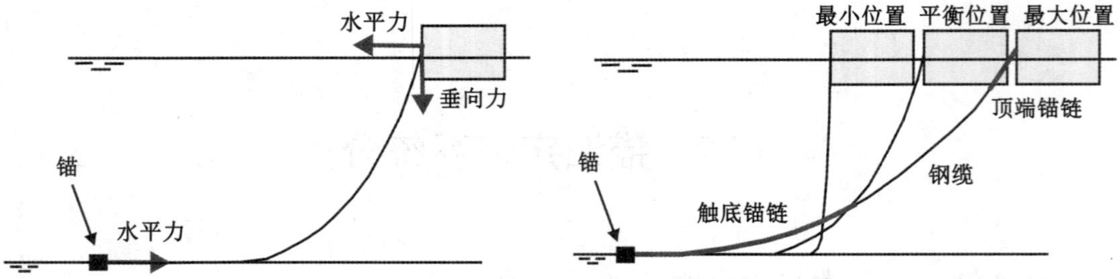

图 2-2　悬链线式系泊系统系泊线受力变化情况

随着海洋油气资源的开采逐渐向深海发展,张紧式系泊系统正替代传统悬链线式系泊系统广泛应用于深水。浮式结构作业水深增加,由锚链组成的系泊线的自重也会随之增加,这不仅增加了锚链内的张力,而且也增加了浮式结构受到的垂向载荷,进而使得浮式结构的有效荷载能力减小;另外,随着水深的增加,锚链的定位能力也会快速下降。因此,深水浮式结构的锚泊定位系统,常采用张紧式系泊方式,对系泊线的质量也有一定的限制,需要采用质量较轻、强度与质量比大的合成纤维材料,如聚酯材料,目前此种材料应用越发广泛。

张紧式系泊系统的系泊线与海底以一定的角度相交,系泊线总是处于张紧状态,如图 2-3 所示。系泊线的回复力主要由其自身的弹性而产生,海底锚要同时承受水平和垂直方向的力,如图 2-4 所示。而且,张紧式系泊系统在海底占据范围比悬链线式系泊系统要小很多,这也是张紧式系泊系统优于悬链线式系泊系统的地方。

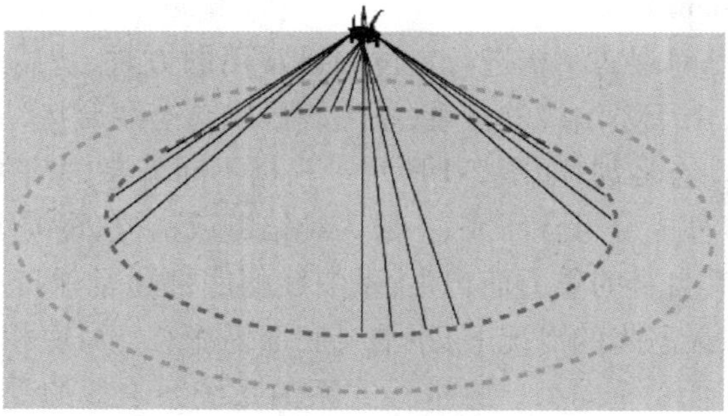

图 2-3　张紧式系泊系统

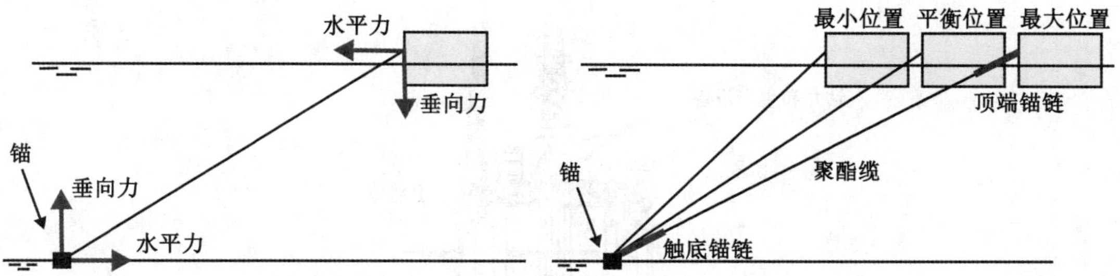

图 2-4 张紧式系泊系统系泊线受力图

3. 多点式与单点式

按照锚泊定位系统对浮式结构方向的控制，锚泊定位系统又可分为多点式系泊系统(Spread Mooring)和单点式系泊系统(Single Point Mooring)。

半潜式平台或Spar平台对所受环境载荷的方向相对不敏感，因此这两种平台可通过多点式系泊系统进行定位，半潜式平台多点系泊系统如图 2-5 所示。多点式系泊系统也同样适用于对环境载荷方向更敏感的船形浮式平台。系泊线可以是锚链、钢缆、合成纤维或三者的组合。

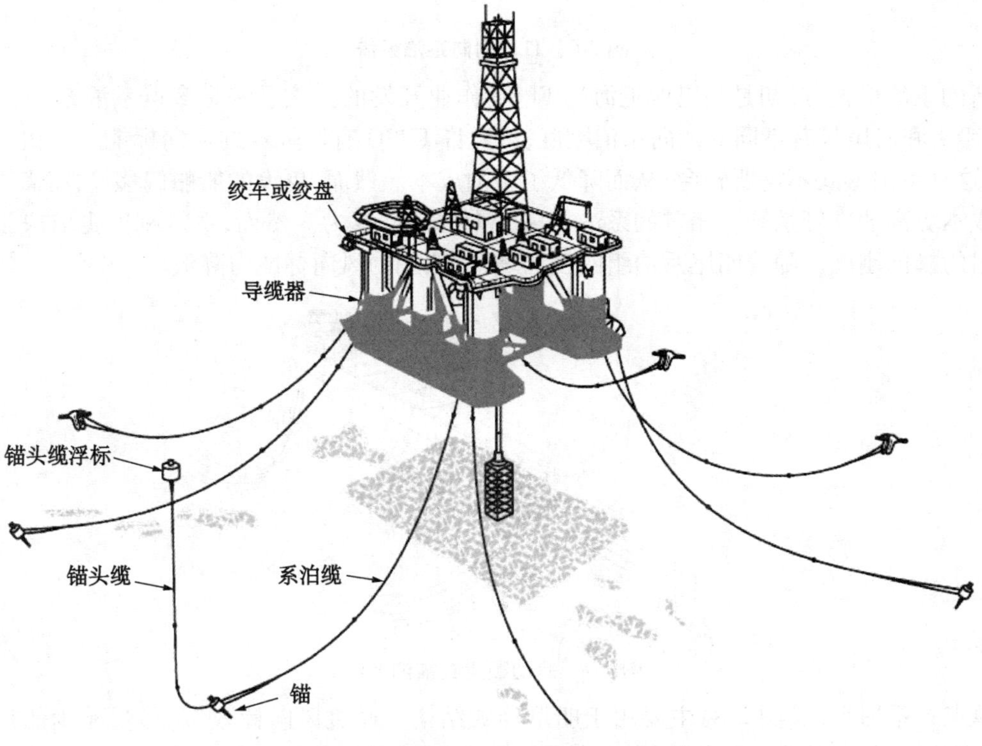

图 2-5 半潜式平台多点系泊系统

如图 2-6 所示，TLP(张力腿平台)侧向系泊系统将多点式系泊系统与张力腿结合，以限制 TLP 的位移，从而提高了 TLP 的可操作性和可靠性。这种多点式系泊系统的配置和设计类似于半潜式平台的多点系泊系统。

如图 2-7 所示，差动顺应式锚泊系统(Differential Compliance Anchoring System，DICAS)是

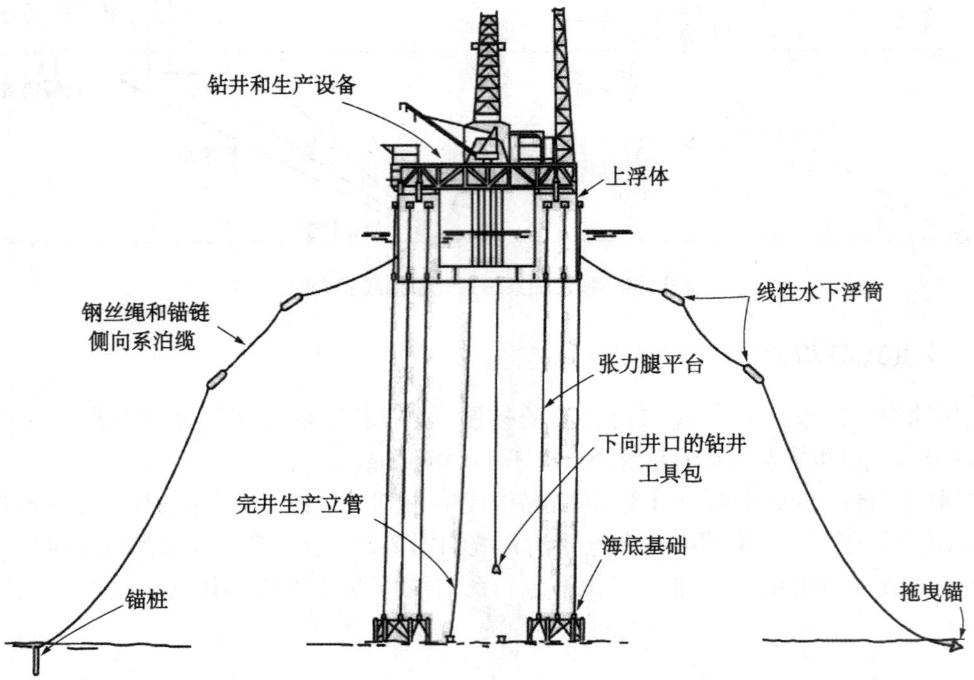

图 2-6　TLP 侧向系泊系统

一种新的系泊形式,最初是为巴西近海的 FPSO 作业开发的。该系统是多点系泊系统,在 FPSO 的船头和船尾具有不同的横向系泊刚度,可允许 FPSO 有比较弱的风向标能力。由于这一特点,这种系泊形式不需要转台,从而降低了系泊成本。然而,更大的船舶偏移量,将需要更复杂且成本更高的立管系统。船首的系泊提供了大部分回复力。然而,系统刚度也取决于船尾系泊组的横向刚度。随着船尾系泊组刚度的增加,船舶的风向标能力降低。

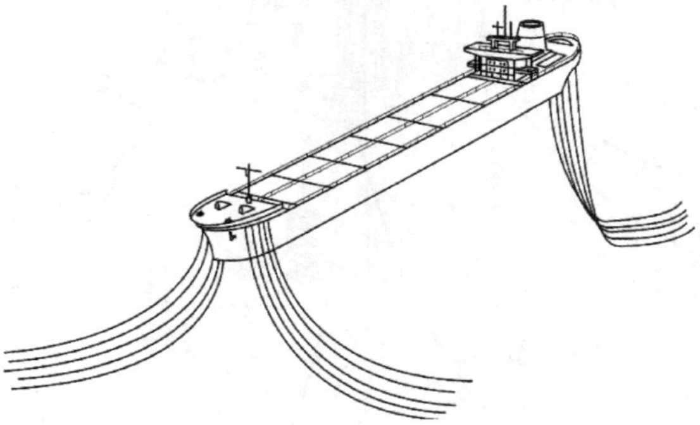

图 2-7　差动顺应式锚泊系统

单点式系泊系统(图 2-8)主要用于船形浮式结构。通过风向标效应,尽量减少船形浮式结构的环境载荷。单点式系泊系统被用于海洋石油开发,主要有两种作用:其一被用于定位系泊 FPSO,其二被用于外输原油终端。单点式系泊系统被大量采用,主要原因是它的水深适应范围大,可系泊超大型 FPSO 或油船,抵抗海洋环境能力强,在一定条件下的经济性良好。因此,从可靠性和经济性出发,船形浮式结构采用单点式系泊系统是一种较佳选择。

图 2-8 单点式系泊系统

第 2 节 多点式系泊系统

多点式系泊系统(图 2-9)是在浮式结构的船首和船尾各有一根以上的系泊线将平台直接锚泊于海底。这种系泊形式既限制浮式结构的直线运动,又限制浮式结构的旋转运动。一旦抛锚定位完成,浮式结构的位置和方向就都确定了。虽然从理论上讲,这种系泊形式只要具有足够的强度,就可以用于任何场合,但实际上,从成本效益法则出发,这种系泊形式只适用于

图 2-9 多点式系泊系统

外载荷的方向性十分确定的情况。

多点式系泊系统也可以应用于船体，如 FPSO(图 2-10)。FPSO 的多点式系泊系统，其系泊线固定于船首、船尾并呈发散型向外展开。这种系泊方式能够阻止 FPSO 的横向位移，同时也能够固定 FPSO 的方向，适用于设计海况较低的区域，如西非，或风浪流方向单一的区域。

图 2-10　FPSO 多点式系泊系统

多点式系泊系统简单、经济，可以安装较多的立管及脐带系统，而且由于不需要转塔调整方向，立管可以位于船体的中间位置，因此适合于改造的旧油船。但由于 FPSO 方向固定，横向受风浪流载荷巨大，如果采用多点式系泊系统，系泊线的尺度会相应增大。另外，不同于单点式系泊系统，多点式系泊系统的生产传输系统与系泊系统是分离的。因此，这增加了向输油船卸油的困难，危险加大，可操作性降低。

第 3 节　单点式系泊系统

大部分 FPSO 的系泊系统属于单点式系泊系统，它的主要作用是将 FPSO 定位于作业海域，具有输送井流、电力、通信等功能，使 FPSO 具有风向标的效应，容许其绕单点自由转动，可以有效地减少风、浪、流的作用力，从而保证 FPSO 在海上能长期连续工作，同时系泊线的尺度也相应减小。单点式系泊系统是浮式结构物重要的定位方式之一。

单点式系泊系统有如下功能：

(1)定位系泊功能，通过单点提供的系泊力将 FPSO 相对固定在海上油田作业现场，并作为成品原油外输的海上终端；

(2)液体输送及电力、光控传输功能，通过特殊的液体旋转滑环、光电滑环经海底管线、海底电缆及/或光缆与海上平台或水下生产设施相连，接收来自油田的井口液体，进行相应的工艺处理以生产合格的成品原油；

(3)在特定的条件下可以实施现场解脱，以保证 FPSO 及人命财产的安全。

单点式系泊系统被大量采用，主要原因是它可系泊超大型 FPSO 或油船，有利于输油船卸油，原油外输成本低，水深适应范围大，抵抗海洋环境能力强，在一定条件下的经济性良好。缺点是技术较为复杂。

近些年来,为了适应海上油田的开发和深海恶劣环境条件的要求,单点式系泊系统的技术日新月异,得到了很大的发展。目前世界上单点式系泊系统的类型在不断增加,技术越来越先进。国外比较著名的研制单点式系泊系统的公司有 SBM 公司、Bluewater 公司、SOFEC 公司、APL 公司等。

常见的单点式系泊系统可分为内转塔式系泊系统(Internal Turret Mooring System)、外转塔式系泊系统(External Turret Mooring System)、悬链锚腿式系泊系统(Catenary Anchor Leg Mooring/CALM System)、单锚腿式系泊系统(Single Anchor Leg Mooring/SALM System)、塔架式单点系泊系统(Tower Mooring System)、可解脱式转塔系泊系统(Disconnectable Turret Mooring System)。

1. 内转塔式系泊系统

在 FPSO 所采用的系泊系统中,内转塔式系泊系统(图 2-11)应用最广泛,常用于中等水深及深水海域的平台,如北海海域的 FPSO。内转塔式系泊系统可靠性高、抗风浪能力强,具有连续不间断生产的能力。内转塔式系泊系统的转塔位于船体内部,可设在船首。

图 2-11 内转塔式系泊系统

内转塔系泊装置(图 2-12)是一种钢结构装置,其上部与 FPSO 直接相连,下部与系泊线连接,顶部装有旋转接头,根据需求不同,可以允许安装超过 50 根立管及脐带的系统,转塔直径通常为 5~20 m。FPSO 在风、浪、流的作用下可绕转塔内部轴承转动。柔性立管通过法兰与转台底部的刚性管连接。内转塔式系泊系统的设计根据工作要求、船体尺寸、环境条件等不同而不同。

内转塔式系泊系统主要包括以下几部分:

(1)转塔及其套筒:转塔是连接系泊线的部分,安装于 FPSO 船体上的旋转部分即为转塔套筒。两部分通过轴承连接,从而允许 FPSO 根据天气情况自由地绕转塔达到一个稳定状态,并且作用在 FPSO 上的载荷最小。

(2)锚:锚位于海底,用以固定系泊线的海底端。通过对系泊系统的风、浪、流的计算来决定最优的锚安置方案,同时通过对海底地质条件的调查来确定锚的形式和尺寸。

(3)液体传输系统:是整个转塔式系泊系统的中心。从海底的管道终端系统、立管等传输液体并通过液体传输系统传输到 FPSO。其基本组成部分包括:立管、旋转体、船上处理管线。

(4)转盘:位于转塔顶部的结构式平台,以适应不同的设备,如拉紧系泊线的绞盘,电力控

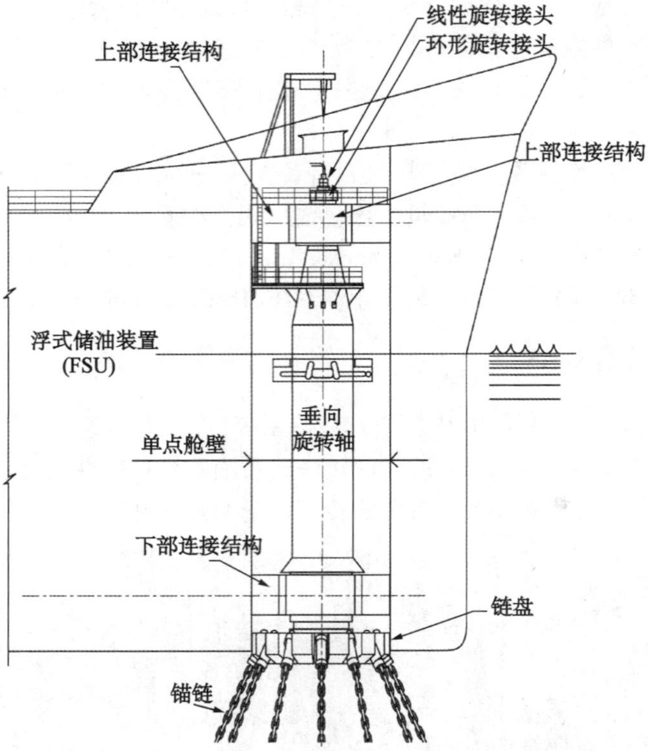

图 2-12　内转塔系泊装置

制设施等。从理论上来说,内转塔系泊装置可以布置在船首和船中之间的任何位置上。但转塔在 FPSO 上的位置决定着浮体风向标效应的优劣,距离船中越远,风向标效应越好。内转塔靠近船首,船体自身即可以做风向标运动,不必设置侧推器。但内转塔距离船首越近,系泊线的垂向运动越激烈,系泊线的动张力就越大。据研究,内转塔位于船首附近与位于 1/3 船长处(或附近)相比较,系泊线的总张力可能增大 20%。APL 公司建议内转塔中心线至艏柱距离与船长之比应为 7%~15%,如"南海奋进"号 FPSO 的比值为 7.2%。

挪威大陆架的波浪条件较为恶劣,那里的 FPSO 将内转塔系泊布置在距离艏柱 1/3 船长处,甚至更接近于船的中部。其主要目的是减小因为船体纵摇和升沉运动而造成的系泊线、立管等的垂向运动幅度和加速度,以改善系泊这些设施的运动和受力条件,延长它们的使用寿命。这种布置的缺点是 FPSO 的风向标效应差,船体难以随着风、浪和流自由地围绕内转塔进行转动,而不得不设置侧推器协助 FPSO 转动。我国南海的 FPSO 内转塔系泊装置一般布置在距离艏柱较近的位置,风向标效应较好,可以比较自由地转动,而不需要设置侧推器。

内转塔式系泊系统的优势是转塔直径可以设计得很大,为布置设备和管汇提供足够的空间;内转塔嵌入船体之中后可以得到很好的保护。但转塔的存在对船体结构造成了影响,也减小了舱容。同时,系泊船的"风标效应"效果受转塔位置的制约。

2. 外转塔式系泊系统

外转塔式系泊系统(图 2-13)的工作原理与内转塔式系泊系统相同,只是转塔位于船体的外部。由于这种系泊装置不占用甲板面积和船体空间,所以更适合于旧油船的改造方案,目前也趋向于在新建 FPSO 上使用，SOFEC 和 SBM 公司设计与建造外转塔式单点系泊装置相对较多。

（a）

（b）

图 2-13　外转塔式系泊系统

外转塔式系泊系统的系泊链工作台通常位于水平面以上，加大船体的存储量，并且可以允许其应用于浅水海域，而内转塔式系泊系统的系泊链工作台则位于水下。典型外转塔式系泊系统布置，如图 2-14 所示。除此之外，外转塔式系泊系统还有如下特点：

（1）适用于船体内部空间紧张的情况；

（2）外转塔式系泊系统减少了对船体的必需的维修，并且允许在码头沿岸安装，而内转塔式系泊系统只能在干坞中安装；

（3）外转塔式系泊系统适用于海况环境条件平缓的浅水海域，受力轴承和旋转接头等易受海浪砰击和腐蚀；

（4）外转塔式限制了立管的数量。

3. 悬链锚腿式系泊系统

悬链锚腿式系泊（CALM）系统通常并不应用于 FPSO，而是应用于穿梭油船或 FSO，是系

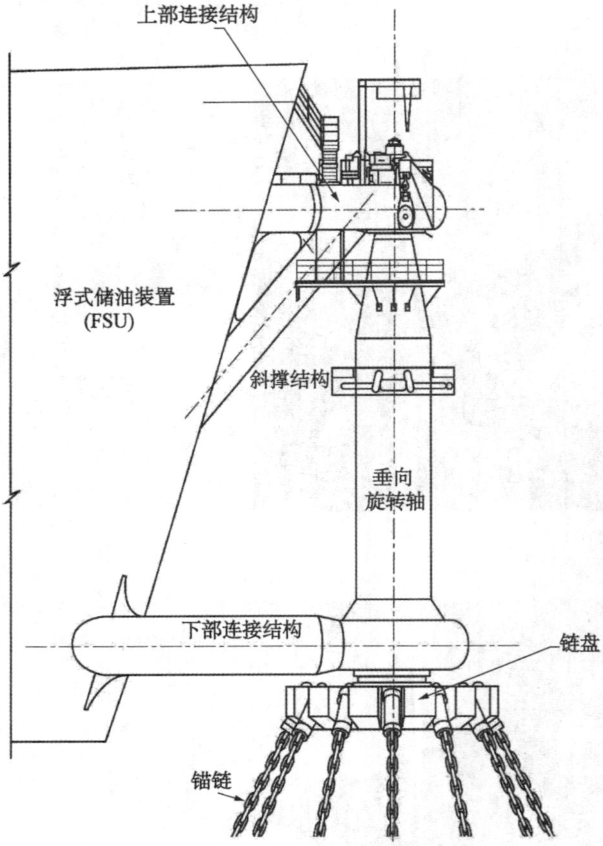

(a)

(b)

图 2-14　典型外转塔式系泊布置

泊和装卸油船的最经济有效的方式。CALM 系统可以设计成用来停泊任意尺寸的油船，包括超大型原油船。

CALM 系统由一个大型浮筒组成，浮筒支撑着许多锚定在海底的悬链线链腿。有些 CALM 系统在船只和浮标之间使用缆索(图 2-15)，由于浮筒的响应与浮式结构在波浪影响下的响应完全不同，因此这种类型的 CALM 系统承受环境条件的能力有限。而当海况较为恶劣时，就要进行抛锚处理。为了克服这一限制，一些设计使用了带有铰接的刚性结构，将船舶系在浮筒顶部(图 2-16)。这种刚性连接实际上消除了浮筒和浮式结构之间的水平运动。如图 2-17 所示是软刚臂型悬链锚腿式系泊系统。

缆索型悬链锚腿式系泊系统的主要结构如下：

(1)浮筒：用于提供正浮力以及安装转盘，浮筒的尺寸根据所需要的正浮力和结构要求而定。除了强度上的要求外，浮筒还必须满足水中的稳性要求，包括无锚索拖航稳定性和操作工况中的稳定性。

(2)系泊线：作用是将浮筒固定在工作位置。

(3)缆绳：用于系泊油船的构件，一般为尼龙缆或钢丝缆。ABS 规范规定，艏缆最多只能有两根，它由系泊载荷决定。设计悬链锚腿式系泊系统时，系泊载荷是主要参数，是浮筒受到的外载荷的主要来源。

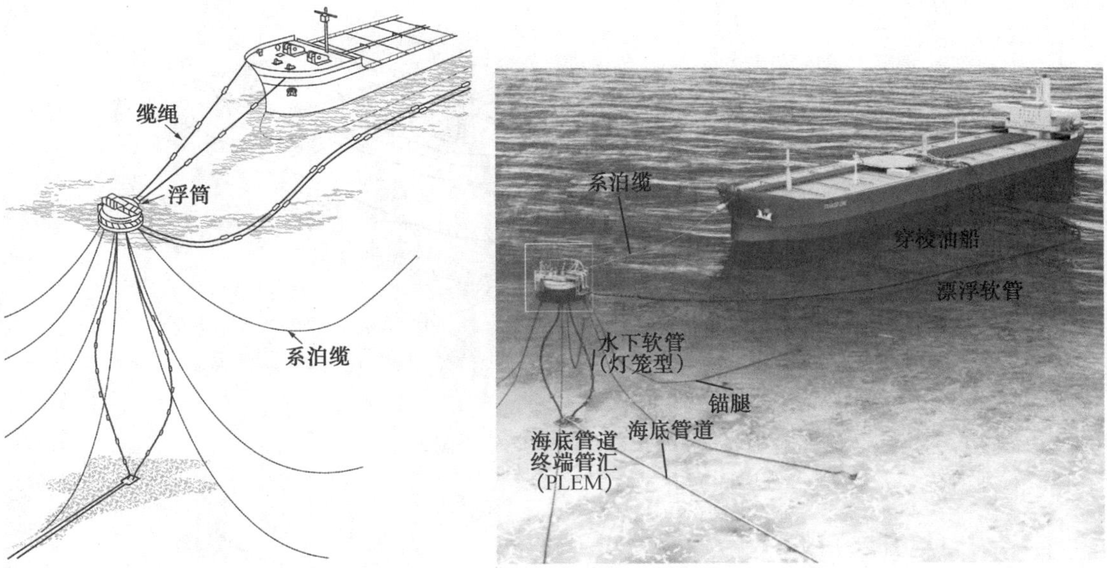

图 2-15　缆索型悬链锚腿式系泊系统

(4)漂浮软管:其首端连接到浮筒输油平台上,尾端连接到油船的管汇,为了安装和存放的方便,软管被制成多节,每节长度大约为 10 m。

(5)水下软管以及海底管汇:水下软管的结构与漂浮软管相似,但没有泡沫层。水下软管构型设计是单点系统设计的重点和难点,其在静态条件下形状的保持是靠具有一定浮力的高强度塑料浮子实现的。

(6)旋转接头:它是悬链浮锚腿式系泊系统的核心部件。在装卸原油过程中,旋转接头可以 360° 自由旋转。单点的旋转接头一般为二路四通结构,工作压力虽不大,但由于海上环境复杂,要做到内外不漏,同时接头结构还要承受系泊负荷的作用,因此对旋转接头的材料、设计、制造的要求都很高。

悬链锚腿式系泊系统的主要优点是:结构简单、便于制造和安装;它的组成部件除旋转接头和软管之外,都是常规产品,其设计、制造、安装简便,造价低廉。它的缺点是:要求海底地貌平坦,作业水深为 20~150 m;由于浮筒的漂移、升沉随环境条件的恶劣而增长,这将使水下软管过度弯曲而易于损坏;另外持续摇荡期间,工作艇难于靠近,给维修保养工作带来不便。因此,该系统常被用于卸载终端,以替代液体输送码头使用。

CALM 系统的结构及机械部分通常每五年需进干坞大修。其内容包括更换磨损的转台轴承、滚轮、旋转接头轴承以及绞车等。此外,浮筒也需重新喷砂除锈、涂漆。水下立管、漂浮软管以及系泊线需定期更换,更换周期的主要依据是操作说明,并考虑实际的使用情况。

浮筒及穿梭油船两端漂浮软管容易损坏,必须定期更换,其他部位的软管一般可根据实际情况更换。水下软管的使用寿命取决于正确的水下形状设计和制造质量、海况条件以及安装质量。

CALM 系统常用于近岸油品或化学品的装/卸终端,系统的选型和设计必须根据使用要求、海域的条件及油船吨位等因素综合考虑。锚的选用则要根据现场条件考虑,如大抓力锚、吸力锚或桩锚。

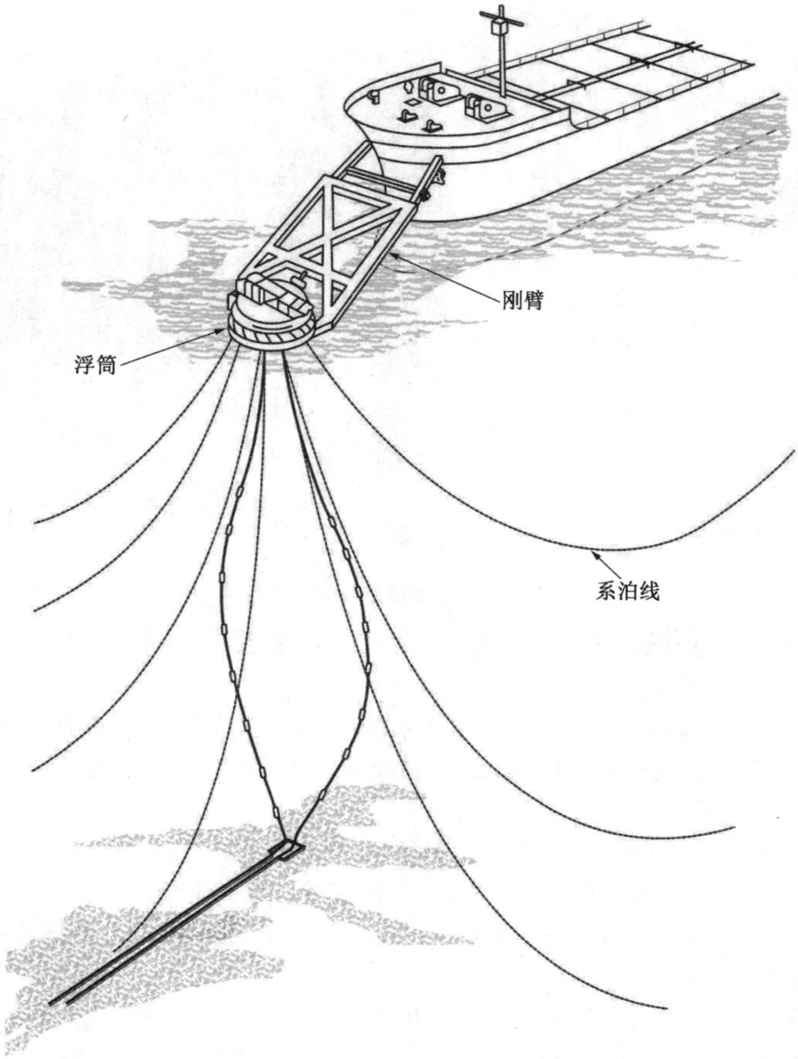

图 2-16　固定刚臂型悬链锚腿式系泊系统

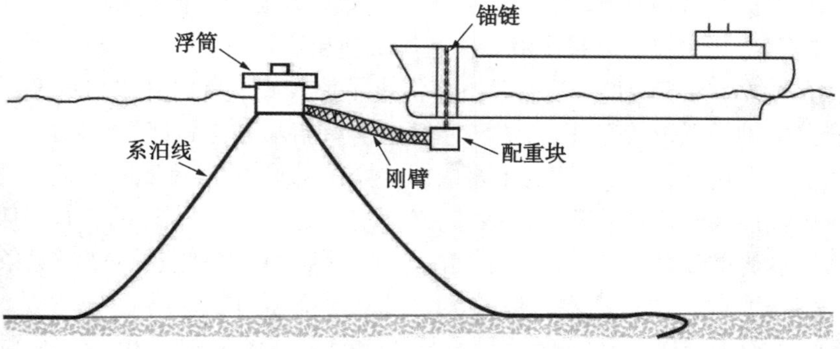

图 2-17　软刚臂型悬链锚腿式系泊系统

理论上，CALM 系统可用于水深达 150 m 的海域，但是，这种系统用在较深的海域会导致系泊线、水下柔性立管长度和重量的增加，从而不得不加大浮筒的体积，使造价增加。此外，在海况恶劣的深水海域，由于 CALM 系统浮筒的质量较小，影响系统系泊性能，浮筒的运动很激烈，容易导致系泊线和软管的损坏。

CALM 系统有如下特点：

(1) 投资小；

(2) 系泊从几千吨至 30 万吨级的船舶；

(3) 抗海况能力低；

(4) 常作装卸终端和转运码头用；

(5) 在浅水中，因锚缆占用海域面积大，会影响其他船舶航行。

4. 单锚腿式系泊系统

单锚腿式系泊(SALM)系统同悬链锚腿式系泊系统一样，开始并不应用于 FPSO，而是应用于穿梭油船或 FSO，如图 2-18 所示。单锚腿式系泊系统是一种构造比较简单紧凑的系泊方式。目前，世界上已有十几套系统投入使用，以 SOFEC 公司和 APL 公司生产为主。SALM 原理与 CALM 类似，不同的是，它是通过一根锚链(或杆件)系泊浮筒。船舶经系泊线与浮筒连接，浮筒提供回复力，通过锚链或杆件与桩基连接，桩基(或吸力锚)固定于海底。海底管线通过漂浮软管与 FPSO 连接，旋转接头设于海底基盘上。

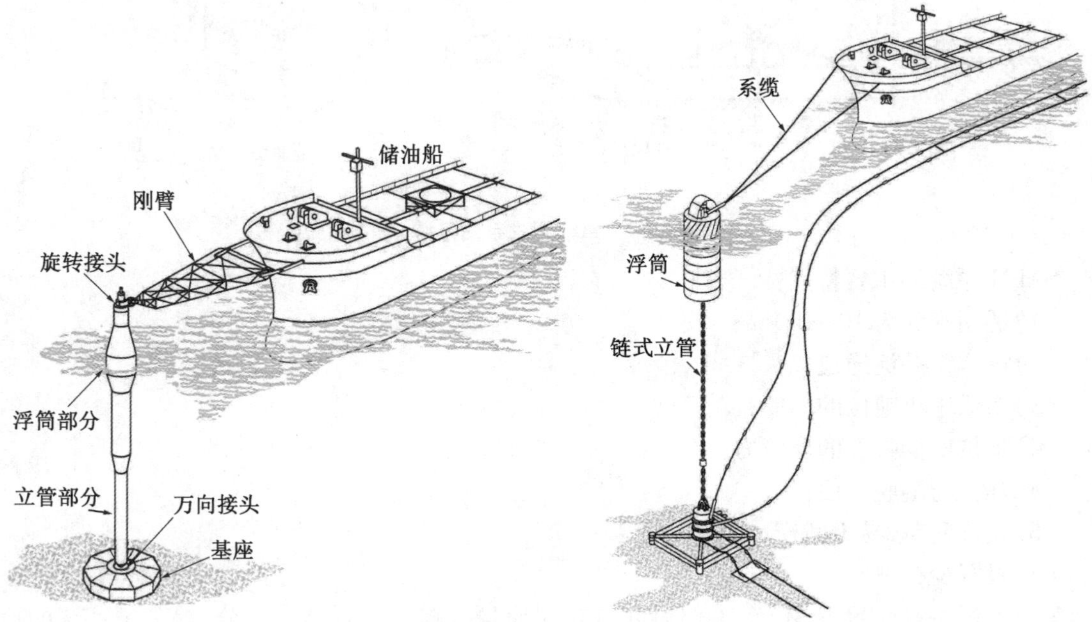

图 2-18　单锚腿式系泊系统

SALM 系统不能安装太复杂的旋转接头，适合于进行单一液体输送，或用作外输终端，不适合多相井流、电力与通信的输送。因此，这套系统更接近于将它作为卸油终端使用。该系统的优点是工程投资少，对于符合使用条件的项目，该系统是有力的竞争方案。像 CALM 一样，SALM 系统可以适应各种天气条件和很大范围的水深，施工与安装快捷而经济，而且适于改装的油船。但是 SALM 系统只能安装 1 根立管,实践证明 SALM 系统的可靠性也较高。

如图 2-19 所示,典型的 SALM 系统由海底基础(重力锚、桩锚、吸力锚)、系泊链(杆件)、浮筒、系泊线、万向铰接头、旋转接头、漂浮软管等部件组成。系泊链(杆件)两端分别通过万向铰接头与浮筒及基础连接,以传递系泊力。SALM 系统外输漂浮软管由水下部分以及漂浮部分组成,分别与水下旋转头的出口管汇及穿梭油船的管汇连接,构成外输通道。

目前,常规做法是将浮筒设计为细长型的筒形结构并浸没于水中,以降低波浪对它的作用。浮筒通常分为四个以上的水密隔舱,外周边设有一圈保护碰垫。在意外撞击情况下,为了保护系统安全,筒体通常做成双层的筒形结构。

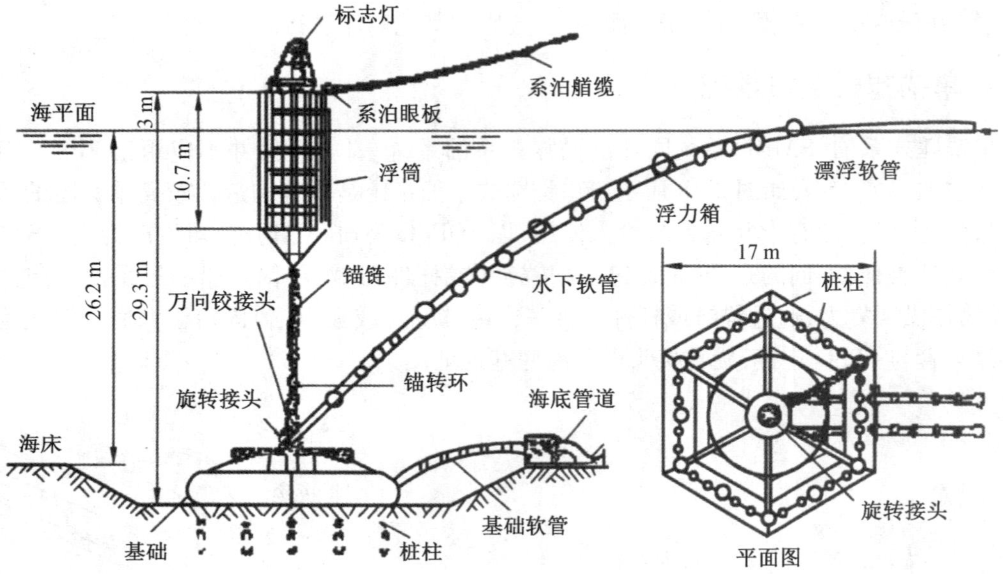

图 2-19 单锚腿式系泊系统

SALM 系统的主要特点:

(1)适用水深为 10~100 m;

(2)1~2 个井流通道;

(3)系泊中小吨位的船舶;

(4)抵抗中低强度的环境力;

(5)连接与解脱方便;

(6)设施简单,易于搬迁;

(7)投资少;

(8)占用海域面积小,不影响其他船舶航行,而且省略了水下软管部分,提高了系统的可靠性。

SALM 系统的缺点是旋转接头在水下,增加了设计、安装及维修的难度。一旦有损坏,更换及维修工作比较困难。该系泊装置常用于近岸油品或化学品的装/卸终端,适合于进行单一液体输送或用作外输终端,不适合多相井流、电力与通信的输送。

5. 塔架式单点系泊系统

塔架式单点系泊系统(图 2-20)是由刚性塔结构固定于海底,作为永久性系泊油船装卸油及其他产品的锚点。其主要特点是油船与塔之间通过一个永久性的叉型结构或系船索布置连接,新建 FPSO 和旧油船改造 FPSO 都有成功应用的实例。我国渤海上各油田所用的 FPSO,很多都采用了塔架系泊的方式,如"渤海友谊"号、"渤海明珠"号、"渤海常青"号等。

图 2-20　塔架式单点系泊系统

目前世界上有 4 家单点公司可以生产这种形式的单点系泊装置,它们是 SBM、SOFEC、Bluewater 和 APL 公司,其中 SBM 公司和 SOFEC 公司生产的塔架式单点系泊系统是将配重设在靠 FPSO 这边的系泊装置,而 Bluewater 公司则采用配重设在塔架这边的系泊装置。一般认为配重设在 FPSO 这边,系统受力较为合理,这是由于 FPSO 上增加一些系泊垂向荷载影响较小,但如将配重设在塔架这边,将造成系泊塔架的荷载增加,使得塔架结构复杂,重量增加。

塔架式单点系泊系统的特点:

(1)适用于浅水作业,水深应小于 40 m;

(2)可抗冰;

(3)可解脱;

(4)技术成熟,安全可靠。

塔架式单点系泊系统的主要组成部分如图 2-21 所示。

(1)塔:是与海底连接的静态部分,其上是与船体相连的转盘。两部分通过轴承连接,允许转盘转动以使系泊油船自由转到受力最小的位置。

塔的基础部分:通常指单点的下部结构与海床连接部分,通常分为打入式桩基和重力式基础。打入式桩基是海上固定式结构物最常用的基础形式。它的构造简单,承载力大,可以满足恶劣海况条件和结构物所要求的承载力,缺点是施工时要动用大型打桩设备及浮吊,费用较高。重力式基础主要依赖于结构本身自重产生的稳定力矩来平衡系泊系统外力,安装简单但承载力有限。在恶劣海况的海域,由于系泊荷载大,重力式基础必须做得很大,增加自重以平衡系泊力,会导致塔架结构用料增加,以及系统布置等方面一系列问题。因此,重力式基础的应用有很大的局限性,一般用于海况较好的浅水域或系泊荷载较小的"解脱式"系统中,目前实际工程尚未见应用。

塔的上部结构由空间框架结构组成,包括系泊平台等,用作旋转接头、生产设备及公用设施的支撑结构。系泊转台是关键部件,它是系泊荷载的承力结构。

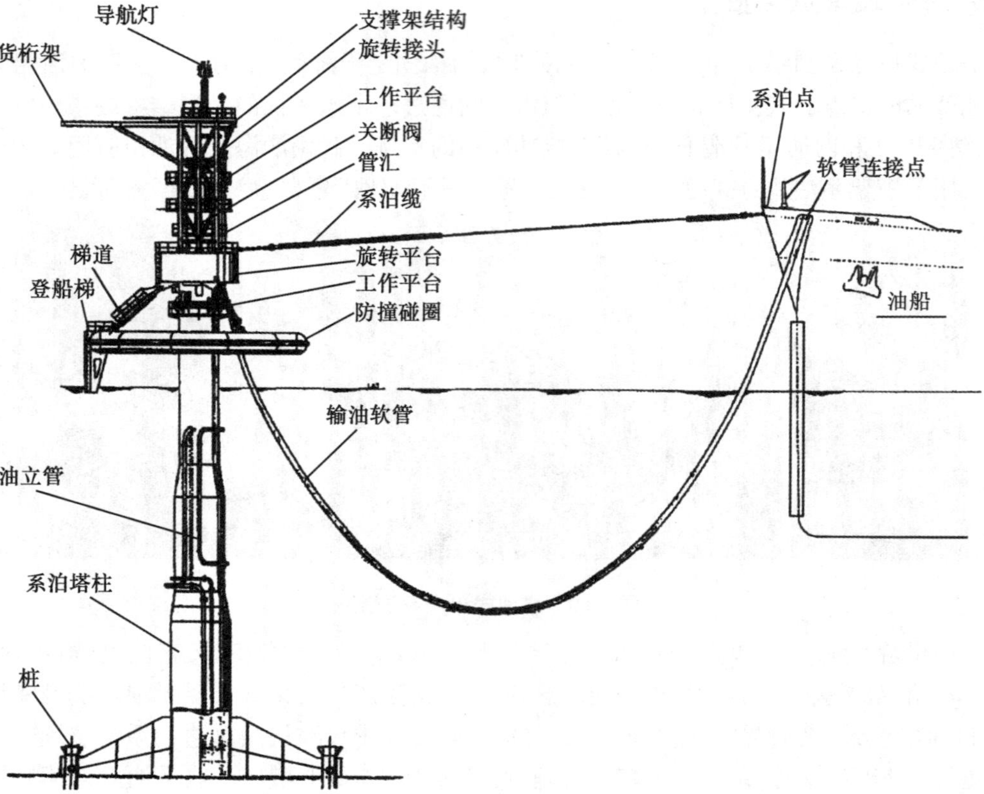

图 2-21　塔架式单点系泊系统的主要组成部分

塔的下部结构以导管架式结构及单立柱圆筒结构形式为多见。其设计荷载包括设备的重量、环境荷载以及系泊力。

塔的防碰系统一般采用“被动式”。防护在传统的防碰设计中，一般采取在水线附近的塔架结构表面加装衬，以防碰橡胶来保护下部结构，原理类似导管架平台靠船防碰设计。如果油船或拖船以一定速度撞击塔架结构物，简单的“护管式”结构保护效果有限，部分撞击能量会直接传递到结构本体，造成不可逆的结构破坏。

(2)系泊部分：叉型结构或系船索。

(3)生产传输系统：液体通过海底终端系统传输于输油立管(连接于塔)，然后通过旋转平台传给输油软管，最后到达 FPSO。塔上有足够的甲板空间以提供管汇系统、辅助设备等。

塔架式单点系泊系统系泊荷载大，系泊操作性能较差，操作风险较大，防碰系统保护效果有限，修复困难，不适合于海况恶劣的海域使用。其优点是可以布置较多的立管系统，不需要柔性立管，液流阀的构造也比较简单。施工安装容易，成本较低，很适合于改装的油船。但建造成本随水深的增加而很快增加，因而从成本效益的观点出发，这种系统只适用于浅水区域。

6. 可解脱式转塔系泊系统

永久式转塔系泊系统能够保证采油的连续性，使 FPSO 在作业年限内的任何工况下都能正常工作，并且在绝大多数工况下具有最大的系泊和油气传输能力。但在单点系泊系统中，为回避较恶劣的作业工况，可采用可解脱式转塔系泊系统。例如，在南海海域，当 FPSO 作业海域遭遇台风时，为安全起见，FPSO 需要解脱转塔底部连接系泊线和立管的浮筒，浮筒下沉到水下 50~100 m，FPSO 离开到安全地带。台风过后，将浮筒与 FPSO 回接。

可解脱式转塔系泊系统的设计方法有很多种，可以是浮筒式转塔系泊（Buoy Turret Mooring，BTM）系统（图 2-22），也可以是立管式转塔系泊（Riser Turret Mooring，RTM）系统（图 2-23）。目前在南海，永久式转塔系泊系统与可解脱式转塔系泊系统都有使用实例，选择何种方式，主要看 FPSO 船体是不是新建或改造、经济性如何、油田作业者的操作习惯等。

图 2-22 浮筒式转塔系泊系统

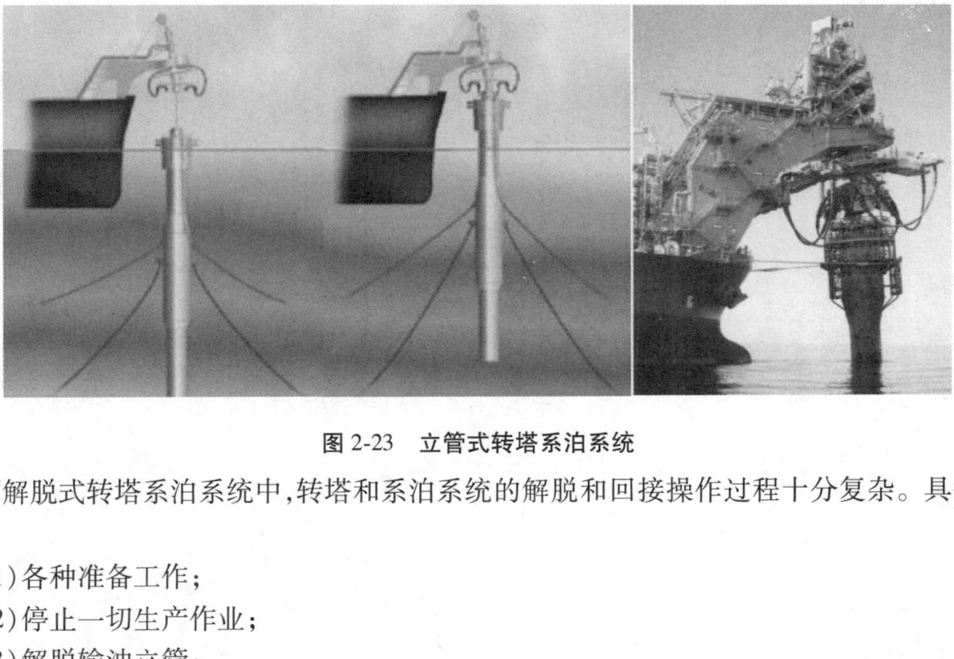

图 2-23 立管式转塔系泊系统

可解脱式转塔系泊系统中，转塔和系泊系统的解脱和回接操作过程十分复杂。具体步骤如下：

（1）各种准备工作；

（2）停止一切生产作业；

（3）解脱输油立管；

（4）把立管降低到浮筒上面；

(5)解脱转塔与 FPSO 的连接;

(6)降低浮筒到水面以下;

(7)FPSO 离开到安全地带。

转塔与系泊系统回接的主要步骤如下:

(1)把 FPSO 固定到需要回接的水域;

(2)收回系泊线;

(3)提起浮筒与 FPSO 连接;

(4)收回输油立管并连接。

可解脱式转塔系泊系统与永久式转塔系泊系统对比如下:

(1)可解脱式转塔系泊系统

优点:系泊系统受力强度低,一次性投资费用少;可躲避台风,使 FPSO 更安全。

缺点:解脱和回接操作需要一定的时间,生产间断时间较长,如南海每年有台风 3~4 次,频繁解脱与连接将增加非作业天数;海上作业不定因素多,频繁解脱和回接会导致更多的安全隐患;FPSO 若解脱,则需设推进系统,或需要大马力拖船进行拖航,频繁租用拖船将会增加一定的操作费用。

(2)永久式转塔系泊系统

优点:无须频繁解脱和回接,生产间断时间短,停产损失少;无其他附加操作费用发生,总体经济效益好。

缺点:系泊系统受力强度高,一次性投资费用高。

常规新建 FPSO 可采用永久式转塔系泊系统;而旧油船改造方案中,由于船体总体强度和疲劳强度或多或少存在一些隐患,抵抗台风环境条件的能力有限,在这种情况下选择可解脱式转塔系泊系统更为合适。

第3章 锚泊定位系统设备

第1节 系泊设备

1. 系泊张紧系统

系泊张紧系统(Mooring Tensioning System)是从船舶旋转锚机演变而来。目前可供选择的系泊张紧系统形式多样,这些选择包括绞车设备的形式可以是线性的或旋转的、液压驱动的或电动驱动的、固定式的或移动式的。最近出现了一种新的选择就是使用直列式张紧器(In-line Tensioner),它彻底从甲板上消除了绞车设备。另外一个选择是使用便携式绞车,系泊完成后可拆除,这种选择在成本敏感型行业(比如海上浮式风电场)很受欢迎。张紧系统的主要作用是在安装期间可接受的时间限制内提供必要的拉力以使得系泊系统连接上,同时还需要满足日常维护保养需要并在重新定位或者重新设定系泊缆绳时允许拉入和放出缆绳。

系泊系统中选用何种系泊张紧系统主要由两个因素决定:所要操作的系泊线的类型和浮体本身是否应预张紧系泊线或进行锚的加载测试。浮式结构物通常有调节系泊线张力、走锚后重新拉紧系泊线和解脱单根系泊线的方法。此外,它还经常用于钻井和生产中的连接作业。立管的操作需要浮体具备在水面上有限范围内的定位能力,可通过收放系泊线实现。

(1)锚链提升器

锚链提升器(Chain Jack)是一种以直线往复运动来牵引和拉紧锚链的装置,如图 3-1 所示。其所用零部件较少,操作更为简单,对于甲板面空间非常紧张的 FPSO 来说,布置优势非常明显。但锚链提升器由于通过油缸的往复来顶推链轮,在单方向调节张力时,油缸的每次往复都需要制链器的配合。尽管锚链提升器是张紧锚链的有力工具,但张紧速度很缓慢,所以不适合需要频繁作业的工作场景。同时,锚链提升器也需要配备锚链舱以储存和收放锚链。

(2)锚机

锚机(Windlass)是收放拉紧锚链最常用的设备,如图 3-2~3-4 所示。锚机由一个带凹槽的锚链轮构成,通过齿轮减速系统驱动。随着锚链轮的旋转,锚链啮合锚链轮,逐渐被拉过锚链轮的顶部进入锚链舱。一旦锚链被拉进并张紧,制链器或刹车闸就能固定锚链位置。锚机虽然比锚链提升器占用空间大,但使用锚机收放拉紧锚链被证实是最快速且可靠的方法。

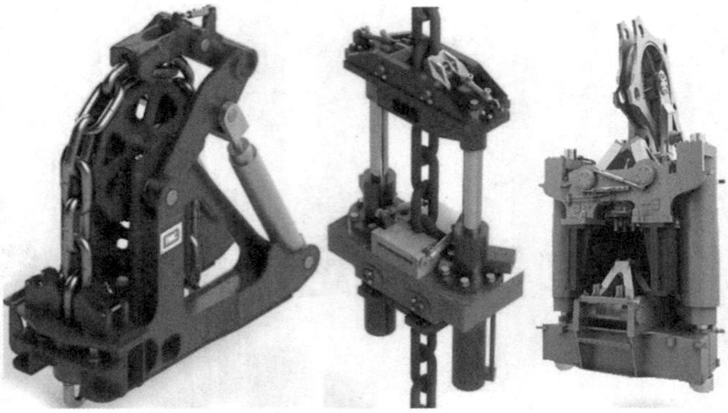

(a)Royal IHC 公司　　　　(b)Rolls-Royce 公司

(c)Bardex 公司　　(d)MacGregor 公司

图 3-1　锚链提升器及结构

图 3-2　锚机

(3)移动式锚链提升器/锚机

移动式锚链提升器/锚机(Movable Chain Jack/Windlass)是对单根锚链张力进行调节,每根锚链都有它自己的制链器和导链滚轮,单台移动式锚链提升器/锚机可沿着特定轨道行走,依次拉紧每根锚链,制链器动作并锁住锚链,并把锚链负载传递给船体,并可根据用户的需求来设计拉力和速度,如图 3-5、图 3-6 所示。移动式锚链提升器/锚机在速度和载荷方面是灵活的,多根锚链共用一台驱动单元,可有效地解决成本问题,所耗费的人力较少,但同时增加了张紧作业的复杂性。

图 3-3 南通力威机械有限公司 1 800 kN 锚机

图 3-4 “勘探三号”安装的 1 800 kN 8 点锚泊定位系统

图 3-5 移动式锚机

(4)钢缆绞车

钢缆绞车(Wire Winch)一般有滚筒型绞车、牵引绞车、线性绞车,如图 3-7、图 3-8、图 3-9 所示。选择哪种形式,主要取决于容绳量和成本。

①滚筒型绞车

传统的滚筒型绞车(Drum Winch)是收放钢缆的最普遍方法,如图 3-10 所示。它操作快捷顺畅,由一个用于缠绕钢缆的大滚筒构成。它的基座安装在一个特殊的槽里,这个槽的尺寸由要操作的钢缆尺寸决定。该槽决定了底层钢缆在滚筒上的位置。上面各层钢缆在滚筒上的位置由一个外部导向机构控制,如水平绞线器。它的张紧能力是滚筒上缠绕圈数的函数。

图 3-6　移动式锚链提升器

图 3-7　钢缆绞车

图 3-8　南通力威机械有限公司 1 500 kN 锚泊定位绞车

滚筒型绞车对于操作深水或高强度系泊系统用的钢缆是一种比较笨重的方法。随着所需系泊线尺寸和长度的增加，滚筒型绞车尺寸也会增加且操作起来比较困难。此外，当滚筒上外层钢缆受拉时，内层的钢缆就会散开引起钢缆破坏。

②牵引绞车

牵引绞车（Traction Winch）目前已应用在高张力的系泊系统中，用来收放锚链和钢缆组合的系泊线，如图 3-11 所示。牵引绞车由两个间距很小的平行安装的卷筒组成，通常带有凹槽。钢缆和卷筒之间的摩擦力为钢缆提供了夹持力。牵引绞车由于尺寸紧凑，能够提供恒定扭矩，

图 3-9 “SSCV OOS Prometheus”平台 1 500 kN 绞车

(a)Rolls-Royce 公司　　(b)MacGregor 公司

图 3-10 滚筒型绞车

并且能够在不降低牵引能力的情况下处理很长的钢缆，所以牵引绞车在高张力的系泊系统中受到青睐。

图 3-11 牵引绞车

③线性绞车

线性绞车(Linear Winch)和锚链提升器类似。两组夹具，一组固定、一组移动，用于牵引张拉钢缆。线性绞车可单动模式工作，此时钢缆间断性地移动，因为夹具要复位以开始下一个行程；也能以连续的双动模式工作，即两个移动夹具交替工作使钢缆连续平稳地运动。线性绞车非常适用于永久系泊的高拉力大直径的钢缆。在此情况下，需要将通过线性绞车的钢缆卷在一个收线轮上，如图 3-12 所示。

(a)　　　　(b) ACE Winches 公司(500 t,最大钢缆直径 120 mm)

图 3-12　线性绞车

(5)直列式张紧器

直列式张紧器(In-line Tensioner)属于系泊线的永久性部件,通过增大直列式张紧器中导向滑轮周围的缠绕角,使系泊线获得高于锚机施加在浮式结构上的拉力,如图 3-13 所示。直列式张紧器最明显的优点是取代浮式结构上的大型张紧设备,这会减少与系泊张紧系统相关的资本支出和维护成本。另一个显著的优点是,直列式张紧器可以没有任何平台链,这能防止平台链上的飞溅区腐蚀的发生。

2. 制链器和导链滚轮

系泊线在导缆器和制链器处容易产生高磨损和高应力。锚泊定位系统长期工作的特点要求导缆器和制链器结构需要仔细设计,从而把磨损和疲劳降到最低。

制链器是系泊绞车抛锚定位,保证浮式结构在预定海况下稳定、可靠的作业时夹住锚链的重要装置。制链器的设计首先要考虑绞车在船体的总体布局对制链器结构形式、空间尺寸的限制,其次要考虑制链器与定位锚机两者位置的合理性,同时要考虑船体承载面强度是否满足制链器工作负载要求,从而满足制链器使用的安全和可靠性。

导链滚轮(图 3-14)通常设置在浮式结构舷侧,用于锚链导向并能有效防止锚链的翻滚。导链滚轮主要由滚轮和基座组成。滚轮本体通过销轴固定于基座之上,基座可根据滚轮的数量调整基本尺寸。比如,根据 FPSO 系泊线类型,导链滚轮为 7 齿锚链齿形。其整体结构需承受锚链最小破断负载,并根据系泊线位置导链滚轮可摆动相应的角度。系泊线与 FPSO 船体连接处是系泊力作用于船体上的主要承受区域,连接处结构的破坏将会导致系泊线无法有效作用于船体之上,从而导致整个系泊系统的失效。导链滚轮是系泊线与 FPSO 船体的下连接点,因此,导链滚轮结构设计优化与强度分析对保证 FPSO 的正常工作具有十分重要的意义。

目前,制链器和导链滚轮的主要生产商有挪威 MacGregor Pusnes AS 公司、美国 Bardex 公司、德国 Brohl 公司、加拿大 Timberland Equipment 公司、荷兰 Royal IHC 公司、英国 Rolls-Royce 公司、美国 National Oilwell Varco(NOV)公司、美国 Smith Berger 公司、美国 Oil States 公司、阿拉伯联合酋长国 Trelleborg 公司等。

(1)挪威 MacGregor Pusnes AS 公司

挪威的 MacGregor Pusnes AS 公司设计的偏心导链滚轮因其坚固耐用而闻名,并且几乎免维护,最新的设计允许安装/更换时不需要潜水员,这种偏心导链滚轮已成为钻井和生产船舶/

（a）Franklin Offshore Korea 公司产品

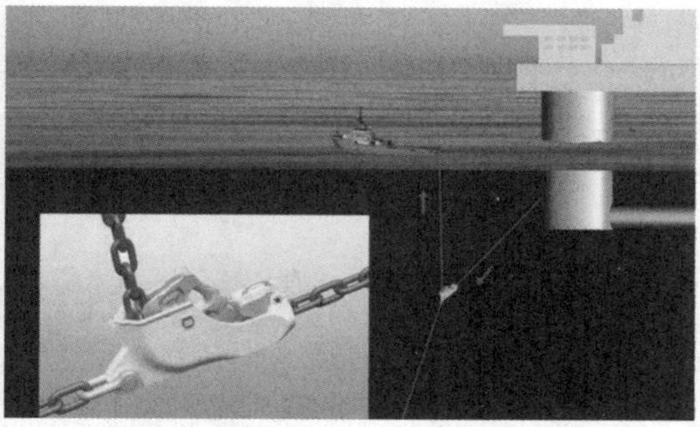

（b）MacGregor 公司产品

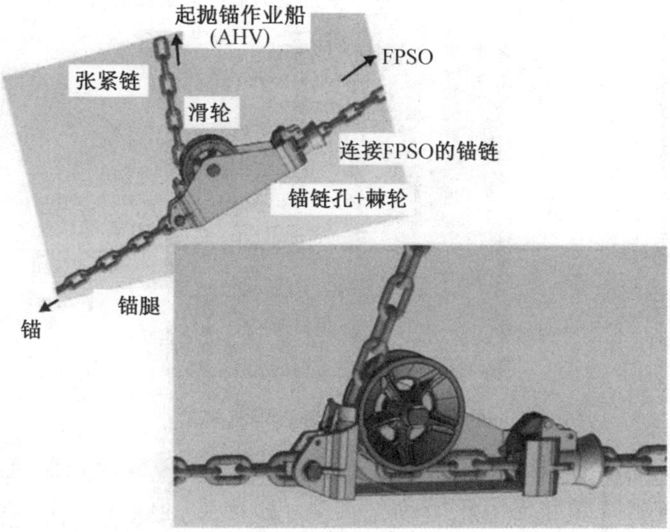

（c）SBM Offshore 公司产品

图 3-13　直列式张紧器

图 3-14　水下导链滚轮

平台的首选。Visund 生产平台上的偏心导链滚轮，如图 3-15 所示，安装在 BP Greater Plutonio FPSO 上的 Pusnes 偏心导链滚轮，如图 3-16 所示。

图 3-15 Visund 生产平台上的偏心导链滚轮

图 3-16 Pusnes 偏心导链滚轮

近几年,海洋生产系泊系统流行选择创新型的 Pusnes 导链滚轮制链器(Pusnes Fairlead Chain Stopper),这种独特的导链滚轮结合了旗型导链滚轮(Flag-type Fairlead)的灵活性和制链器的保持能力,如图 3-17(a)所示。Goliat FPSO 上安装了 Pusnes 导链滚轮制链器,如图 3-17(b)所示。这种导链滚轮制链器安装在多个 FPSO 和半潜式平台上。紧凑的设计、较轻的重量和船体安装位置有助于降低上部甲板重量。这种独特的设计允许锚链锁定在船体一侧的长的旋转止动臂上,并位于水线以下。这约束最大负载在有限的区域。同时,也大大减少了锚链磨损、静态和疲劳应力。

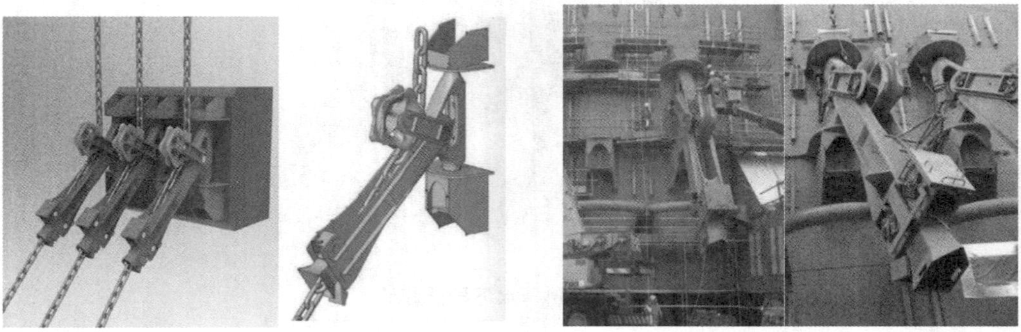

(a) (b)

图 3-17 Pusnes 导链滚轮制链器

(2)美国 Bardex 公司

BarLatch™ 导链滚轮制链器是一种专门为浮动生产平台应用而开发的创新性水下旋转导链滚轮和制链器(Underwater Fairlead Chain Stopper/UFCS),如图 3-18、图 3-19 所示。其主要部件是一个水下旋转制链器和一个旋转链轮。当缆绳很少移动时,通过将整体式制链器放置在导链滚轮外侧,可减少锚链磨损。

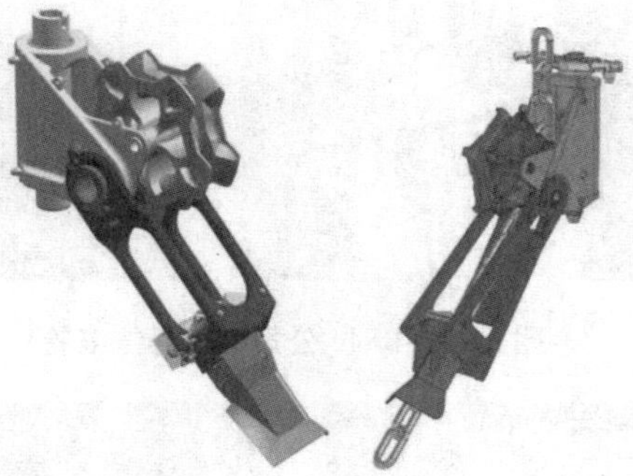

图 3-18 Bardex 公司 BarLatch™ 导链滚轮制链器

图 3-19 Bardex 公司 BarLatch™ 水下导链滚轮制链器位于水中下部

BarLatch™ 导链滚轮制链器具有以下优点:

①通过将制链器(额定在或超过断链强度)与水下导链滚轮合并在一起来减少主甲板底座负载,从而降低成本;

②使得系泊顶链的平面内和平面外弯曲最小化;

③极大地减少了接触导链滚轮的最后一个链环(限制移动)和链环退出导链滚轮之间的相对运动;

④通过锁定导链滚轮外侧的链环,可消除链条在链条节处的受力;

⑤同时处于张力状态下的触链轮系泊线绳在垂直腿中由于扭转而产生的锚链磨损;

⑥最大限度地减少平台偏航或风向标导致的横向滑动相互作用。

(3)德国 Brohl 公司

德国 Brohl 公司的缆式和链式导链滚轮是免维护的紧凑型钢质焊接结构，分别如图 3-20、图 3-21 所示。

图 3-20 Brohl 公司缆式导链滚轮

图 3-21 Brohl 公司链式导链滚轮

(4)加拿大 Timberland Equipment 公司

加拿大 Timberland Equipment 公司的制链器、水下导链滚轮、水下导链滚轮制链器分别如图 3-22、图 3-23、图 3-24 所示。

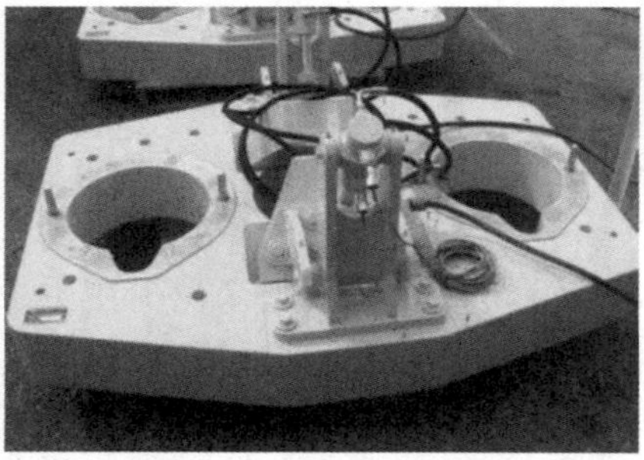

图 3-22 Timberland Equipment 公司制链器

图 3-23 Timberland Equipment 公司水下导链滚轮

图 3-24 Timberland Equipment 公司水下导链滚轮制链器

(5)荷兰 Royal IHC 公司

荷兰 Royal IHC 公司水下导链滚轮位于船体的侧面,可吸收系泊线顶部锚链的高张力,如图 3-25、图 3-26 所示。其还具有以下优点:低分离摩擦力、最大限度地减少平面外弯曲;水下机器人可协助拆卸和更换;高强度不锈钢轴和销;经船级社认证的免维护轴承等。

图 3-25 Royal IHC 公司水下导链滚轮

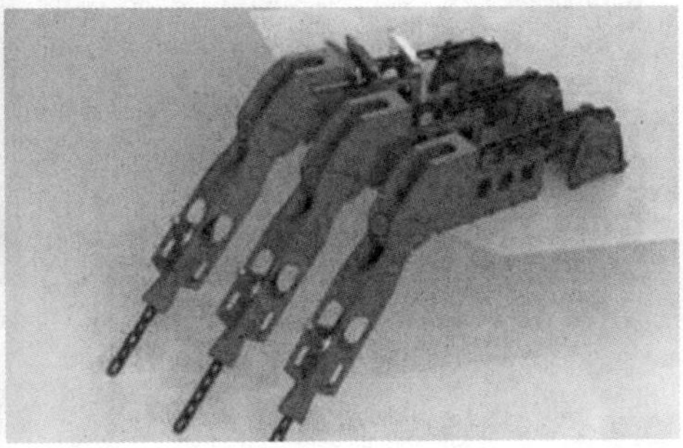

图 3-26 Royal IHC 公司生产用于 FPSO 上的导链滚轮

(6)英国 Rolls-Royce 公司

英国 Rolls-Royce 公司制链器设计紧凑,如图 3-27 所示,负载传感器可以集成在制链器上,并且易于更换。Rolls-Royce 公司的导链滚轮,如图 3-28 所示。

(7)美国 National Oilwell Varco(NOV)公司

美国 NOV 公司的制链器、导链滚轮分别如图 3-29、图 3-30 所示。

(8)美国 Smith Berger 公司

美国 Smith Berger 公司可释放制链器、OCIMF 制链器、双棘爪制链器分别如图 3-31、图 3-32、图 3-33 所示。

图 3-27　Rolls-Royce 公司制链器

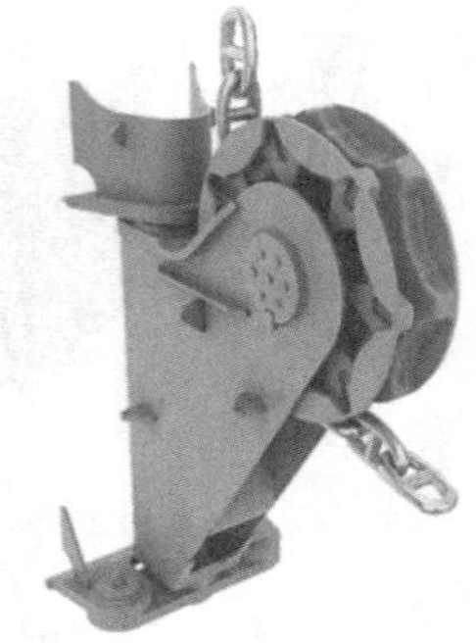

图 3-28　Rolls-Royce 公司导链滚轮

图 3-29　NOV 公司制链器

图 3-30　NOV 公司导链滚轮

图 3-31　Smith Berger 公司可释放制链器

图 3-32　Smith Berger 公司 OCIMF 制链器

图 3-33　Smith Berger 公司双棘爪制链器

美国 Smith Berger 公司水下导链滚轮、水下导缆滚轮分别如图 3-34、图 3-35 所示。

图 3-34 Smith Berger 公司水下导链滚轮

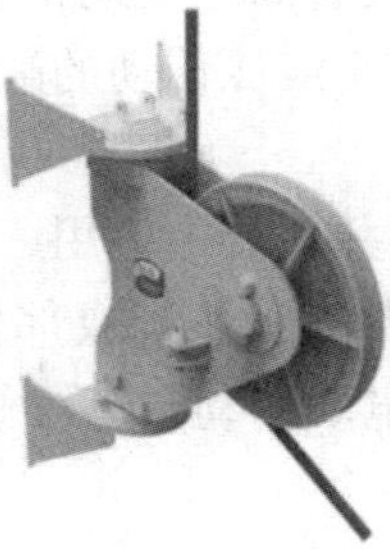

图 3-35 Smith Berger 公司水下导缆滚轮

(9)美国 Oil States 公司

Skagit 模型 UCWF 导链滚轮安装在船舶/平台上,如图 3-36 所示。

图 3-36 Oil States 公司 Skagit FPSO 73-Pocket 导链滚轮

(10)阿拉伯联合酋长国 Trelleborg 公司

阿拉伯联合酋长国 Trelleborg 公司的制链器,如图 3-37 所示。

图 3-37 阿拉伯联合酋长国 Trelleborg 公司的制链器

3. 动力装置

动力装置可以是液压或电动的。

液压驱动中液压动力装置(HPU)通常包括几个泵组。这种布置建立了冗余,在一个泵组发生故障时,绞车系统仍然可以在相同的牵引能力下运行,尽管速度有所降低。与电传动相比,液压传动通常具有简化变速箱和多个液压马达泵装置带来的更高冗余度的优点。它还提供额外的液压制动。液压传动的缺点是需要更多的维护保养,同时安装成本更高,液压油有泄漏的危险。

电力驱动在钻井平台中应用广泛,在平台搬迁时,需要频繁地引入和放出系泊线。对于电动解决方案,不需要液压系统或部件来操作绞车。电动驱动器可以与旋转起锚机结合使用。与液压传动相比,电动传动具有维修量小、安装成本低(电缆与液压管道)、噪声小、重量轻、能耗低等优点。

第 2 节　系泊线材料及连接部件

1. 系泊线材料

常见的系泊线材料包括锚链、钢缆和合成纤维。锚链主要是靠自身重力,使系泊线达到悬链线状态,而钢缆是靠自身较大的刚度达到张紧系泊线的效果,成本也比锚链低。但是,对于深水作业的张紧式系泊系统,质量更轻的新型纤维材料则成为人们关注的热点。

(1)锚链

锚链耐磨性较好,可用在系泊线的任何部位。在浅水区,经常有"全链条"设计,这种设计简单而有效。而在深水区,锚链通常用于靠近浮式平台和连接锚的部分。

锚链分为有挡锚链(Stud Chain)和无横挡锚链(Studless),如图 3-38 所示。有横挡锚链有一个安装在椭圆形链环内的螺柱。它的目的是避免链条缠绕。在早期的航运史上,布放和回收锚通常使用锚链,而锚链往往会发生缠绕,有横挡锚链则有效地解决了这一问题。目前,有横挡锚链仍然是船舶使用的最常见的链条类型,也可用于暂时性系泊系统。

有横挡锚链易于操作,不易发生扭结,而且能增加链条的抗弯曲能力,但是通过长期使用发现,横挡容易发生松动,可能导致链条局部疲劳,失去一个横挡将会在连接处产生较高的弯曲力矩,发生危险。因此,后来又研发了无横挡链条,通过合理设计,无横挡链条也能达到良好的抗弯曲能力,且更易于制造和检查。在破坏强度相同的条件下,无横挡链条比有横挡链条的质量小约 10%。目前,无横挡链条多用于永久性系泊系统。通常所说的链条直径是指构成链环的钢条直径,被称作名义直径,用 D 来表示。因此整个链条的几何形状、连接形式和主尺度的确定都与链条直径 D 相关。但是对于有横挡链条,为便于各段链条之间的连接方便,尾部连接部分链环应该是无横挡的,而且与其连接的链环也应该是扩大类型。

长时间的磨损老化、疲劳损伤是锚链产生破坏的常见原因,尤其对于有横挡锚链,由于横挡与链环的焊接并不一定十分可靠,导致该部分容易发生局部应变,横挡脱落、链条断裂,易发生危险。通过对锚链失效的长期观测统计发现,锚链的破坏形式主要有四种:塑性破坏、脆性断裂、疲劳断裂、应力腐蚀。其中脆性断裂是系泊锚链破坏的主要形式。

根据材料的屈服强度,锚链分为几个等级,海洋工程系泊锚链常用的等级有 ORQ(Oil Rig Quality),Grade 2,Grade 3,Grade 4,Grade 5。等级增加一级,锚链的极限强度增大约 40%。其中,介于 Grade 3 与 Grade 4 之间的为 R3S,介于 Grade 4 与 Grade 5 之间的为 R4S。Grade 2 锚链不建议用于系泊作业。从容易制造的角度出发,一些设计师会首选 R3S,但 R4S 有横挡锚

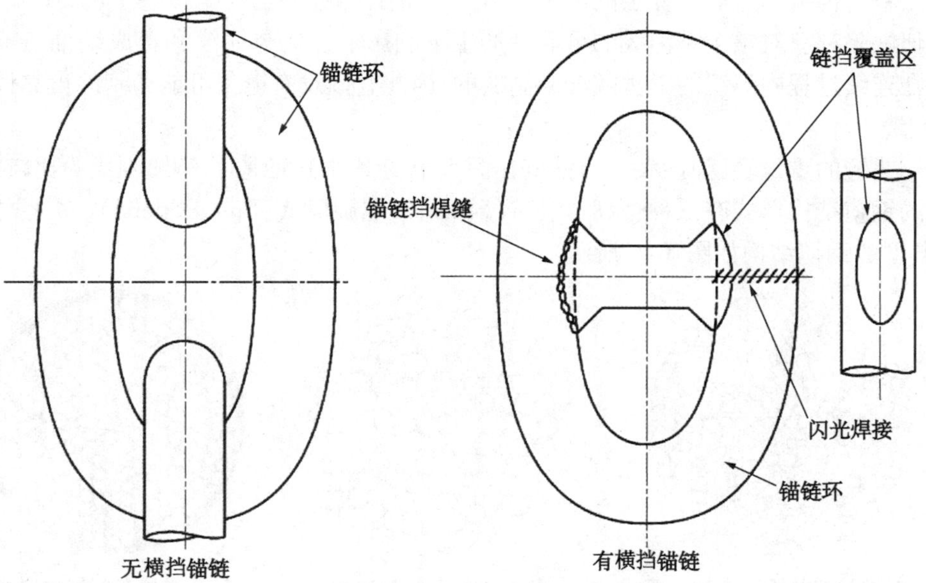

图 3-38　有横挡锚链和无横挡锚链

链会更坚固。不同等级的锚链材料特性和最小破断力分别如表 3-1、图 3-39 所示。

表 3-1　不同等级的锚链材料特性

锚链等级	ORQ	Grade 3	R3S	Grade 4
屈服强度/(N/mm^2)	—	410	490	580
极限抗拉强度/(N/mm^2)	641	690	770	860

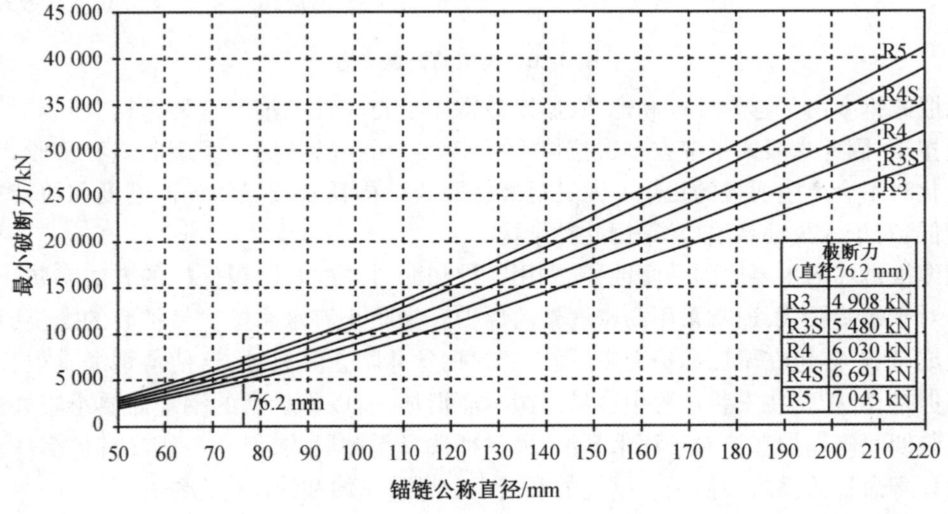

图 3-39　不同等级锚链的最小破断力

决定系泊线材料特性的重要参数有极限强度、EA 以及单位长度湿重，它们均与系泊线直径 D 有直接关系。对于不同厂家生产的锚链，其材料特性有所不同，实际设计时需根据厂家提供的材料特性信息进行选择。

海洋工程的锚链制造需要复杂的工艺。由于锚链上的链环是一个接一个的,所以单个链环上的任何缺陷都会对整个系泊线的可靠性产生不利影响。这与钢缆和合成纤维缆不一样。缆绳是由在连续过程中编织的钢丝或纤维制成的,因此它们没有链条可能遇到的可靠性问题。

(2)钢缆

钢缆比锚链的重量轻,弹性大。当锚链在深水中变得过于沉重时,钢缆则成为比较好的选择。常见的钢缆结构形式有三种:六股式(Six Strand),螺旋股式(Spiral Strand),多股式(Multi Strand),典型的钢缆结构如图 3-40 所示。

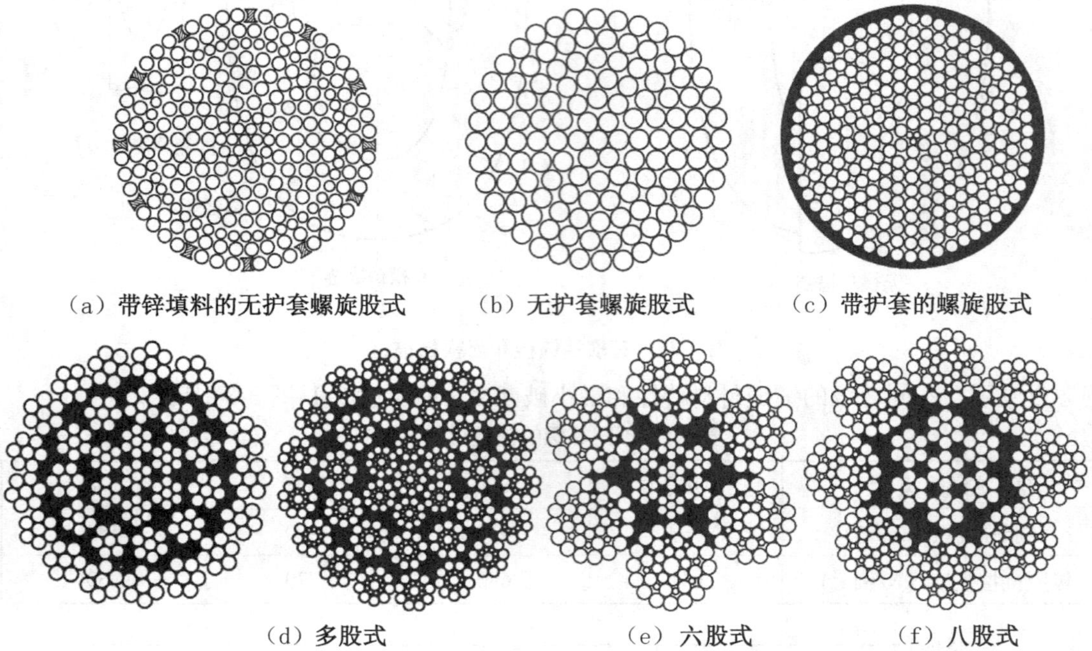

图 3-40 典型的钢缆结构

六股式钢缆由于容易处理和弯曲,所以最常用于暂时性系泊。这种结构会随着张力的增加产生扭矩,因此六股式钢缆在多次拉伸后可能会经历扭转疲劳。螺旋股式和多股式结构在张力变化时不会产生明显的扭矩。尤其是螺旋股式结构具有较强的纵向刚度和扭转平衡,旋转损耗低,对于永久性系泊,常采用此种结构。

钢缆被破坏的主要原因是腐蚀,常采用镀锌和润滑并配合阳极保护的方法来防止腐蚀的发生。对于螺旋股式,通常采用高密度聚乙烯护套来防止海水腐蚀。带护套的螺旋股线由钢丝芯组成,钢丝芯包在聚乙烯护套中,用于密封钢丝并防止其腐蚀,这使得钢缆有很长的使用寿命。但是,外护套在安装过程中容易因搬运而损坏,所以带护套的钢缆需要小心处理,也可以在安装期间修理护套。对于深水系泊,另一种选择是多股式,但它一般没有护套,因此不建议在设计寿命长的设施中使用。钢缆的磨损也会导致腐蚀和使用寿命缩短。

(3)合成纤维

随着深水开发和生产的发展,传统锚链和钢缆作为系泊线表现出造价高、难以安装、系泊半径大等缺点,与之相比,合成纤维系的使用体现出优势。在实际工程应用中,一般两端用锚链来抵抗导缆孔处磨损和海床处摩擦,中间用合成纤维以降低系泊线重量。比如,聚酯缆(图

3-41)因其刚度小、抵抗轴向压缩疲劳性能好、强度质量比大、抗蠕变性能好等优点而广泛用于深水永久性系泊,图 3-41(c)是浙江四兄绳业有限公司研发的聚酯缆,成功应用于“深海一号”半潜式生产储油等平台系泊系统。研究表明,在 1 000~3 000 m 水深范围内,聚酯缆具有理想的弹性和拉伸特性。在深水中,系泊线采用聚酯缆可保持比锚链-钢缆-锚链组合更小的浮式结构偏移量。在某些情况下,同一浮式结构,相同的系泊性能,系泊线采用聚酯缆也会比锚链-钢缆-锚链组合需要的长度更短。

（a）

（b）

（c）

图 3-41　正在海上应用的聚酯缆

合成纤维缆有许多不同结构类型。最常见的两种结构是“钢丝绳结构”和“平行股”。如果在使用过程中以及安装过程中可能发生外部磨损,则应在合成纤维缆上使用护套,但护套几乎没有拉伸承载能力。像平行股结构的合成纤维缆则必须利用护套保持其几何形状。护套还可以减少土壤进入合成纤维缆以及为防止合成纤维缆被海洋生物和鱼类咬伤提供一些保护。合成纤维缆的结构通常是扭矩平衡的。而纤维绳股的大小、数目和排列不同使得缆具有不同的构造形式。图 3-42 为聚酯缆的结构设计示意图,外层为编织保护套,耐磨,保护受力芯绳;次外层为过滤层,能防止沙粒进入缆内产生磨损;内层为聚酯芯绳,承受拉力。

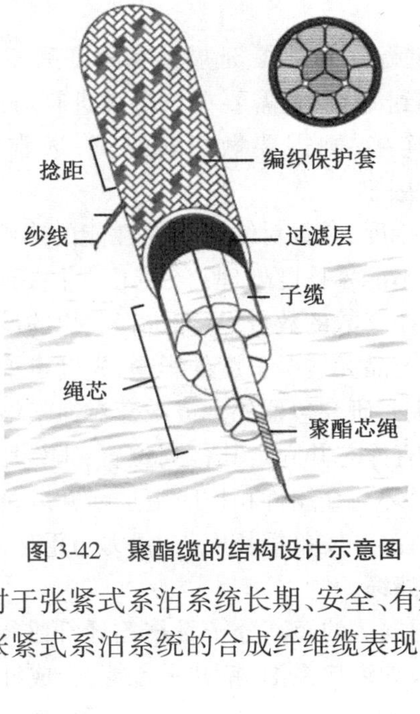

图 3-42　聚酯缆的结构设计示意图

合成纤维缆的力学性能对于张紧式系泊系统长期、安全、有效地服务于浮式结构物有着决定性的作用和影响。应用于张紧式系泊系统的合成纤维缆表现出高度的非线性,包括:动刚度特性、张紧-松弛特性、蠕变-回复特性、疲劳特性等。深水张紧式系泊系统因为系泊线长期没入水中,受疲劳荷载作用,一些退化机理也会影响系泊系统的可靠性,因此需考虑疲劳对系泊系统的影响。准确有效地评估和预测张紧式系泊系统的动力响应和疲劳寿命,最关键的问题在于深入认识和把握合成纤维系缆的力学特性。

①系泊线非线性应力应变行为

在循环载荷作用下合成纤维缆的应力应变关系具有非线性特征,因材料黏弹性和黏塑性因素的影响呈现出明显的滞回现象,且随着加载周次的继续增加,系泊线的刚度会增大。影响系泊线刚度的因素有平均张力、张力幅值和载荷幅值。

②合成纤维系泊线的动刚度特性

由于合成纤维缆的存在,张紧式系泊系统的响应和性能很大程度取决于合成纤维缆的轴向刚度特性。轴向刚度必须充分维系浮式结构的定位,同时预防系泊线过载情况的发生,因此研究循环载荷作用下合成纤维缆的动刚度特性显得尤为重要。进一步地,动刚度特性同样会影响系泊线的疲劳性能。

③系泊线张紧-松弛特性

当浮式结构发生大幅运动时,系泊系统会出现张紧-松弛状态的改变,引起系缆张力的迅速增大,可能危及浮式结构的安全和生产。

④系泊线蠕变-回复特性

在张力恒定的条件下,缆绳将产生明显的蠕变-回复现象,它是时间相关特性的具体体现。蠕变-回复不仅会影响缆绳的刚度和应力应变滞回特性,而且会对长期的疲劳特性产生影响。在复杂的海况作用下,张紧式系泊系统将无法回避蠕变及其复杂效应,同时,蠕变-回复特性使系泊系统的分析变得更加复杂。

⑤系泊系统的动力响应及疲劳分析

由于材料的特殊性,合成纤维系缆表现出较为特殊的疲劳特性,包括内部磨损、热量累积、蠕变破坏、轴向压缩疲劳。

在缆绳制造过程中,需要进行拉力测试、延展性和刚度测试、接长测试、蠕变率测试等;若海上安装程序要求聚酯缆预铺到海底,则需要在该海域进行海底拖拉试验,以检测其磨损程度;如果与非扭力平衡钢缆连接,则需要做扭转测试;通常情况下,其长度精度控制在±(0.5%~1%)内,比钢缆要求更高。

制纱工序主要研究初复捻捻度、合数对纱线强伸性能的影响,根据捻度越大、强度越低的原则,纱线不应捻度较多,但也不能零捻度处理;合股工序主要研究股数、层数、股捻对绳股均匀性、绳索强力的影响,根据纱线支数的数量,从而进行股捻的设计;绳芯编织工序主要研究编织工艺参数对绳索截面形状与产品无接头长度的影响,先确定承重绳芯的数量,从而确定单根子绳的直径及长度;包覆工序主要研究包覆外套或护套对绳索整体防磨损性能的优化,主要采用48锭外编技术,以包裹住所有绳芯并固定其排列位置;末端眼环处理主要是研究绳索的末端树脂处理工艺,使绳索末端眼环与金属件相连时更加耐磨以防止金属件切割或磨损聚酯缆。通过整个聚酯缆制备工艺的研究,开发单根长度长,强力与重量比大,耐疲劳性能好,从而制作出满足多点系泊实际需求的聚酯缆。

美国绳索企业Samson公司制造的超高分子量聚乙烯纤维绳索以性能优良的迪尼玛纤维为主要原料。不同的工作场景,如港口系泊、钻井平台等,合成纤维缆的结构会有所不同,其中

12 股编织结构最为常见。这是一种零扭矩结构,会使绳索在同直径下可以达到钢缆相同的强力,但是其重量却只有钢缆的 1/7,如图 3-43 所示。

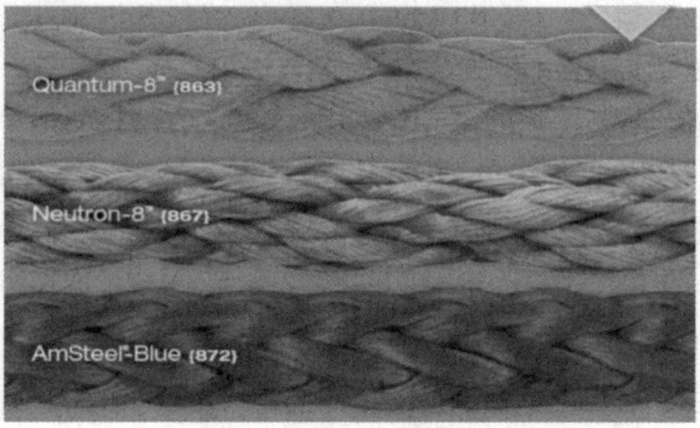

图 3-43 Samson 公司聚酯缆产品

葡萄牙的 Lankhorst 公司用于深水系泊绳索产品有 GAMA98 和 CABRAL512 两大类产品,GAMA98 聚酯绳采用聚酯皮,内芯为高效的平行绳,每个平行绳都由电脑精确控制张力和长度,如图 3-44 所示。一般 GAMA98 绳索会包含 7~18 个绳芯,每个绳芯为 8×1 或 12×1 的结构,实现绳索扭矩平衡。CABRAL512 聚酯绳的设计与 GAMA98 聚酯绳类似,但是它在一层编织外套里面使用平行的纱线来构建同样平行的子绳绳芯,同样每个绳芯为 12×1 结构,实现绳索扭矩平衡,如图 3-45 所示。过滤层位于绳芯和护套中间,可以有效过滤大于 5 μm 的颗粒,同时允许自由水分通过。理论上可以无限长,绳索线密度由要求的破断力决定。浙江四兄绳业有限公司设计的 SINOROPE© 聚酯缆由内芯 12 股平行排列的编织子绳、中间防沙层和编织外套组成,如图 3-46 所示。

图 3-44 GAMA98 聚酯绳

图 3-45 CABRAL512 聚酯绳

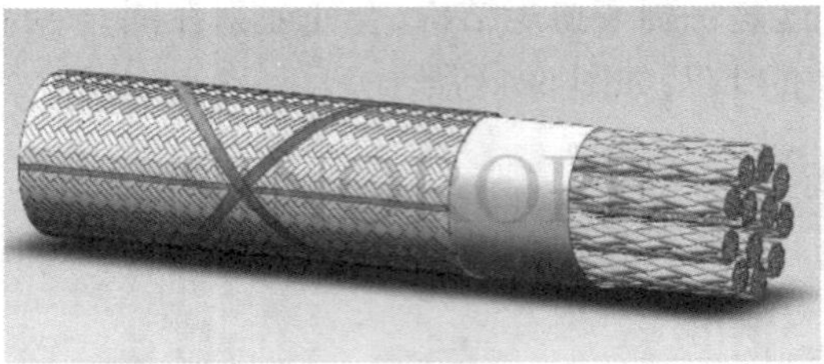

图 3-46　SINOROPE© 聚酯缆

2. 浮筒

浮筒可以减少浮式结构由于深水悬挂系泊线重量而造成的沉重负担，由于水下浮筒的存在，使系泊线重量造成的作用于导缆器上的垂向载荷大幅度减少，从而提高了系泊系统的刚度。当然，在系泊系统中增设浮筒势必增加额外费用，并且要求浮筒有足够的水下安装深度，以减小波浪载荷对其的影响。

系泊线上安装浮筒，以改变系泊线的形状，增加系泊线与海底设备之间的垂直距离。同时，浮筒可改进系泊性能、减小浮式平台的偏移、减少必须由浮式平台支撑的系泊线重量，如图3-47 所示。

图 3-47　多点系泊系统中浮筒布置

由于系泊线上安装浮筒，破坏了系泊线的完整性，因此除非必要，永久性系泊系统尽量避免安装浮筒。另外，由于浮筒相对浮式平台体积较小，因此当波浪作用较大时，尤其是浮筒漂浮在海面上时，系泊线的设计载荷也会相应增加。连接浮筒的连接件也会因疲劳或磨损而失效，浮筒也会因此遭到破坏。浮筒通常为圆柱形或球形，如图 3-48 所示。

国外生产深水浮力材料的公司主要有澳大利亚的 Matrix Asia Pacific 浮力材料公司、英国的 Trelleborg Offshore 公司、英国的 Balmoral Offshore 公司、美国的 Flotec 公司、美国的 Engineered Syntactic Systems 公司、英国的 FenderCare-Hippo Marine Limited 公司、美国的 Intermoor 公司等。图 3-49 为国外系泊系统常用的典型浮力球结构。

各公司研发能力不同，不同的公司浮力材料采用的成型方法也不同。美国 Flotec 公司采用空心玻璃微珠为浮力调节介质，与环氧树脂复合后经真空浇铸，加热固化而成。其中，环氧树脂做承压主体材料，中空玻璃微珠用来降低密度，调节浮力大小。澳大利亚的 Matrix Asia Pacific 公司采用高压灌注和真空热压成型方法。国外主流采用真空热压和高压灌注成型方法和热压成型等方法，如图 3-50 所示，先制备出浮力球壳再向内部填充固体浮力材料。

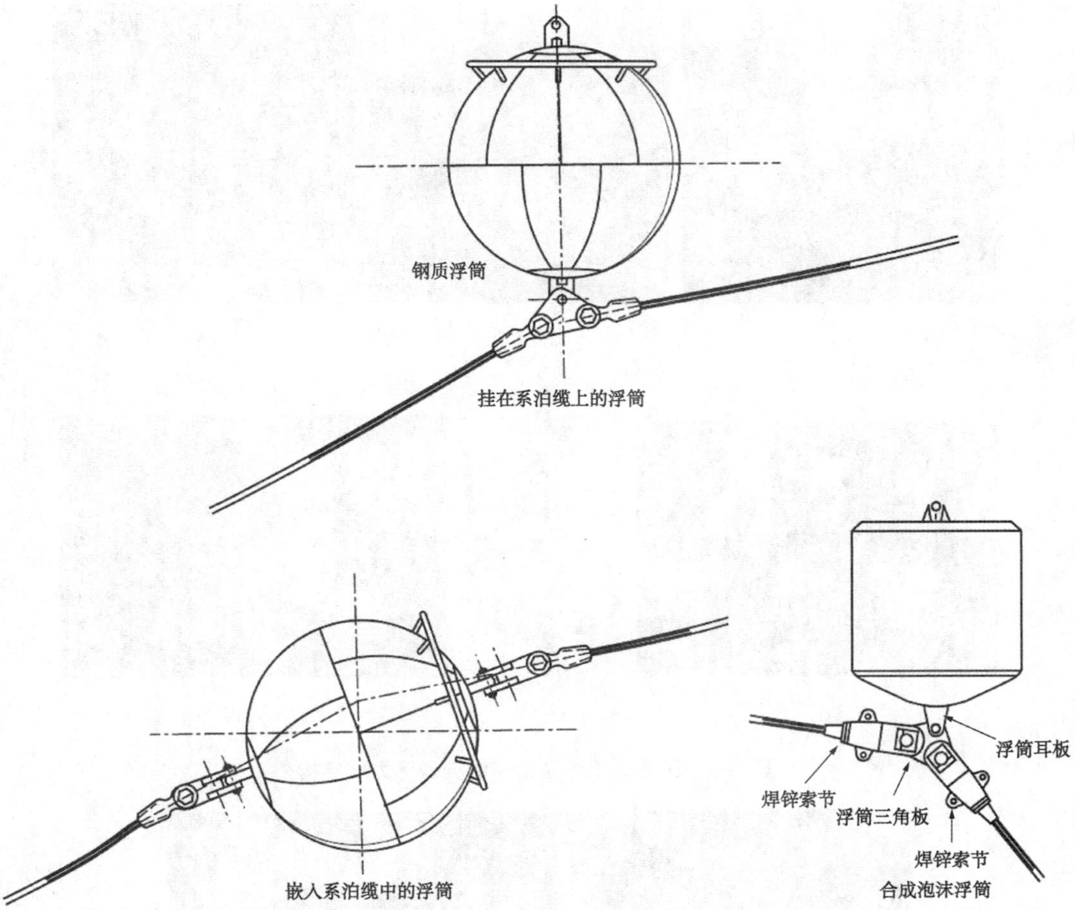

图 3-48　浮力球结构

3. 重块

为了提高系泊性能,减少浮式平台的偏移,可在系泊线触地段或靠近触地段的部分增加重块。对于悬链线式系泊系统,重块可替代部分锚链,增加锚泊定位系统的回复力,减小成本。增加重块的方式更适合浅水海域。

重块的单位长度重量对锚泊定位系统的静力响应有主要影响,其重量分布则对动力响应有很大影响。一般来说,锚泊定位系统的刚度随重块的单位长度重量而增加,而系泊线的最大张力则随重块的总重而增加。

重块的形式可以是一个集中重量(一块重物),也可是一段分布重量(图 3-51)。前者的静力响应较好,后者的动力响应较好。由于在锚泊定位系统中对动力响应的要求是主要的,故宜采用一段分布重量的形式,其结构形式应使其具有一定柔性。重块也有其缺点,比如,连接与安装复杂,系泊线的动态响应难以准确评估,并且重块容易嵌入海底土壤等,所以使用的时候需要进行综合考虑。

(a)

(b)

(c)

(d)

(e)

(f)

图 3-49 国外系泊系统常用的典型浮力球结构

(a)大型烘箱热压成型

(b)模压成型/滚塑成型

图 3-50 英国公司浮力球的成型方法

图 3-51 分布重量式重块

4. 接头

卸扣(图 3-52)是系泊系统常见的连接部件之一,种类很多,可用于移动性和永久性系泊系统。转环(图 3-53)的最大缺点就是当外载荷超过其承载力时将会失效。对于永久性系泊系统,检查和更换这些部件难度很大,因此一定要采取合理的防腐措施,保证这些连接部件的疲劳寿命,防止应力集中,并且在安装之前要对这些部件逐一进行仔细检测。

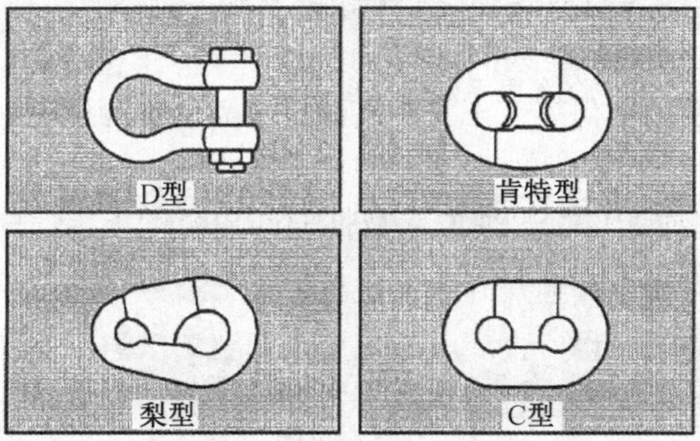

图 3-52 卸扣示意图

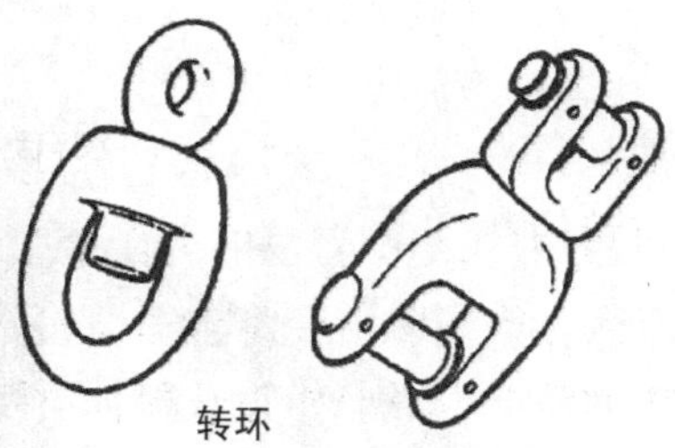

图 3-53 转环示意图

国外研发、生产链绳接头的公司主要有荷兰 GN Rope 公司、英国 Flintstone Technology 公司和 Lankofirst 公司等。

(1)荷兰 GN Rope 公司的链绳接头如图 3-54 所示。

(a) (b) (c)

图 3-54 荷兰 GN Rope 公司的链绳接头

(2)英国 Flintstone Technology 公司的板式链绳接头如图 3-55 所示。

图 3-55 英国 Flintstone Technology 公司的板式链绳接头

(3)Lankofirst 公司的新型系泊链绳接头和系泊绳绳接头分别如图 3-56、图 3-57 所示。

图 3-56 Lankofirst 公司的新型系泊链绳接头

图 3-57 Lankofirst 公司的新型系泊绳绳接头

第 3 节 锚的选择

根据海床的状况和系泊性能要求不同,可以采用不同类型的锚,根据承受载荷机理的不同,锚主要有以下几种类型,如图 3-58 所示。

(1)重力锚(Dead Weight Anchor);

(2)桩锚(Pile Anchor);

(3)拖曳嵌入式锚(Drag Embedment Anchor);

(4)吸力锚(Suction Anchor);

(5)鱼雷锚(Torpedo Pile);

(6)垂向载荷锚(Vertical Load Anchor)。

如何选择锚需要进行多方面的分析,包括场地的勘察,土壤特性、地基安装分析和地基承载力评估。尤其在锚的结构设计上,需要考虑对锚施加的最大载荷,包括运输和安装期间施加的最大荷载,以及在整个寿命期内承受的疲劳损伤。

1. 重力锚

重力锚是最早使用的锚,如图 3-59 所示,主要靠材料本身重量来抵抗外力,依靠自身锚重与锚底土的相互作用来提供锚固力。材料为混凝土或钢、碎金属,或其他高密度材料,重量可达几百吨到几千吨,承受水平和垂向作用力的能力都很强。

重力锚由于低廉的价格经常被使用,而且适合大多数海底和荷载条件,因此做重力锚设计

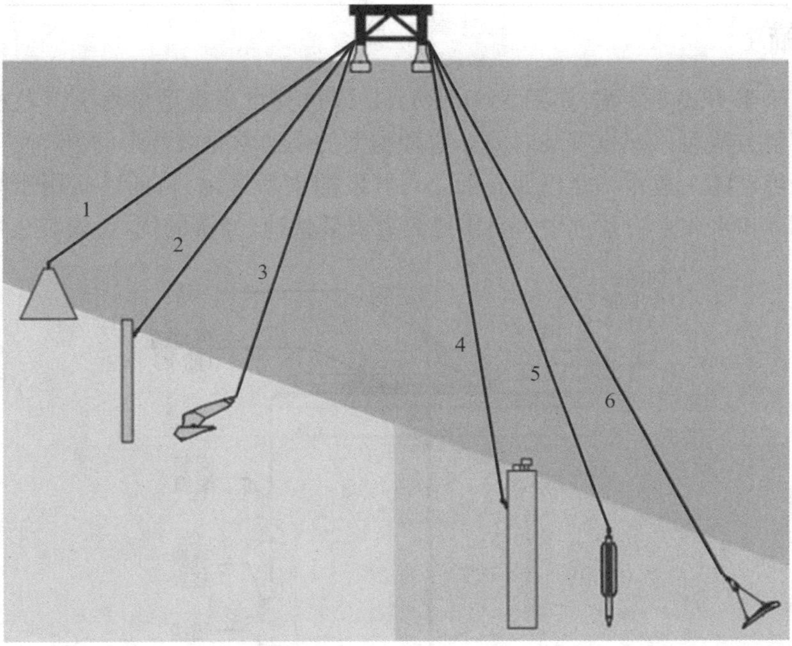

图 3-58　用于深浅水域不同种类的锚

1—重力锚;2—桩锚;3—拖曳嵌入式锚;4—吸力锚;5—鱼雷锚;6—垂向载荷锚

图 3-59　重力锚

所需的地勘数据也不多,可以重复利用,使得其实用性较强,造价也适宜。同时,在所有的锚固设备中,重力锚的承载力与其重力的比值是最小的,因此重力锚的安装需要重型起重能力。重力锚也不适合倾斜的海底,此时重力锚的效率是最低的。但是,在一些特殊的土质上,比如,在钙质岩(礁灰岩)等比较硬的土体,其他形式的锚不再适用,重力锚就表现出其优越的适应性。

重力锚有以下特点:

(1)较强的垂向承载力,允许系泊的范围更小;

(2)随着海底坡度的增加,承受水平荷载的能力迅速减小;

(3)可靠性高;

(4)现场施工简单,但受起重能力的限制;

(5)与系泊线的连接处易于检查和维修;

(6)造价低廉;

(7)在水深较浅的工作海域,大质量的重力锚可能会成为障碍。

2. 鱼雷锚

鱼雷锚属于重力式安装锚，如图 3-60 所示，是通过其自身重量自由下落获得的动能穿透海床。这种安装方法可以减少安装时间。这种类型的锚通常是圆柱形的，带有一个锥头，在桩的顶部有四个稳定鳍。鱼雷锚是巴西石油公司开发的创新型锚，目前已应用于海上移动式钻井装置（MODU）和永久系泊系统中。鱼雷锚具有安装快速、经济的优点，安装也不需要太多的

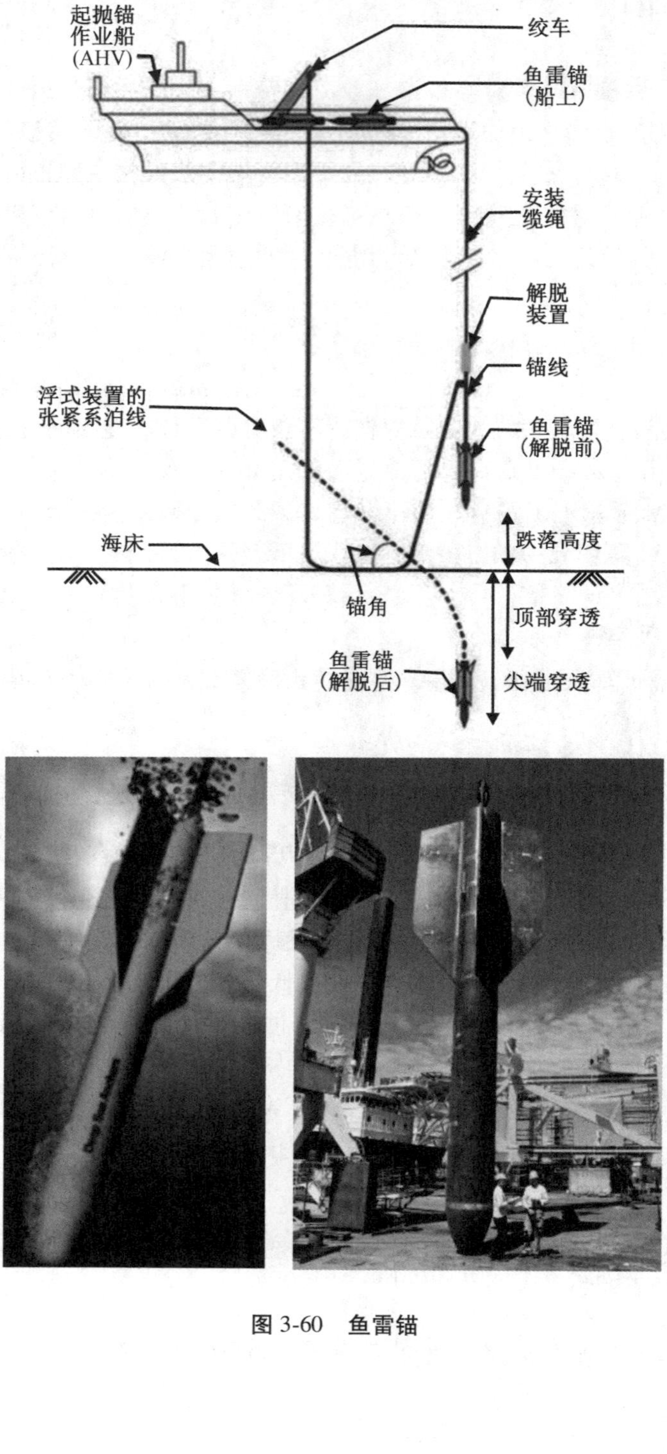

图 3-60　**鱼雷锚**

设备。鱼雷锚通常安装在软黏土或中等黏土条件下，埋得比较深，可以抵抗水平和垂直荷载，适用于悬链线式和张紧式系泊系统。

3. 拖曳嵌入式锚

拖曳嵌入式锚是目前最受欢迎且使用最多的一种锚，如图 3-61 所示，其部分或全部深入海底，主要靠锚前部与土壤的摩擦力来抵抗外力。其能承受较大的水平力，但承受垂向力的能力不强。传统的拖曳嵌入式锚最初用于移动系泊作业。

拖曳嵌入式锚通过钢缆或锚链将其拖入海床，安装成本较低。拖曳嵌入式锚的承载力取决于锚的贯入深度，承载能力具有不确定性。对于 MODU 和永久性系泊系统，可以在拖曳嵌入式锚安装后，对锚进行验证荷载试验。

拖曳嵌入式锚适用于较软的黏土，可以嵌入相当深的深度，在某些情况下，深度可达几十英尺。随着嵌入深度的增加，拖曳嵌入式锚承载能力也增强。如果设计得当，拖曳嵌入式锚还可以嵌入硬土等，但需要注意的是，拖曳嵌入式锚需要足够的结构强度来承受极端的集中载荷。

图 3-61　拖曳嵌入式锚

4. 垂向载荷锚

垂向载荷锚与传统的嵌入式锚一样，如图 3-62 所示，安装方式相同，但更深入。可以承受水平和垂向力。垂向载荷锚适用于软黏土或由软黏土组成的层状土壤，不建议在沙和硬黏土中使用垂向载荷锚。

如图 3-63 所示，当永久性系泊系统采用垂向载荷锚时，在安装状态下，荷载与锚爪的夹角约为 40°~60°。当锚杆垂直于锚爪时，一旦超载，垂向载荷锚将被拉出，因此需要比传统拖曳嵌入式锚更高的安全系数。

5. 桩锚

桩锚是将中空的钢管通过打桩安于海底，靠管侧与土壤的摩擦力来抵抗外力，如图 3-64 所示。最常见的桩是细长管桩（长径比>10），对于大型系泊系统，直径在 0.6~2.4 m 的范围内。通常需要起重机将桩放在海底，然后用打桩锤打桩，将锚埋入较深的海底，以抵抗外力，能承受水平力和垂向力。要求施工的设备多，工程成本大。TLP 的锚端常使用桩锚。

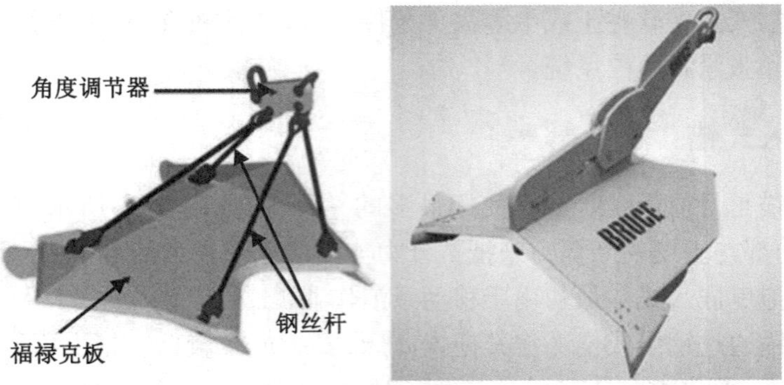

图 3-62　垂向载荷锚

图 3-63　安装过程中的垂向载荷锚

桩锚有以下主要特点：

(1)安装需要专用设备；

(2)可安装在倾斜的海底,且性能良好；

(3)抗拔能力强,允许较小的系泊范围；

(4)可通过钻孔,将桩锚安装在坚硬的海底；

(5)可以设计多种尺寸和管道结构。

图 3-64　桩锚

6. 吸力锚

吸力锚类似于桩锚,但中空的钢管直径要大得多,通常为 4~6 m,长径比(长度/直径)比桩锚小,如图 3-65 所示。通过安于钢管顶部的人工泵使管内外出现压力差,当管内压力小于管外,钢管即被吸入海底,然后将泵撤走。吸力锚主要靠管侧与土壤的摩擦力来抵抗外力,能承受水平力和垂向力。吸力锚同样非常适合 TLP,悬链式和张紧式系泊系统均可使用。

图 3-65 吸力锚

由于吸力锚在深水中的打入和搬运变得更加困难,因此在超深水中不太常见。尽管如此,这种方法已用于 2 400 m 以下的水深。南海的文昌油田和番禺油田的单点设施选用了 APL 公司的产品,其锚端都是使用吸力锚,实践证明效果很好。

第4章 锚泊定位系统分析

系泊线的静力分析方便、快捷,多在设计初期采用。在对系泊线的静态特性分析时,其动态特性被忽略,对于大部分浅水系泊系统都能取得较好的结果,然而,随着浮式结构作业水深的日益增加,系泊线动态特性和疲劳分析是不能被忽视的。

第1节 静力分析

锚泊定位系统静力分析是在稳态条件下系泊线的受力情况和系统的平衡状态,预估系泊线的几何形状及应力分布,通常采用悬链线法。

悬链线是指均质、完全柔性而无延伸的链或缆自由悬挂于两点上时所形成的曲线。一般浮式结构的系泊线,由于本身有拉伸和受到海流力的作用,与理论上的悬链线不能完全吻合,但为了计算分析方便,尤其是对系泊系统进行初步设计与评估时,仍常用悬链线来描述系泊线的特性,而忽略海流力和系泊线弹性伸长的影响。

如图 4-1 所示,无弹性悬垂系泊线上任意一小段单元的静力图。其中 w 是缆索的单位长度重量, $\mathrm{d}l$ 为单元的长度, T 为单元下端张力, $\mathrm{d}T$ 为张力在 $\mathrm{d}l$ 上的增量。沿水平与垂直方向建立平衡方式,可得

$$(T+\mathrm{d}T)\cos(\theta+\mathrm{d}\theta)-T\cos\theta=0 \tag{4-1}$$

$$(T+\mathrm{d}T)\sin(\theta+\mathrm{d}\theta)-T\sin\theta-w\mathrm{d}l=0 \tag{4-2}$$

将式(4-1)与(4-2)展开,忽略极小量和二阶微量,可简化得

$$\cos\mathrm{d}\theta\approx 1 \qquad \sin\mathrm{d}\theta\approx\mathrm{d}\theta \qquad \mathrm{d}T\mathrm{d}\theta\approx 0$$

$$T\sin\mathrm{d}\theta-\cos\theta\mathrm{d}T\approx 0 \tag{4-3}$$

$$T\cos\theta\mathrm{d}\theta+\sin\theta\mathrm{d}T-w\mathrm{d}l=0 \tag{4-4}$$

由式(4-3)与(4-4)可得

$$T\mathrm{d}\theta=w\cos\theta\mathrm{d}l \tag{4-5}$$

$$\mathrm{d}T=w\sin\theta\mathrm{d}l \tag{4-6}$$

$$\mathrm{d}x=\mathrm{d}l\cos\theta \tag{4-7}$$

$$\mathrm{d}y=\mathrm{d}l\sin\theta \tag{4-8}$$

根据式(4-5)至(4-8)在悬垂线段 ab 上进行积分,并注意到:

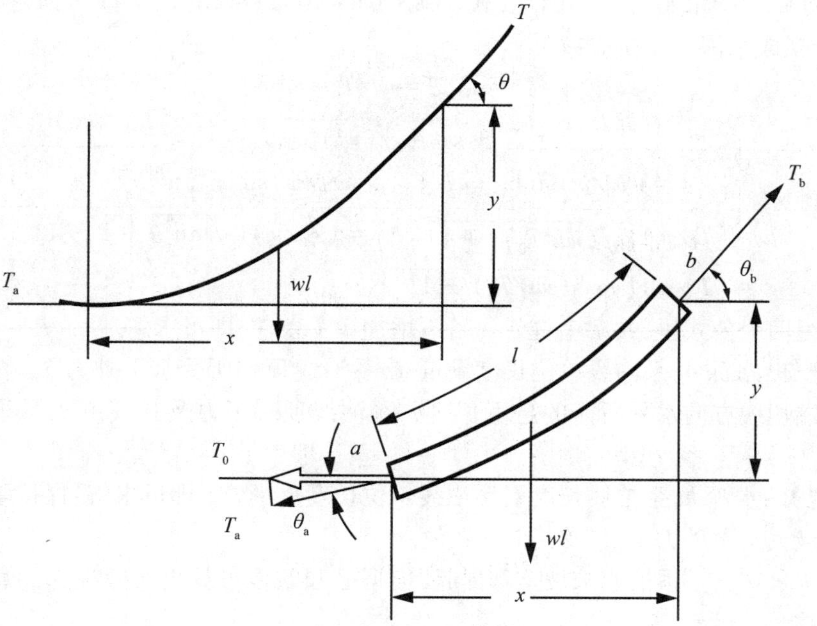

图 4-1 无弹性悬链线图

$$T_0 = T_a\cos\theta_a = T_b\cos\theta_b \tag{4-9}$$

由式(4-6)至(4-8)得

$$\mathrm{d}T = w\mathrm{d}y$$

积分得

$$T_b = T_a + wy \tag{4-10}$$

由于 $T = T_0/\cos\theta$，根据式(4-5)与(4-8)得

$$\mathrm{d}y = (T_0/w)(\sin\theta/\cos^2\theta)\mathrm{d}\theta$$

积分得

$$\begin{aligned} y &= (T_0/w)(1/\cos\theta_b - 1/\cos\theta_a) \\ &= (T_0/w)\left(\sqrt{\tan^2\theta_b + 1} - \sqrt{\tan^2\theta_a + 1}\right) \end{aligned} \tag{4-11}$$

由式(4-5)与式(4-7)得

$$\mathrm{d}x = (T_0/w)(1/\cos\theta)\mathrm{d}\theta$$

积分得

$$\begin{aligned} x &= (T_0/w)\left[\ln\left(\tan\theta_b + \sqrt{\tan^2\theta_b + 1}\right) - \ln\left(\tan\theta_a + \sqrt{\tan^2\theta_a + 1}\right)\right] \\ &= (T_0/w)\left[\sinh^{-1}(\tan\theta_b) - \sinh^{-1}(\tan\theta_a)\right] \end{aligned} \tag{4-12}$$

由(4-5)得

$$\mathrm{d}l = (T_0/w)(1/\cos^2\theta)\mathrm{d}\theta$$

积分得

$$l = (T_0/w)(\tan\theta_b - \tan\theta_a) \tag{4-13}$$

对于单一成分系泊线自由悬垂时，其最低点的切线方向水平，即倾角为零，此处的张力等

于任一悬点处张力的水平分力。因此,式(4-13),(4-10),(4-12),(4-11)可转换如下一组公式。其中,y 换成水深 h,x 换成横距 s。

$$\tan\theta = wl/T_0 \tag{4-14}$$

$$T = T_0 + wh = \sqrt{(wl)^2 + T_0^{\,2}} \tag{4-15}$$

$$s = (T_0/w)\sinh^{-1}(wl/T_0) = (T_0/w)\sinh^{-1}(\tan\theta) \tag{4-16}$$

$$\begin{aligned} h &= (T_0/w)\left[\sqrt{(wl/T_0)^2 + 1} - 1\right] = (T_0/w)(\sqrt{\tan^2\theta + 1} - 1) \\ &= (T_0/w)[\cosh(ws/T_0) - 1] \end{aligned} \tag{4-17}$$

上面一组四个公式里,共 7 个变量。若再增加 3 个条件,即可求解。

(1)若已知:水深 h,系泊线单位长度重量 w,系泊线顶端所受水平外力 T_0。即可求解:保持系泊线下端切线方向水平所需的悬垂长度 l,系泊线顶端张力及其倾角 θ,悬垂线上下端的横距 s。

(2)若已知:水深 h,系泊线长度 l,系泊线单位长度重量 w。即可求解:保持下端张力水平所能承受的最大水平外力 $T_{0\max}$ 及其他参数值。

①如果 $T < T_{0\max}$,系泊线未被全部提起,根据已知条件可算出实际提起的悬垂长度及相应的其他参数。

②如果 $T > T_{0\max}$,系泊线被全部提起,下端倾角大于零,则应根据前述(4-9)至(4-13)计算各有关参数。

【例题】如图 4-2 所示的悬链线式系泊系统,系泊线上端与浮式结构相连,连接点恰在水面上。系泊线的单位长度湿重为 w = 1 274 N/m,破坏强度为 F_b = 4 716 544 N,水深为 80 m,系泊线长 l = 250 m。试确定系泊线开始对锚产生垂向作用时,浮式结构对系泊线的水平作用力 T_0,判断此时系泊线的断裂安全系数,绘制系泊线的水平力-水平位移(系泊线上端至锚固点的水平距离)特性曲线。

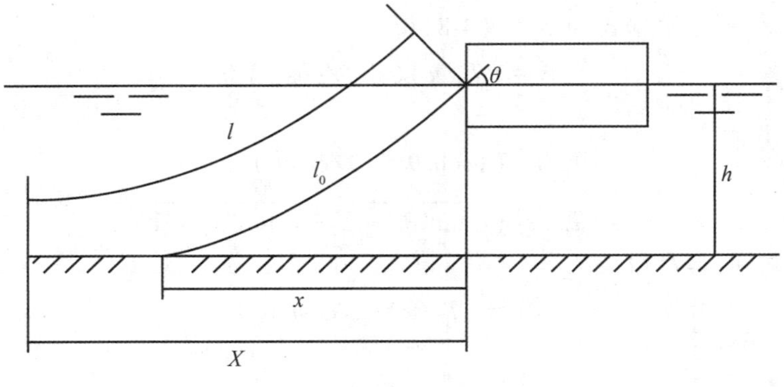

图 4-2　悬链线式系泊系统示意图

按照单一成分系泊线静力分析方法,由式(4-15)至(4-17)可得

$$\cosh(wx/T_0) = \frac{wh}{T_0} + 1 \tag{4-18}$$

$$\sinh(wx/T_0) = \frac{wl_0}{T_0} \tag{4-19}$$

由式(4-18)至(4-19)可得

$$\cosh^2(wx/T_0) - \sinh^2(wx/T_0) = \left(\frac{wh}{T_0} + 1\right)^2 - \left(\frac{wl_0}{T_0}\right)^2 = 1 \tag{4-20}$$

整理式(4-20)可得

$$T_0 = \frac{w(l_0^2 - h^2)}{2h} \tag{4-21}$$

当 $l_0 = l$ 时,系泊线恰好全部被提起,开始对锚产生垂向作用,系泊线所受水平力最大,将已知量代入式(4-21),可得此时系泊线所受水平力的最大值 $T_{0\max}$:

$$T_{0\max} = \frac{w(l^2 - h^2)}{2h} = 446\ 696\ (\mathrm{N})$$

又根据式(4-15),可得系泊线受力的最大值为

$$T_{\max} = T_{0\max} + wh = 548\ 616\ (\mathrm{N})$$

此时,系泊线的断裂安全系数为

$$K = \frac{F_b}{T_{0\max}} = \frac{4\ 716\ 544}{548\ 616} = 8.6$$

对于不同的 $l_0 \leqslant l$,可得到不同的系泊线水平作用力 T_0 与泊距 X,即系泊线上端至锚固点的水平距离,则有如下关系式:

$$X = l - l_0 + x \tag{4-22}$$

表 4-1 为不同 l_0 值时的计算结果,并将系泊线的水平力-水平位移特性曲线绘于图 4-3 中。

表 4-1 不同 l_0 值时的计算结果

l_0 /m	$T_0 = \dfrac{w(l_0^2 - h^2)}{2h}$ /N	$x = \dfrac{T_0}{w}\sinh^{-1}\left(\dfrac{\omega l_0}{T_0}\right)$ /m	$X = 250 - l_0 + x$ /m
100	28 665	49.43	199.43
125	73 454	87.43	212.43
150	128 196	119.70	219.70
175	192 891	149.50	224.50
200	267 540	177.93	227.93
225	352 141	205.53	230.53
250	446 696	232.57	232.57

通常,系泊线是由多种不同特性的材料组成,因此,需要在前面所得公式的基础上根据不同材料系泊线特性得到静力方程,由于篇幅有限,本教材不再继续讨论。

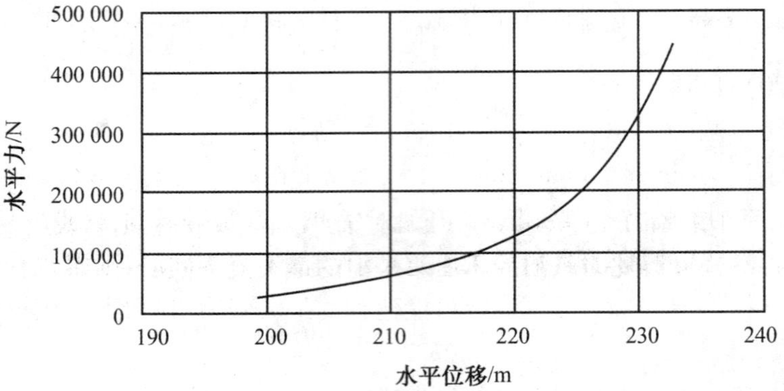

图 4-3　水平力-水平位移特性曲线

第 2 节　强度分析

系泊分析是为了预报在设计环境条件和其他外部荷载(如立管荷载、串靠系泊荷载等)作用下的极端响应,如系泊线张力、锚端荷载和浮体位移。将上述响应与许用值比较,以确保系统有足够的强度以应对过载,有足够的间隙以避免与其他结构物发生干扰。

1. 理论基础

(1)浮体动力学模拟

下面三种方法可用来模拟浮体动力,但都有其局限性。系泊设计所采用的方法应通过模型试验数据、全尺度试验数据或不同分析方法来验证。由于单点系泊的浮体具有风向标特性,它可能会经历大幅度的低频艏摇运动。这些艏摇运动可能会显著影响浮体和系泊系统的响应,因此,在时域、频域模拟和模型试验中都应予以考虑。

①时域方法

时域方法描述为在时域里求解浮体平均、低频和波频组合响应的一般运动方程。外力函数包括由于风、浪、流和推进器产生的平均力、低频力和波频力。浮体、系泊线、立管和推进器载荷都可在同一个时域动力学方程组中模拟,从而获得所有系统参数(浮体位移、系泊线张力和锚载荷等)的时间历程,然后对时间历程进行统计而得到期望的极值。时域模拟的时间应足够长,以得到稳定的统计峰值。

②频域方法

频域方法中,浮体响应的一般运动方程对平均、低频和波频响应进行解耦、分别分析。平均响应通过环境荷载和系泊系统回复力的共同作用而达到的静平衡状态计算得到。波频和低频浮体运动可通过频域方法计算并得到运动响应标准差。然后可基于某种峰值响应分布而求得诸如有义值和最大值等统计峰值。最后,将波频和低频响应进行适当的组合以得到对应于指定风暴持续时间的最大响应。使用频域浮体动力方法对具有风向标特性的浮体进行动力分析时,浮体的浪向应是固定的。

③时域和频域组合方法

为了简化和降低全时域模拟的计算工作量,常采用时域和频域的组合方法。平均荷载、波频和低频运动的时域和频域解可采用不同的方式进行组合。一种常用的组合方法是在时域里模拟平均和低频响应(浮体位移、系泊线张力和锚载荷等),而在频域里单独求解波频响应。由波频响应的频域解可得到统计峰值,然后把这些结果与平均和低频响应组合。

(2)系泊线响应的模拟

系泊系统对平均力的响应可通过静态悬链线方程来预报。一般而言,长周期低频运动响应也可通过同样的方法来预报。浮体的波频运动响应可采用准静力或动力分析进行预报。

①准静力分析

准静力分析方法使用波浪诱导运动产生的浮体静态位移考虑波浪动力荷载作用,忽略了与质量、阻尼和作用在系泊线上的流体加速度相关的垂向运动和动力效应。系泊线动力特性的研究表明,基于这种方法预报的系泊线张力的准确性在很大程度上取决于浮体形式、水深和系泊线布置。

②动力分析

动力分析方法考虑了质量、阻尼和流体加速度的时变效应。导缆器运动通过浮体的纵荡、横荡、升沉、横摇、纵摇和艏摇运动来计算。动力模型用来预报系泊线对导缆器运动的响应。

时域和频域两种方法都可用来预报系泊动力荷载。一方面,在时域方法中,包括系泊线伸长、系泊线几何特性、流体荷载和海底的影响等在内的所有非线性影响都能够模拟。另一方面,由于利用了线性叠加原理,频域方法总是线性的。在设计中,应研究频域中非线性效应的近似方法及其局限性,以确保分析结果的合理性。

主要存在四种对系泊线特性产生重要影响的非线性效应:

a. 系泊线的材料非线性:系泊线的应变或切向伸长是张力幅值的函数。这种类型的非线性特性只出现在诸如聚酯缆等合成材料系泊线中。锚链和钢缆可认为是线性的。在许多情况下,非线性可采用具有代表性的正切或正割模量进行线性化近似。

b. 几何非线性:几何非线性问题与系泊线的大变形关联。

c. 流载荷:常采用莫里逊(Morison)方程来模拟作用在系泊线上的流载荷效应。作用在系泊线上的拖曳力与相对速度(流体与缆之间)的平方成正比,因而是非线性的。

d. 海底效应:在许多系泊设计中,很大一部分的系泊线是与海床接触的,系泊线与海床之间的相互作用通常被认为是摩擦过程,该现象是非线性的。此外,卧地缆长度变化会引起摩擦非线性与几何非线性的相互作用。

(3)立管考虑事项

立管系统在多个方面与浮体和系泊系统相互影响。尽管立管系统刚度对系泊系统起到辅助作用,但立管上的波、流载荷增加了系泊系统所承受的环境载荷。立管系统的阻尼降低了低频运动响应,也降低了系泊载荷。上述现象的实际效果取决于如立管类型、数量和水深等诸多因素。除非能证明忽略某些或所有立管影响后能得到同样的或者更加保守的系泊系统设计,否则系泊系统设计应考虑立管的荷载、刚度、惯性和阻尼。

一些浮式生产装置安装了钢质悬链线立管或非对称布置的生产软管。在这种情况下,立管和软管载荷应仔细评估和适当考虑。

(4)低频运动阻尼

由于受控于固有频率的共振响应,系泊状态下浮体的低频运动发生在很窄的频率范围内。运动幅值高度依赖于系泊系统的刚度和阻尼。在低频运动的预报上,特别是阻尼预报,有相当程度的不确定性。阻尼源于以下四方面:

①浮体的黏性阻尼,包括风、浪和流拖曳作用;

②浮体的波浪漂移阻尼;

③系泊系统阻尼;

④立管系统阻尼。

黏性阻尼一般在低频运动中纳入考虑。但是,波浪漂移阻尼、系泊系统阻尼以及立管系统阻尼更加复杂,因对其构成缺乏认识而有时被忽略掉。近来的研究表明,这些阻尼对系泊系统影响很大。在某些条件下,这些阻尼部分甚至比黏性阻尼更大,忽略这些阻尼成分可能会导致过分估计低频运动。对于诸如大型船形浮体等将低频运动作为重要设计因素的对象,可能有充分理由需要通过解析方法或模型试验来求得所有这些阻尼。

2. 系泊分析工况

系泊分析可根据表 4-2 的完整、破损或暂态工况求得。

表 4-2 推荐分析方法和工况

系泊类型		分析方法	分析工况
永久系泊	强度分析	动力	完整/破损
	疲劳分析	动力	完整
移动式系泊系统	强度分析	准静力或动力	完整/破损/暂态
	疲劳分析	无要求	无要求

在下列任何一个条件下,都应对移动式系泊系统进行暂态分析以校核浮体的偏移(不要求校核张力):

· 浮体在其他结构物附近处系泊;

· 移动式钻井平台在进行深水钻井操作时,此时过大的暂态运动可能会产生诸如活动接头脱落或超出柔性接头容限等问题而造成钻井立管损坏

(1)完整条件(Intact Condition):所有的系泊线在整个作业时间内是完整无损的。

(2)有破损的条件(Damaged Condition):有一根或几根系泊线已经被破坏,系统达到一个新的平衡位置的情况。

(3)暂态条件(Transient Condition):有系泊线被破坏,整个系统产生暂态运动的过程。

3. 浮体偏移

(1)平均偏移

平均偏移定义为因风、浪、流和其他外力的定常分量联合作用引起的浮体位移。

(2)最大偏移

当使用频域方法模拟浮体的动力学特性时,最大偏移定义为平均偏移加上由波频与低频浮体运动引起的组合位移。最大偏移可按如下方法确定。最大偏移取下列两式计算值中的较大值:

$$s_{max} = s_{mean} + s_{lf,max} + s_{wf,sig} \quad (4\text{-}23)$$

$$s_{max} = s_{mean} + s_{wf,max} + s_{lf,sig} \quad (4\text{-}24)$$

式中：s_{mean} 为平均浮体偏移；s_{max} 为最大浮体偏移；$s_{wf,max}$ 为最大波频偏移；$s_{wf,sig}$ 为有义波频偏移；$s_{lf,max}$ 为最大低频偏移；$s_{lf,sig}$ 为有义低频偏移。

4. 系泊线张力

(1)平均张力

平均张力定义为浮体平均偏移所对应的系泊线张力。

(2)最大张力

当使用频域方法模拟浮体的动力学特性时，最大张力就是平均张力加上波频和低频张力的适当组合。最大张力是下列两式计算值中的较大值：

$$T_{max} = T_{mean} + T_{lf,max} + T_{wf,sig} \quad (4\text{-}25)$$

$$T_{max} = T_{mean} + T_{wf,max} + T_{lf,sig} \quad (4\text{-}26)$$

式中：T_{mean} 为平均张力；T_{max} 为最大张力；$T_{wf,max}$ 为最大波频张力；$T_{wf,sig}$ 为有义波频张力；$T_{lf,max}$ 为最大低频张力；$T_{lf,sig}$ 为有义低频张力。

5. 基于频域浮体动力学的强度分析

(1)多点系泊系统分析

基于频域浮体动力方法的系泊强度分析中，浮体的平均位置应首先通过平衡纵荡、横荡和艏摇方向的力而得到。对于配置多点系泊系统的浮体而言，艏摇力矩对于浮体的艏向和系泊线张力没有明显的影响，因而可忽略艏摇力矩。然后计算得到波频和低频激励下的响应并加到平均位置上。下面描述的步骤可用于使用准静力或动力学方法的强度分析：

①确定环境准则，如风速、流速、有义波高和周期，相对方向、风暴持续时间、最大设计和操作条件下的风谱和波谱。

②确定系泊形式，所布设的锚链、钢缆和合成缆的特性以及初始张力。

③使用模型试验数据或规范中所描述的方法确定作用在浮体上的平均环境载荷。

④用考虑系泊线的伸长和摩擦的静力系泊分析方法，确定浮体由平均环境载荷引起的平均偏移。

⑤使用规范中描述的数据和方法或通过水动力运动分析确定低频运动。由于低频运动计算需要系泊系统刚度信息，首先应使用静力系泊分析方法确定在平均偏移处的系泊系统刚度。

⑥通过水动力运动分析或模型试验数据确定浮体波频运动的有义值和最大值。

⑦使用式(4-24)至式(4-26)确定浮体的最大偏移、系泊线悬挂长度、最大张力和锚荷载。就准静力法而言，系泊线张力的波频部分是通过静态悬链线方程计算得到的。就动力学分析而言，系泊线张力的波频部分是通过时域或频域系泊线动力学计算得到的。

⑧将上一步得到的最大浮体偏移、系泊线悬挂长度、最大系泊线张力和锚荷载与规范中的设计准则进行比较，若无法满足设计准则，需修改系泊系统设计并重复分析。

(2)单点系泊系统分析

由于单点系泊浮体具有风向标特性，浮体可能经历大的低频艏摇运动，时域分析或模型试验对系泊设计来说可能是最适合的。进行基于频域浮体动力方法的分析，应对浮体方向做某些假定。下面列出了一个被认为是保守的实例方法。在这个实例方法中,计算系泊系统响应所计算的设计方向定义为浮体在平均环境载荷作用下的稳态平衡方向加上或减去有义低频艏摇运动。推荐分析过程如下:

①确定环境准则,如风速、流速、有义波高和周期,相对方向、风暴持续时间、最大设计条件和操作条件下的风谱和波谱。

②确定系泊形式,所布设的锚链、钢缆和合成缆的特性以及初始张力。

③计算作为浮体方向函数的风、浪和流作用于转塔的组合平均环境艏摇力矩,这些艏摇力矩可基于模型试验或通过风、流和波浪漂移力和力矩系数得到。

④根据平均环境艏摇力矩确定平衡方向及其稳定性。稳定的浮体首向发生在总的环境艏摇力矩为零的情况下,任何对浮体方向的小扰动都将产生一个反向的浮体扰动艏摇力矩。

⑤确定平衡方向时的艏摇力矩刚度。对于未锁定的转塔来说,艏摇力矩刚度是平均环境艏摇力矩对方向的变化率。

⑥使用水动力运动分析程序确定浮体对稳态平衡艏向的低频艏摇响应标准差。这需要低频艏摇力矩谱、浮体对于转塔的艏摇惯量和附加惯量、艏摇力矩刚度以及浮体和系泊系统艏摇阻尼等信息。关于所考虑的浮体平均方向的所有上述数据应予以确定。

在没有更好的数据的情况下,对转塔的线性化艏摇阻尼系数可根据下面的横荡阻尼估算:

$$C_{Rz} = \frac{1}{3}C_y(a^3 + b^3)/(a + b) \tag{4-27}$$

式中:C_{Rz} 为线性艏摇阻尼系数,N·m/(rad/s);C_y 为线性横荡阻尼;N/(m/s);a 为转塔前的浮体长度,m;b 为转塔后的浮体长度,m。

⑦计算浮体设计艏向,结果为稳态平衡位置的艏向加上或减去(这一点至关重要)低频艏摇响应有义值(二阶矩)。

⑧将浮体固定在第⑦步中所确定的艏向上,再根据“多点系泊系统分析”中第③步到第⑧步的方法计算系泊系统响应。

6. 基于时域浮体动力学的强度分析

时域方法可用来进行浮体和系泊系统响应的平均、低频和波频耦合分析。这种方法需要时域系泊分析计算程序,该程序用于求解浮体、系泊线和立管的平均、低频和波频组合响应的总体运动方程。这种方法的显著优势在于浮体、系泊线和立管的低频阻尼都可在模拟过程中生成,而且能完全考虑浮体与系泊、立管系统之间的耦合。但是,这种方法需要更高的计算机资源和工程量,同时也需要计算软件被模型试验或其他解析解所验证。推荐的步骤如下:

(1)确定环境准则,如风速、流速、有义波高和周期,相对方向,风暴持续时间,最大设计和操作条件下的风谱和波谱。

(2)确定系泊形式,所布设的锚链、钢缆和合成缆的特性以及初始张力。

(3)确定浮体的风、流力系数和包括浮体、立管和系泊线在内的水动力模型。

(4)使用时域浮体/系泊系统分析程序进行风暴持续时间的时域模拟,使用产生不同波浪和风时间历程的种子值重复模拟几次。

(5)使用统计分析方法建立浮体偏移、系泊线张力、锚载荷和触底缆长度的期望极值。

(6)将第(5)步得到的极端浮体偏移、系泊线张力、锚端载荷和触底缆长度与规范中的设计准则相比较。

在单个时域模拟中得到的特定响应参数(浮体偏移、系泊线张力、锚端载荷、触底缆长度等)的极值将围绕期望值变化,因此,需要采用统计拟合方法与重复模拟以便对极端响应预报建立较好的可靠度。所需的模拟重复次数将取决于系统响应参数的极值特性和用于预测期望极值统计方法的完善性。特别是随着风暴持续时间内低频循环次数的减少(低频固有周期的增加),单个风暴模拟的极值实现的分散性将会增加。

对于转塔系泊的浮体,浮体艏摇运动的低频固有周期一般都比纵荡和横荡固有周期长。当艏摇周期较长时,单个风暴模拟的极值实现会有更大的分散性,因此,需要大量的重复风暴模拟才可能得到可靠的期望极值。

7. 基于时域和频域组合浮体动力学的强度分析

这种方法一般在时域中模拟平均和低频响应,可考虑系泊线和立管刚度的非线性,以及由于二阶项和艏摇角改变所产生的浮体受力。也可模拟推进器恒定和变化的推力。因系泊线破断和推进器失效而产生的暂态运动可通过指定失效时刻在时域分析中计算。与前面描述的全时域方法不同,由于缺乏波频分量,此方法不能计算低频阻尼。阻尼需要单独计算并作为输入数据。

波频浮体运动在频域中由浮体运动响应算子和波谱计算得到。这些运动可与低频运动用两种方法进行组合。第一种方法是将浮体波频运动的频域解转换成时间历程,然后与低频浮体位移叠加,得到组合浮体位移,这种方法中,产生波频和低频时间历程的种子值应是相同的,以便得到一致的结果。第二种方法是将平均和波频运动时间历程经过统计分析得到峰值,然后与波频运动峰值叠加得到最大浮体偏移,如“浮体偏移”所述。

第3节 疲劳分析

1. 基本考虑

疲劳寿命评估通过比较系泊线部件中的长期循环荷载与该部件的抗疲劳损伤能力进行。系泊系统的疲劳分析一般采用 $T-N$ 曲线方法。这一方法用到了 $T-N$ 曲线,该曲线基于试验结果绘制,描述的是特定系泊部件张力范围与此张力范围水平下达到疲劳失效经历循环次数的函数关系。

Miner 定律用来计算年疲劳累计损伤率 D:

$$D = \sum \frac{n_i}{N_i} \tag{4-28}$$

式中:n_i 为张力范围 i 的年循环次数;N_i 为适当的 $T-N$ 曲线中给出的正则化张力范围 i 对应的达到疲劳失效经历的循环次数。

准静力方法不能用于计算张力范围,因为这种方法在估算波频张力的能力上存在严重不足。时域或频域动力方法均可用于预报张力范围。张力范围还可通过模型试验获得。

2. 系泊部件的抗疲劳能力

不同系泊部件的 $T-N$ 曲线应基于这些部件的疲劳试验通过回归分析得到。但是,由于以下原因,很多系泊材料的 $T-N$ 曲线并不能完全准确。

(a)试验数据有限;

(b)缺乏低应力时的疲劳测试数据,但这常常是产生疲劳破坏的原因;

(c)疲劳测试的环境条件与实际海域的环境条件有很大差距;

(d)缺乏大量有代表性的测试样本。

大部分的不确定性是因为难以满足系泊部件疲劳试验的高额资金需求。为了考虑这些不确定性,除了试验数据的回归分析外,有时还有特殊的考虑。因而某些推荐的 $T-N$ 曲线表示的是系泊部件的“最佳估计”抗疲劳能力,而非得自单纯试验数据回归分析的下限曲线。这些特殊考虑包括:

(a)疲劳失效的概率分析;

(b)经验检验,例如,采用 $T-N$ 曲线进行疲劳分析,检验预测的疲劳寿命是否严重违背工程经验;

(c)其他分析方法,例如,应力集中的有限元分析或断裂力学方法;

(d)对比其他发表的 $T-N$ 曲线对同类部件的疲劳寿命预报结果。

当选定了一条 $T-N$ 曲线进行系泊部件(如无横挡锚链)的疲劳分析时,设计人员应依据经验或可得到的试验数据来考虑构成疲劳寿命评估整体的所有三个部分($T-N$ 曲线、安全系数、分析方法)的安全余度。

(1)张力—张力($T-T$)疲劳

以下 $T-N$ 曲线可用于计算系泊部件的名义张力疲劳寿命。

$$NR^M = K \tag{4-29}$$

式中:N 为循环次数,R 为张力幅范围(双边幅值)与参考破断强度(RBS)的比值。对于钢缆,RBS 等同于最小破断强度(MBS)。

令 L_m 为平均荷载与钢缆的参考破断强度的比值,表 4-3 中给出了 M 值和 K 值。

表 4-3　M 值和 K 值

系泊部件	M 值	K 值
普通有挡链环	3.0	1 000
普通无挡链环	3.0	316
贝特(Baldt)和肯特(Kenter)连接链环	3.0	178
6 股/多股钢缆	4.09	$10^{(3.20-2.79L_m)}$
螺旋股钢缆	5.05	$10^{(3.25-3.43L_m)}$

由图 4-4 可见,无横挡链比有横挡链的疲劳寿命低。但是,无横挡链不会发生以下问题:横挡脱落、横挡连接焊缝破裂、腐蚀破坏等不容易检测的疲劳问题。因此,通常要综合考虑影响系泊线疲劳寿命的各种因素,来确定系泊线材料的选择。

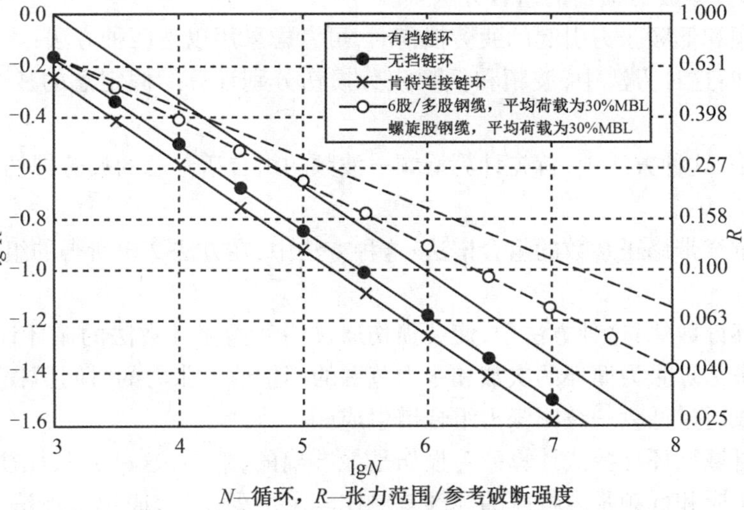

图 4-4　系泊疲劳设计曲线

(2)弯曲—应力(B-T)疲劳

对系泊线弯曲—应力疲劳评估的数据有限,不能形成设计曲线,因此,只能采取各种预防措施,以防止系泊线由于弯曲—应力疲劳引起的疲劳破坏。比如,导缆器与系泊线的直径之比(D/d)应该足够大,以避免过度的弯曲变形,对于与导缆器接触部分的系泊线要有规律地进行定期检查,尤其是移动系泊线与导缆器直接接触的部位。

3. 疲劳分析公式

(1)疲劳累计损伤

系泊线的疲劳损伤是作用其上的循环载荷累积引起的,也就是由一些环境状况引起的疲劳损伤。计算公式如下:

$$D = \sum_{i=1}^{i=n} D_i \tag{4-30}$$

式中:D_i 为工况 i 下平均疲劳损伤。环境状况 $i = 1,\cdots,n$ 要足够多,才能保证总的疲劳损伤计算的正确性,需要计算在每一个风、浪、流环境条件下的系泊系统响应。并且确定每个环境状况发生的概率 P_i,系泊系统疲劳寿命 L 的计算公式为

$$L = 1/D\ (年) \tag{4-31}$$

单个环境工况下的年疲劳累计损伤为

$$D_i = \frac{n_i}{K} E(R_i^{\ M}) \tag{4-32}$$

式中:n_i 为第 i 个环境工况对应的张力循环每年出现次数,$E(R_i^{\ M})$ 为第 i 个环境工况中名义张力范围 R_i 的 M 次幂的期望值。M 值和 K 值见表 4-3。

每个环境工况中张力循环每年出现的次数可通过下式计算:

$$n_i = v_i \cdot T_i = v_i \cdot P_i \times 3.155\,76 \times 10^7 \tag{4-33}$$

式中:v_i 为第 i 个环境工况张力谱的正向跨零频率,Hz;T_i 为每年第 i 个环境工况持续的时间;P_i 为第 i 个环境工况的发生概率。

(2)低频和波频疲劳损伤的组合方法

在组合波频和低频张力引起的疲劳损伤时,可考虑采用以下四种方法:

①简单叠加:这种方法中,波频和低频疲劳损伤分别计算。假定总的疲劳损伤是两者的叠加。

②组合谱法:这种方法中,首先计算低频—波频的组合谱。总的疲劳损伤通过组合谱的标准差计算。

③具有双重窄带修正系数的组合谱法:这种方法中,在方法②中所得的组合谱中引入一个修正系数。

④时域循环计数法:这种方法中,疲劳损伤通过诸如雨流计数法的循环计数法计算,通过张力时间历程来估算张力循环的次数和张力范围的期望值。张力的时间历程可直接通过时域系泊分析得到或通过低频—波频张力组合谱生成。

一般认为时域循环计数法计算疲劳损伤是最准确的,然而,这种方法往往相对耗时很长。如果波频张力响应和低频张力响应的标准差之比满足下列条件,简单叠加法得到的疲劳寿命通常是可接受的:

$$\sigma_{wf}/\sigma_{lf} \geq 1.5 \text{ 或 } \sigma_{wf}/\sigma_{lf} \leq 0.05$$

式中:σ_{wf},σ_{lf} 为波频和低频张力标准差。

然而,如果波频和低频张力对总的疲劳损伤均贡献较大,方法①与方法④相比会低估疲劳损伤。组合谱法一般比较保守,会严重高估疲劳损伤。具有双重窄带修正系数的组合谱法是方法②的改进方法,得到的疲劳评估结果保守程度小些。它适用于波频和低频张力对总的疲劳损伤均贡献较大的情况。然而,如果低频张力是疲劳损伤的主导因素,方法③会高估疲劳损伤。方法①、方法②、方法③的分析过程如下所示:

(a)简单叠加法

采用下式估算第 i 个环境工况波频和低频的疲劳损伤,该公式基于张力峰值瑞利(Rayleigh)分布得

$$D_i = n_{Wi}/K(\sqrt{2}R_{W\sigma i})^M \cdot \Gamma(1 + M/2) + n_{Li}/K(\sqrt{2}R_{L\sigma i})^M \cdot \Gamma(1 + M/2) \tag{4-34}$$

式中:D_i 为第 i 个环境工况波频和低频张力引起的年疲劳损伤;n_{Wi} 为式(4-33)中得到的第 i 个环境工况每年波频张力循环次数;$R_{W\sigma i}$ 为波频张力范围标准差与参考破断强度(RBS)的比值,波频张力范围标准差应取波频张力标准差的 2 倍;Γ 为 Gamma 函数;n_{Li} 为式(4-33)中得到的第 i 个环境工况每年低频张力循环次数,平均正过零频率可估算为 $1/T_n$,T_n 是浮式设施在其平均位置的固有周期;$R_{L\sigma i}$ 为低频张力范围标准差与参考破断强度(RBS)的比值,低频张力范围标准差应取低频张力标准差的 2 倍。

(b)组合谱法

在组合谱法中,第 i 个环境工况的疲劳损伤通过下式估算,该公式基于张力峰值瑞利(Rayleigh)分布得

$$D_i = n_i/K(\sqrt{2}R_{\sigma i})^M \cdot \Gamma(1 + M/2) \tag{4-35}$$

上式中,低频和波频的组合应力范围的标准差 $R_{\sigma i}$ 通过低频张力范围标准差 $R_{L\sigma i}$ 和波频张力范围标准差 $R_{W\sigma i}$ 计算得

$$R_{\sigma i} = \sqrt{{R_{L\sigma i}}^2 + {R_{W\sigma i}}^2} \tag{4-36}$$

组合谱中的循环次数 n_i，通过式(4-33)利用组合谱的正过零频率 v_{Ci} 得

$$v_{Ci} = \sqrt{\lambda_{Li} v_{Li}^{2} + \lambda_{Wi} v_{Wi}^{2}} \tag{4-37}$$

式中：v_{Li} 为第 i 个环境工况的低频张力谱正向过零频率；v_{Wi} 为第 i 个环境工况的波频张力谱正向过零频率。

λ_{Li} 和 λ_{Wi} 的计算方法为

$$\lambda_{Li} = \frac{R_{Li}^{2}}{R_{Li}^{2} + R_{Wi}^{2}},\lambda_{Wi} = \frac{R_{Wi}^{2}}{R_{Li}^{2} + R_{Wi}^{2}} \tag{4-38}$$

(c)具有双重窄带修正系数的组合谱法

具有双重窄带修正系数的组合谱法利用了组合谱法中的结果,并根据张力时历中出现的两个频带在结果上乘以一个修正系数 ρ_i。第 i 个环境工况的疲劳损伤通过下式估算：

$$D_i = \rho_i \frac{n_i}{K} (\sqrt{2} R_{\sigma i})^{M} \cdot \Gamma(1 + M/2) \tag{4-39}$$

式中：修正系数 ρ_i 计算方法为

$$\rho_i = \frac{v_{ei}}{v_{Ci}} \left[(\lambda_{Li})^{\frac{M}{2}+2} \cdot \left(1 - \sqrt{\frac{\lambda_{Wi}}{\lambda_{Li}}}\right) + \sqrt{\pi \lambda_{Li} \lambda_{Wi}} \cdot \frac{M\Gamma\left(\frac{1+M}{2}\right)}{\Gamma\left(\frac{2+M}{2}\right)} \right] + \frac{v_{Wi}}{v_{Ci}} \cdot (\lambda_{Wi})^{\frac{M}{2}} \tag{4-40}$$

下标 e 表示组合张力历程的包络,包络的正则化张力历程的平均正向过零频率形式为：

$$v_{ei} = \sqrt{\lambda_{Li}^{2} v_{Li}^{2} + \lambda_{Li} \lambda_{Wi} v_{Wi}^{2} \delta_{Wi}^{2}} \tag{4-41}$$

式中：δ_{Wi} 为正则化张力历程波频部分的带宽参数,取值 0.1。

(3)疲劳分析的详细过程

①确定系泊线可能遇到的一系列环境工况,每一个环境工况都要包括风浪流的相关参数,速度、方向、波浪谱、有义波高等,以及该环境工况可能发生的概率。一般需要 10~50 个环境工况,但是,通常选择 8~12 个有代表性的环境工况进行系泊线疲劳分析。

②按照以前的系泊系统计算分析步骤,计算每个环境工况下系泊线的受力,包括平均力、波频力和低频力。

③确定 M 和 K 的值。

④计算每种环境工况下由系泊线波频力和低频力引起的系泊线年疲劳损伤。

⑤对所有的环境工况,重复步骤④。然后叠加计算总的年疲劳损伤 D 和疲劳寿命 L。

第5章　锚泊定位系统设计

第1节　设计流程

1. 设计主要目标和基础

任何浮式结构的锚泊定位系统，都要进行详细的设计，通过理论计算分析、比较及模型试验验证，最后才能进行建造并投入使用。锚泊定位系统设计的主要目标是要在作业工况和自存工况下，通过锚泊定位系统将浮式结构保持在规定的偏移范围内，且不能过度拉伸管缆。同时，锚泊定位系统需具备足够的强度和疲劳寿命，以保证浮式结构的可操作性和可靠性。

锚泊定位系统设计的基础，必须包含所有必要的信息和要求，具体如下：

（1）锚泊定位系统设计信息

①作业水域具体位置和水深；

②浮式结构的几何形状和装载条件；

③作业海域的海洋气象条件和设计荷载工况；

④相关的管缆信息；

⑤使用的设计分析软件。

（2）锚泊定位系统设计约束条件

①管道等海底基础设施的布局；

②海底情况和海洋环境。

（3）锚泊定位系统设计标准

①设计寿命；

②设计标准；

③浮式结构偏移限制；

④强度标准；

⑤疲劳标准；

⑥腐蚀裕量；

⑦锚的设计要求。

2. 设计主要流程

如图 5-1 所示，锚泊定位系统设计所需要的前提信息就绪后，提出锚泊定位系统的设计方案，主要包括系泊方式的选择、系泊线材料的组成及系泊线各部分的长度和材料特性、浮式结构上导缆器及海底系锚点位置的确定、锚的选择。最后，是对浮式结构及其锚泊定位系统进行计算分析，确定合理的计算方法，得到浮式结构的总体运动响应和系泊线及锚的受力情况，综合比较评估锚泊定位系统设计的合理性，如不妥，进行适当调整，直到满足要求。

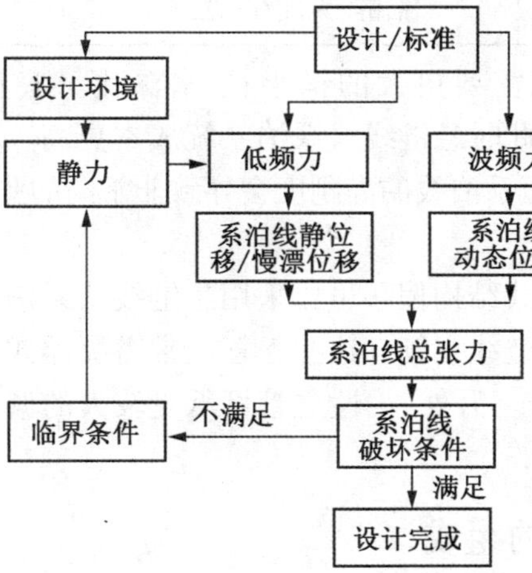

图 5-1　设计主要流程图

第 2 节　设计考虑

1. 选择多点式或单点式

锚泊定位系统设计的第一步就是选择多点系泊还是单点系泊。对于半潜式平台、Spar 平台等非船形浮式结构，选择多点系泊；而细长体船形结构通常采用单点系泊。需要注意的是，当海洋环境相对平静，风、浪、流方向相对稳定时，船形结构也可选择多点系泊。考虑到海洋作业环境恶劣，浮式结构的锚泊定位系统也可选择可解脱式。大多数锚泊定位系统是被动式的，在正常作业期间不需要人工干预。然而，锚泊定位系统也可以设计为通过使用推进器或绞车进行主动人工干预。

2. 选择悬链线式或张紧式

在选择系泊方式时，除了考虑技术的可行性和成本效益，最重要的是取决于水深和环境，还包括立管对浮式平台的偏移限制。表 5-1 提供了常见的系泊方式选择。

表 5-1　常见的系泊方式选择

系泊方式	系泊线材料	最适合水深
悬链线式系泊系统	全锚链	小于 300 m
悬链线式系泊系统	锚链-钢缆-锚链	300~1 000 m
张紧式系泊系统	锚链-钢缆-锚链	1 000~2 000 m
张紧式系泊系统	锚链-聚酯缆-锚链	超过 1 000 m

通常,悬链线式比张紧式需要更大的锚半径/水深比。随着水深的增加(比如,超过 1 000 m),系泊线会变得很长,此时悬链线式系泊系统成本更高。而在较浅的水域,张紧式系泊系统的成本可能更高,因为短系泊线的高刚度会导致非常高的张力,导致系统需要大尺寸的系泊组件。

采用张紧式系泊系统的浮式结构偏移量比采用悬链线式系泊系统的小。因此,张紧式系泊系统允许浮式结构使用钢悬链线立管。这些立管通常需要浮式结构有较小的偏移,这样钢质的立管就不会出现局部屈服。另外,柔性立管可承受较大的偏移,所以可与任何系泊方式组合。

3. 选择锚泊定位系统的组成

锚泊定位系统包括多个设备,通常包括以下部分:

①系泊张紧设备;

②导缆器;

③锚链、钢缆或聚酯缆;

④连接部件;

⑤浮筒或重块(如适用);

⑥锚。

水深是决定锚泊定位系统配置和系泊线材料的重要因素。常用的系泊线材料包括锚链、钢缆和聚酯缆。一般来说,锚链很重,成本较高,很难搬运和磨损。在浅水中,锚链靠自重提供回复力,从而限制浮式结构的偏移和运动。因此,在浅水中,系泊线的组成通常是“全链条”。对于永久性系泊系统,锚链由于耐磨性好,通常用于系泊线的顶部,顶部锚链由制链器锁定。钢缆的重量比锚链轻,通常适用于系泊线的悬挂部分,为了避免钢缆的过度弯曲,不建议将钢缆布置在接地处。聚酯缆通常用于深水系泊,以减少系泊系统的自重。但聚酯缆容易磨损,因此仅用于系泊线中的悬浮部分。由于聚酯缆会因蠕变导致永久性的伸长,所以在安装过程中,会通过预加载(拉伸)系泊线,尽可能多地减小系泊线的延伸。系泊系统中,也可以安装重块和浮筒,图 5-2 为 FPSO 安装浮筒的系泊线布置。

锚的选择则主要考虑以下因素:

①海底地形地质条件;

②海底平面布置;

③承受垂向和水平向荷载的能力、周期性和极限条件;

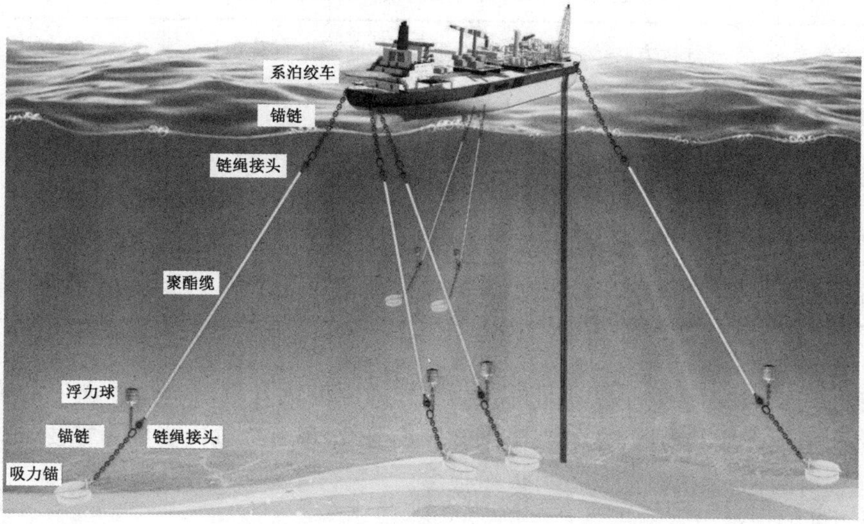

图 5-2　FPSO 安装浮筒的系泊线布置

④安装方法；
⑤设计使用寿命；
⑥极限载荷作用下的允许极限位移，或拖曳作用下的旋转稳性；
⑦资金成本限制。

第 3 节　设计规范

1. 常用的设计规范

①API RP 2SK：浮式结构定位系统的设计与分析规范；
②API RP 2SM：系泊链为合成纤维缆时的设计、制造、安装与维修规范；
③DNV Offshore Standard E301：系泊定位规范；
④ABS：浮式生产与安装规范；
⑤ISO 19901-7：《石油和天然气行业专用规范》——海上建筑物的特殊要求。
⑥SY/T 10040-2016：浮式结构物定位系统设计与分析。

2. 设计准则

（1）浮体偏移

一般由业主根据实际情况确定浮体各自由度位移的极限值，或者由周围已有设施的限制来确定，如根据其他工作船、生活船、舷梯、立管等的具体要求来确定位移的极限值。

（2）系泊线受力

系泊线受力的极值一般由其与系泊线本身极限载荷（MBS）的比值来确定，即安全系数。

表 5-2　系泊张力限制条件和安全系数

系泊线状态	分析方法	张力限制(破断强度百分数)	等效安全系数
完整	准静力	50%	2.0
完整	动力	60%	1.67
破损	准静力	70%	1.43
破损	动力	80%	1.25

(3)系泊线的长度

对于拖曳式锚,系泊线的长度要足够长而在作业时间内让锚不会承受向上的垂向力。尤其对于沙质和坚硬土质的海底,锚的入土深度较小,让锚不承受垂向力更为重要。对于其他能够承受垂向载荷的锚,系泊线的长度可以短很多。

(4)锚的极限承载力

锚在某一土质条件下受到长期的拖曳,而能承受的最大拉力。

(5)锚的安全系数为锚的极限承载力与作用于锚的最大载荷的比值。

(6)各系统之间的距离

①基本考虑:浮体及其整个系统工作期间,浮体、系泊系统、其他设备、管线之间都要避免接触,尤其是海况比较恶劣的情况下。恶劣海况来临之前,要将距离较近的设施提前撤走。

②各系统之间的安全距离受到环境、水深等很多因素决定。因此,按照安全保守的原则,各设备之间的距离应遵循以下要求:

a. 当悬垂的系泊线与其他海底管线有交错现象时,要保证它们之间的垂向距离不小于 10 m。部分系泊线可以与有保护层的海底管线接触时,但是接触点不能在系泊线起伏振荡的不稳定区域。

b. 当系泊线之间有交错现象时,当有一根系泊线悬垂,而另一根保持与海底接触时,要保证它们之间的垂向距离不小于 10 m。当两根系泊线都处于悬垂状态时,要保证它们之间的垂向距离不小于 20 m。

c. 当周围需要有其他装置时,要保证它们之间的水平距离不小于 10 m。

d. 当在拖曳式锚与浮式结构之间安装其他设施时,当安装设施恰在拖曳方向,要保证锚与安装设施之间至少 300 m 的拖曳距离。否则,也要有至少 100 m 的距离。

e. 要保证系泊线与平台上可能产生碰撞破坏的其他结构之间的距离。

(7)连接部件

一些连接部件如制链器、导缆器和其他一些基础连接部件都要有足够的设计强度。

3. 设计极限状态

系泊线设计时必须针对根据前文所述规范对以下三个极限状态进行校核:

(1)最大极限状态

最大极限状态(Ultimate Limit State,ULS)保证每根系泊线都能有足够的强度抵抗极限环境条件下的外部载荷。主要包括以下内容:

(a)校核系泊线的张力;

(b)校核系统的位移;

(c)校核系泊系统的完整性。

(2)偶然极限状态

偶然极限状态(Accidental Limit State,ALS)是保证在有一根系泊线被破坏的情况下,其他系泊线仍有足够的强度抵抗外部载荷。如果所有系泊线都是等同的,任意取掉一根系泊线,分析其他系泊线可能达到的最大张力;如果所有系泊线都不是等同的,则需要有代表性地选择分别去掉某根系泊线,然后分析其他系泊线可能达到的最大张力,最后进行比较分析。

(3)疲劳极限状态

疲劳极限状态(Fatigue Limit State,FLS)是保证每根系泊线都有足够的能力来抵抗周期性载荷。主要包括以下内容:

①检查系泊线张力;

②进行短期疲劳海况分析;

③计算疲劳寿命。

4.系统检验

(1)锚泊系统

应检查锚机、锚架和锚链导向装置的附件。定位系泊系统的锚链检验应满足IACS《海洋工程锚链营运检验指南》(IACS Rec. 38)的要求,临时锚泊系统检验应满足下列要求:

①清洁和检查全部锚泊元件及锚索上所有其他附属元件。

②检查锚链时应注意锚链的磨耗、裂纹、弯扭变形、链环横挡松动及脱落情况;检查钢缆时,应注意其磨耗、腐蚀和变平状况,以及钢丝的断裂情况。

③应检查连接卸扣腐蚀、磨耗、弯曲及其横销松动等情况。

④所有已使用4年以上的肯特连接卸扣应予以拆开,并进行磁粉检查,其他类型的连接卸扣应视具体情况进行部分或全部拆开检查。

⑤选择环端磨耗较严重的,约占全部链环1%的链环测量锚链平均直径。视目检结果,验船师可增加待测链环的数量,所选取的链环应尽量均匀分布在锚链工作段中。链环直径比原始直径减少12%或以上时应予更换。

(2)导索器和滑车轮

应设计成能防止锚索过度弯曲和磨损。与壳体或结构的连接,应足以经受住锚索加载至破断强度时所受的应力。

(3)制动系统

每一锚机均应设有两套独立的动力操作制动系统,每套制动系统均应能承受至少为50%锚索断裂强度相当的静载荷。

(4)动态制动能力

锚机的设计应具备足够的动态制动能力,以控制在锚机以最大设计放锚速度布锚时锚、锚索、抛锚船的正常组合载荷。

(5)一旦锚机失去动力,动力操作制动系统应自动作用,并能承受锚机全部静态制动能力的50%。

第6章 动力定位系统简介

第1节 动力定位系统的定义

21世纪,人类进入了大规模开发利用海洋的时期。随着海洋资源开发逐渐从浅海走向深海和对船舶或平台作业要求的不断提高,越来越多的船舶或平台将配备动力定位系统。

根据国际海事组织(International Maritime Organization,IMO)和船级社,如挪威船级社(Det Norske Veritas,DNV)、美国船级社(American Bureau of Shipping,ABS)、中国船级社(China Classification Society,CCS)和英国劳氏船级社(Lloyds Register,LR)规范的相关定义,动力定位船舶(Dynamic Positioning Vessel)是指仅用推进器的推力自动保持其自身船位(固定的位置或预先确定的航迹)和艏向的船舶。这个操作可以通过除了主螺旋桨以外安装隧道推进器来完成,或者使用能在不同方向产生推力的全回转推进器来完成。

动力定位系统指的是动力定位船舶实现动力定位所必需的一整套系统。动力定位系统包括下列分系统:(1)动力系统;(2)推进器系统;(3)动力定位控制系统。

动力系统指的是为动力定位系统供电的所有必需的组件和系统。动力系统包括:(1)必要的辅助系统和管路的原动机;(2)发电机;(3)配电板;(4)配电系统(包括电缆敷设和线路选择)。

推进器系统指的是为动力定位系统提供推力和方向的所有必需的组件和系统。推进器系统包括:(1)带有驱动设备和必要附属系统(包括管路)的推进器;(2)在动力定位系统控制下的主螺旋桨和舵;(3)推进器控制电子设备;(4)手动推进器控制;(5)相关电缆和电缆布线。

动力定位控制系统是指动力定位船舶所必需的所有的控制系统和元件、硬件和软件。动力定位控制系统包括以下几部分:(1)计算机系统/操纵杆系统;(2)传感器系统;(3)显示系统(操作面板);(4)位置参考系统;(5)相关电缆和电缆布线。

第2节 动力定位系统的发展

石油首先是在里海(Caspian Sea)附近的陆地上被发现的,但随着能源问题变得越来越突出，人们把寻找能源的目光不约而同地转移到了蕴藏着丰富石油资源的海洋上。早在18世纪初，人类在距离巴库(Baku，阿塞拜疆共和国首都)的海岸线大约30 m的地方打了一口井，1925年人类在里海成功地打出了第一口生产井。

岸基水上平台在很短时间内就被自由直立的采油平台取代，以下列明了从岸基平台到今天的钻井平台的发展过程：

1869年，美国人Thomas F. Rowland和Samuel Lewis各自独立地拿出了自升式钻井平台的专利并且为一艘自升式的船舶建造了一套这样的设备。

1897年，在加利福尼亚的Summerland通过与岸相连的木制的钻塔实现了油井钻探。

1906年，Summerland的海岸出现了200口近岸油田生产井，如图6-1所示。

图6-1 1906年加利福尼亚的Summerland海上油井

1924年，第一口油井出现在Lake Maracaibo，Northwest Venezuela。

1934年，在Artem Island附近的里海建成了第一艘钢质钻井平台。

1963年，设计钻井水深75 m的自升式钻井平台Leourneau建成。

1976年，在南加利福尼亚沿海水深260 m的地方建成了Hondo Field平台。

1978年，在密西西比沿海水深312 m的地方建成了重达59 000 t的Cognac Field平台，在北海水深138 m的Ninian油田建成了实体平台。

1988年，自重大约77 000 t的Bullwikle自升式平台在墨西哥湾的水深411 m处安装成功，创造了世界纪录。

当人们发现固定式平台造价昂贵，不利于移动时，同时受水深的限制，锚泊式钻井平台和可移动的钻井平台因此而产生，使用几个锚或者配重来固定船或平台的位置，同时也尽量减少了平台的移动。

1953年，出现了第一艘采用锚泊定位系统的钻井船"Submarex"号，可在远离加利福尼亚海岸、水深为120 m的海上作业，如图6-2所示。

1954年，第一艘钻井船出现在墨西哥湾。

1962年，第一艘半潜式钻井平台C. P. BAKER在美国建造。

1970年，钻井船Wodeco 4在水深456 m处试验钻井。

1976年，在泰国(Thailand)沿海水深1 055 m地方处于锚泊状态的"发现534"(Discoverer 534)创造了深水钻井的世界纪录。

1987年，"发现534"在水深1 985 m处创造了新的深水钻井世界纪录。

图 6-2 第一艘锚泊定位的钻井船“Submarex”号

随着人类发现锚泊系统的钻井船在深水作业时需要配备大量的锚、缆和绞车等，限制了钻井船的操纵性能，同时也容易受风、流、涌浪的影响。为了挑战深水作业，提高更加精准的定位打井，动力定位应运而生。

动力定位技术发源于美国，作为 1957 年美国“莫霍深钻计划”的一部分，人们开始研制一种能够满足深水作业需求的位置保存系统来取代锚泊系统。1961 年 3 月，装配 4 个 147 kW 的全回转推进器的“CUSS 1”号钻井船在美国的加利福尼亚海岸进行钻探作业，如图 6-3 所示，“CUSS 1”号钻井船在动力定位的辅助下能在钻探深度为 948 m 处保持位置，一段时间后其在 3 560 m 钻探深度同时打了 5 口钻井，“CUSS 1”号钻井船的位置可以保持在半径为 180 m 的圆周范围内。为了确定船的相对位置，在船周围半径 180 m 的水面上布置 4 个锚泊浮标作为参照物，它们用于向船雷达发送无线电信号，水下布置了 1 套水声定位器。它由 2 名操作人员根据目测水面浮标的相对位置和水声显示器提供的位置信息对动力定位系统进行手动操作，从而保存船舶的位置。

图 6-3 美国“CUSS 1”号钻井船

1961 年，美国壳牌公司一艘钻井船“Eureka”号下水（船长 40 m，排水量 450 t），如图 6-4 所示。为了降低工作人员的操作难度和劳动强度，提高船舶的定位精度，耶鲁大学电子工程专业毕业的负责该船设备的工程师 Howard Shatto 提出开发一套自动控制单元以实现船舶的自主动力定位，并在“Eureka”号进行了成功应用。“Eureka”号成为世界上第一艘具有全自动动力定位能力的船舶。“Eureka”号在 6 m 高浪和 21 m/s 风速下可达到 1 300 m 钻探深度。1964

年,另一艘有相似设备的“Caldrill 1”号交付给了美国的 Caldrill Offshore 公司,“Caldrill 1”号钻井船可以达到最大钻探深度 2 000 m,并装备 4 个可操纵推进器,每个推进器的功率为 221 kW,船的位置由两个张紧索参考系统确定。

图 6-4 美国“Eureka”号钻井船

1963 年,法国又造出了动力定位铺管作业船“Salvor”号和“Terebel”号在地中海铺设管道。

1974 年,英国通用电气有限公司把一条船名为“Welpey Sealab”的货船改装为装有动力定位设备的钻井船。

1977 年,法国又在一条半潜式钻井平台“Uncle John”上安装了动力定位设备。

1975 年,挪威 Kongsberg Albatross 由 Kongsberg Våpenfabrikk 公司创建,旨在开发和供应动力定位系统,该公司当年实现了首次销售,1977 年交付了第一套动力定位系统。1977 年 5 月 17 日出现了第一艘使用挪威动力定位系统的 Seaway Eagle 船。

从 1961 年第一条动力定位船诞生起,动力定位的基本理论始终都是不变的,但随着科学技术突飞猛进的发展,动力定位经历了也发生了一系列的变革,不仅设备在不断地更新,而且动力定位技术也在不断地完善。

从技术的角度看,动力定位系统近 60 年经历了三个发展阶段:

第一代动力定位产品出现于 20 世纪 60 年代,主要采用经典的控制理论设计控制器,通常采用常规的比例积分微分(Proportional-Integral-Derivative,PID)控制方法,同时为了避免一阶波浪力及高阶噪声对定位精度的影响,采用低通滤波器滤除测量信号中的高频分量和环境噪声。

第二代动力定位产品出现于 20 世纪 70 年代,主要通过将卡尔曼滤波理论和现代控制理论相结合以提高其定位性能,位置传感器则由单一型发展为综合型,提出了风前馈控制策略,控制系统、测量系统、推进系统均采用了冗余设计,显著提高了系统的定位精度和可靠性。

第三代动力定位系统主要使用非线性模型预测控制、自适应模糊控制、鲁棒控制等智能控制方法来提高对船舶在运动非线性、传感器误差、海况多变等条件下定位控制的精度,但依赖于更精确的船舶数学模型。

第 3 节　动力定位系统的组成

动力定位系统主要由测量系统、控制系统、推进系统和动力系统四个部分组成，如图 6-5 所示。

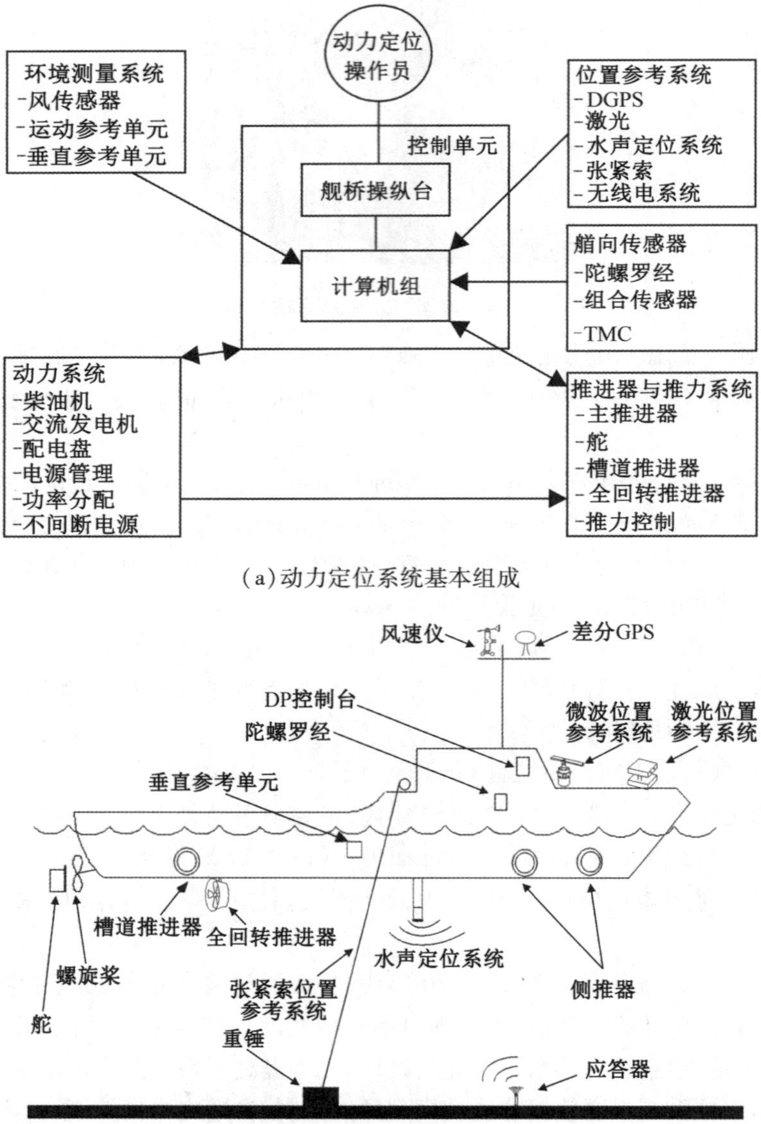

(a)动力定位系统基本组成

(b)工程船的动力定位系统组成

图 6-5　动力定位系统的组成部分

(1)测量系统

测量系统用于感知船舶相对于某参考点的位置、姿态和海洋环境状态信息，并实时将数据传输给控制系统。船舶动力定位中的测量系统主要包括：

①位置参考系统：主要采用全球卫星定位系统、水声位置参考系统、张紧索系统、微波定位系统、激光定位系统等。通常动力定位系统无须对船舶的横摇、纵摇和垂荡三个自由度的运动加以补偿，但需要利用包括垂直参考系统和运动参考单元测量得到的船舶运动状态参数对船舶的位置信息进行修正。

②船向参考系统：主要采用陀螺罗经等。

③环境测量系统：主要有风传感器、海流计、浪高仪等。

(2)控制系统

控制系统通过接收测量系统发送的位置、船向和环境参数，利用状态估计滤波器滤除测量信号中的高频运动分量与噪声，计算出船舶在纵荡、横荡和艏向三个方向的控制力，由推力分配模块计算推进系统各执行机构所需要产生的推力和力矩，并转化为转速、螺距、转向角等控制指令下发给推进系统。控制系统的发展代表着整个动力定位系统的发展水平，其核心是寻找高效实用的控制策略，以保证船舶在本身动态性能改变和外界环境干扰条件下仍能满足船舶与海洋工程领域中不断提高的定位性能要求。

(3)推进系统

推进系统根据控制系统发送的指令产生使船舶保持其固定的位置或沿着预先设定的轨迹移动所需要的推力和力矩。动力定位船舶常用的推进器类型包括主推进器(带舵)、全回转推进器、槽道推进器等。推进系统是能量消耗的主体，为降低推进系统的能量消耗，需要在推力分配算法中考虑相关因素，力求在不影响船舶正常作业的情况下减少不必要的能量消耗和机械磨损。

(4)动力系统

动力系统主要给推进器和其他辅助系统分配功率，实现船舶根据周围环境条件的变化对电站功率的综合优化管理。动力定位船舶在进行定位工作时，其推进系统消耗功率较大，但在未进行定位时，只需提供功率消耗较少的生活用电。为了满足船舶在各种海况与工况下的综合供电要求，动力定位船舶需要配备独立的电力监控系统，并与船舶自身的电站管理系统协同工作，保证电站运行的经济性与安全性。动力定位船舶通常采用柴油-电力推进相结合的方式，相比传统的推进方式，其配置更灵活，推进性能更好。典型的动力定位船舶操作要求有大的功率变化，在级别为 DP-2 和 DP-3 的动力定位船舶中，计算机、控制台、显示器、警报器和测量系统要求由无间断电源(UPS)供电。当船舶的主交流电供应发生中断时，不间断电源应能为用电系统提供不少于 30 min 的电力。

第 4 节　动力定位系统的工作原理与功能

1. 动力定位系统的工作原理

船舶动力定位系统是一系列船用系统的综合，主要由测量系统、控制系统、推进系统和动力系统四个部分组成，其原理框图如图 6-6 所示。

其中，由计算机系统组成的控制系统是整套系统的核心部分。船舶的位置和艏向通过船舶模型、位置参考系统和陀螺罗经的测量以及状态观测估计获得。控制器给出的推进器指令

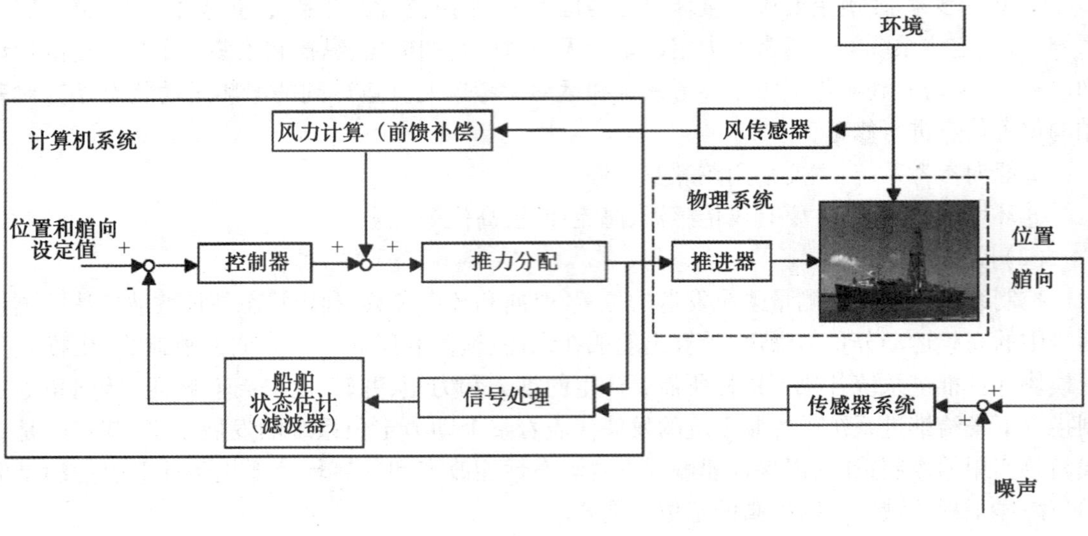

图 6-6　动力定位系统原理框图

是基于当前估计状态与期望状态的偏差和控制算法计算得到的，最终由推进器系统为船舶提供抵抗外界环境力所需的推力和转矩。对于传感器测量获得的信号，由于其测量值中含有因测量噪声（由传感器类型和测量方法决定）和船舶纵横摇所引入的干扰，因此需要经过信号预处理来剔除相应的错误信号值并进行纵横摇补偿。船舶状态估计（滤波器）除了给出船舶状态的估计值（如位置、航向、速度、流向、流速等）外，还兼具滤除海浪高频干扰的作用。动力定位系统综合利用传感器（陀螺罗经、风传感器和运动参考单元）、位置参考系统以及船舶模型的相关信息进行运动控制。通常采用的动力定位控制方法是基于位置和艏向偏差的反馈控制，为了补偿静态环境干扰，可以适当引入积分作用，对于风作用力采用前馈控制方法。对于控制器给出的合力/力矩指令，则通过推力分配计算以转速、方向角、舵角以及螺距等指令形式发送到各个推进器单元。

2. 动力定位系统的基本功能

(1)艏向控制

当船舶的当前艏向和设定艏向存在偏差时，动力定位系统自动改变船舶的当前艏向，将船舶的艏向精确控制到给定值。

(2)定点控位

船舶定点控位的设定值为固定坐标系上的某一点。对于水面船舶来说，可以设定为北东位置（东经、北纬值）。当船舶偏离设定位置时，动力定位系统能自动移动船舶到其设定位置，并精确保持位置。

(3)航迹控制

船舶在作业或航行过程中，往往需要沿一个预定轨迹前进。典型的应用是海洋调查船的循迹（梳子形轨迹）控制，以及用于海洋石油管线的铺设与检修。航迹控制需要人工或机器给定航迹指令及速度指令，由动力定位系统来自动控制船舶沿预定的路线前进，直到终点。

3. 动力定位系统的工作模式

动力定位系统可以采用几种不同的模式对船舶进行控制。这些模式的不同点在于其位置和速度设定点的产生方式不同。

(1)手动(Joystick)模式:允许操作员使用操纵杆手动控制船舶的位置和艏向。

(2)自动定位和艏向(Auto Heading)模式:自动地保持要求的位置和艏向,如图 6-7 所示。

(3)自动区域定位(Station Keeping)模式:在最小能耗条件下自动地将船舶保持在允许区域内,并将艏向保持在允许的艏向范围内,如图 6-8 所示。

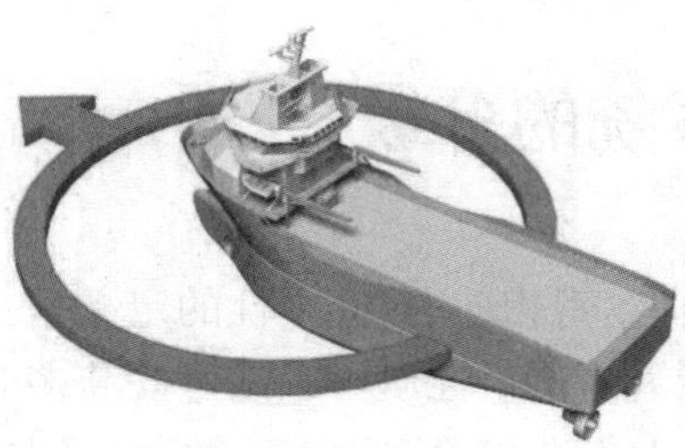

图 6-7 自动定位和艏向模式

图 6-8 自动区域定位模式

(4)自动跟踪模式(Autotrack Mode):可以使船舶跟踪由一组航迹点描述的指定航迹。

①低速(Low-speed)模式:在自动跟踪低速模式下,利用全部三个轴向的位置和艏向控制来控制船舶的运动。这种策略具有很高的控制精度且允许自由选择船舶的艏向值。此时航速一般限定在 3~4 kn 以内,如图 6-9 所示。

②移动(Move-up)模式:在自动跟踪移动模式下,利用全部三个轴向的位置和艏向控制来控制船舶每一步的运动。这种策略具有很高的控制精度且允许自由选择船舶的艏向值。此时航速一般限定在 3~4 kn 以内,如图 6-10 所示。

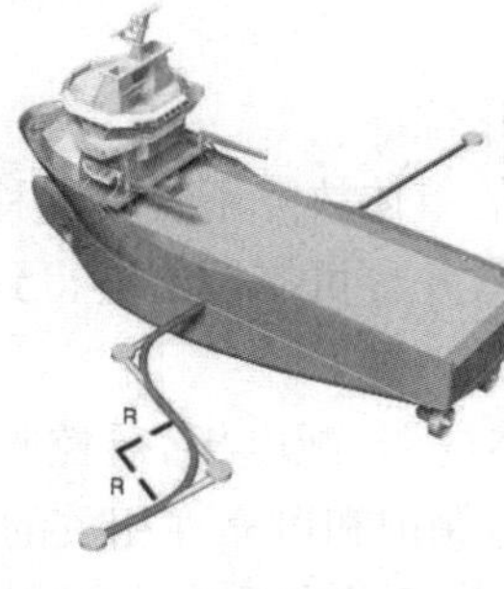

图 6-9 自动跟踪低速模式

图 6-10 自动跟踪移动模式

③高速(High-speed)模式:自动跟踪高速模式允许船舶超过 3~4 kn 航速跟踪轨迹。为了将船舶保持在预设航迹上,系统根据船舶速度和方向以及环境力的大小连续计算期望艏向值。如果船舶将要漂离航迹系统,那么将连续对艏向加以控制,使得船舶回到航迹上,如图 6-11 所示。

(5)自动驾驶模式(Autopilot Mode):可以使船舶自动沿预设航向行驶。

(6)目标跟踪模式(Follow Target Mode):可以使船舶自动跟踪一个连续变化的位置设定点,使船舶自动跟踪目标并与目标保持恒定的距离,如图 6-12 所示。

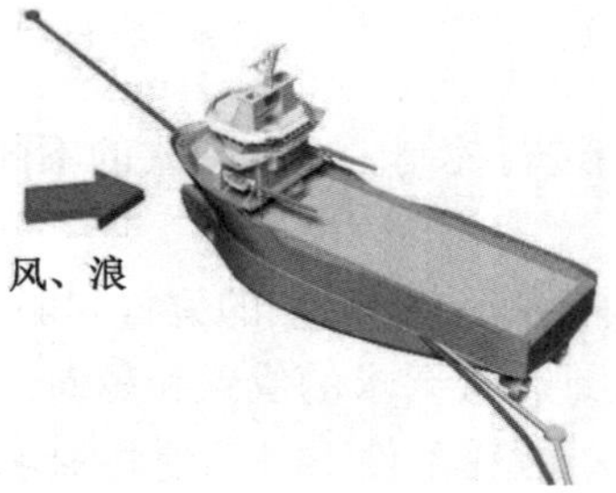

图 6-11　自动跟踪高速模式

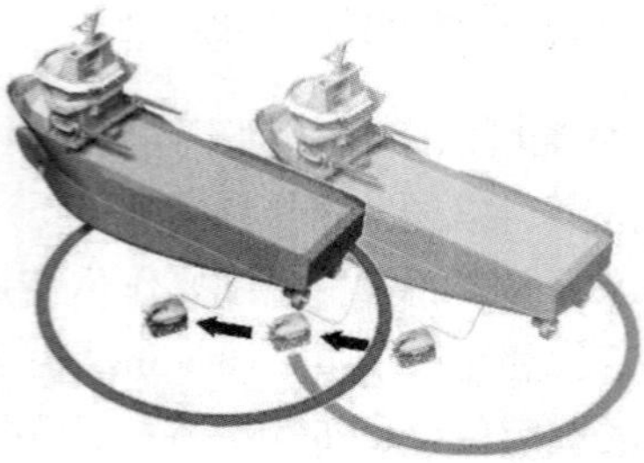
图 6-12　目标跟踪模式

第 5 节　动力定位系统的分级

动力定位系统硬件和软件的要求是与冗余性的级别紧密相连的,冗余性的定义是:当一个单体故障出现,组件或者系统维持或者恢复其功能的能力。这个性质可以通过安装多个组件、系统或者执行功能的替代手段来实现。随着人们对海上作业安全和环境保护的要求越来越高,国际海事组织和各国各著名船级社根据船舶任务种类的不同对动力定位系统的安全水平提出了不同的分级标准。

1. 国际海事组织动力定位分级和要求

一套动力定位系统包括组件和系统,它们共同工作来充分实现可靠的定位能力。这样系统必要的可靠性是由移位后保持定位能力的后果来确定的。后果越严重,动力定位系统应该越可靠。为了实现这一理念,要求被分为三个不同的设备级别,该设备级别取决于具体动力定位操作。

国际海事组织对于设备级别的简短说明如下:

(1)对于设备等级 1(Class 1),一个单体故障可能会引起移位。

(2)对于设备等级 2(Class 2),任何活跃组件或者系统中的单体故障不会引起移位。静态组件被认为不会出现故障,已经证实有足够的保护以防止损坏,并且可靠性能够得到主管部门的满意。

单体故障准则包括:①任何活跃组件或者系统(发电机、推进器、配电板、遥控阀等);②任何正常静态组件(电缆、管路、手动阀等),这些没有妥善记录与保护和可靠性相关的东西。

(3)对于设备等级 3(Class 3),单体故障包括:①2 级设备所列出的和任何被认为有故障的静态组件;②任何一个水密舱室中的所有组件,防火灾或水灾;③任何一个防火分隔区的所有组件,防火灾或水灾(对于电缆,另见 IMO MCS/Cric. 645,3. 5. 1)。

IMO 对每一级别的要求见表 6-1。

表 6-1 IMO 对每一级别的要求

子系统或者组件			每一级最低要求		
			1 级	2 级	3 级
动力系统	发电机和原动机		没有冗余	有冗余	有冗余,在隔离舱室
	主配电板		1	2 个母排网络	2 个正常开式母排网络,在 A60 标准隔离舱室内
	母排断路器		0	1	2
	配电系统		没有冗余	有冗余	有冗余,在隔离舱室
	电源管理		没有冗余	如果安装电源管理系统,应当证明具有适当的,令管理部门满意的冗余性或者可靠性	如果安装电源管理系统,应当证明具有适当的,令管理部门满意的冗余性或者可靠性
推进器系统	推进器的布置		没有冗余	有冗余	有冗余,在 A60 标准隔离舱室内
控制系统	自动控制;计算机系统数量		1	2	2,再加上 1 个备用
	手动控制;带有自动艏向操纵杆		是	是	是
	每个推进器有单一操纵杆		是	是	是
传感器系统	位置参考系统		1	3	3,其中 1 个作为备用控制站直接与后备系统相连
	外部传感器	风	1	2	3,其中 1 个作为备用控制站
		VRS	1	2	3
		陀螺罗经	1	3	3
		其他必要传感器			
UPS(每个 DP 计算机系统都应该提供)			1	2	2+1 隔离舱内
备用单元的替代控制站			否	否	是

2 级或者 3 级应该包括“结果分析”功能,即使发生最坏的单体故障,它仍可以持续地证明船舶保持位置。国际海事组织规则还规定了设备级别和操作类型之间的关系。根据 IMO 规定,动力定位钻井操作和碳氢化合物的生产要求 3 级设备。在表 6-2 中,DNV、LR、ABS 和 CCS 等各国船级社的动力定位级别符号都有显示。

表 6-2　各国船级社动力定位级别符号对应表

		不适用	IMO 设备级别		
			1 级(Class 1)	1 级(Class 1)	1 级(Class 1)
ABS	American Bureau of Shipping(USA)	DPS-0	DPS-1	DPS-2	DPS-3
BV	Bureau Veritas (France)	DYNAPOS SAM	DYNAPOS AM/AT	DYNAPOS AM/AT R	DYNAPOS AM/AT RS
CCS	China Classification Society(China)		DP-1	DP-2	DP-3
DNV	Det Norske Veritas (Norway)	DYNPOS (AUTS)	DYNPOS (AUT)	DYNPOS (AUTR)	DYNPOS (AUTRO)
		DPS 0	DPS 1	DPS 2	DPS 3
GL	Germanischer Lloyd(Germany)		DP 1	DP 2	DP 3
IRS	Indian Register of Shipping(India)		DP(1)	DP(2)	DP(3)
KR	Korean Register of Shipping(Korea)		DPS(1)	DPS(2)	DPS(3)
LR	Lloyd's Register of Shipping (UK)	DP(CM)	DP(AM)	DP(AA)	DP(AAA)
NK	Nippon Kaiji Kyokai (Japan)		Class A DP	Class B DP	Class C DP
RINA	Register Italiano Navale (Italy)	DYNAPOS SAM	DYNAPOS AM/AT	DYNAPOS AM/AT R	DYNAPOS AM/AT RS
RS	Russian Maritime Register of Shipping(Russia)		DYNPOS-1	DYNPOS-2	DYNPOS-3

2. DNV 动力定位分级和要求

在表 6-3 中,DNV 已经列出对动力定位级别符号的最低要求。附加船级符号 DPS 和 DYNPOS 适用于装有动力定位系统的所有船舶。这两种船级符号系列它们的特定要求不同,通常情况下 DYNPOS 系列符号比 DPS 系列符号要求有更高程度的适用性与鲁棒性。例如:DYNPOS(AUTS)/DPS(1),DYNPOS(AUTR)/DPS(2),DYNPOS(AUTRO)/DPS(3)是要求冗余性和系统分离对比级别的符号。合格符合"A"可能被添加到特定的符号中,从而表明年度检验要求。当被船东要求的时候,一个合格符合"A"可以被分配给带有 DYNPOS(AUTR)或者 DYNPOS(AUTRO)或者 DPS(2)或者 DPS(3)符号的船舶,然后根据 5 年适用检验范围进行年度检验。这意味着年度检验的范围还要包括完全性检验的范围。这样符号的例子:DYNPOS(AUTR,A)或者 DPS(2,A)。不同符号 DYNPOS 系列和 DPS 系列的系统布置的要求汇总于表 6-4。

表 6-3 DNV 对动力定位级别符号的最低要求(2021 年 7 月)

系统或组件		级别符号的最低要求			
		DYNPOS(AUTS)	DYNPOS(AUT) DPS(1)	DYNPOS(AUTR) DPS(2)	DYNPOS(AUTRO) DPS(3)
电力系统	电源系统	没有冗余[3]	没有冗余[3]	在技术设计上有冗余	在技术设计上有冗余并要物理隔离(隔离舱)
电力系统	主配电板	1[3]	1[3]	1	2,在隔离舱内
电力系统	母排网络断路器	0[3]	0[3]	1	2,每个 MSB 上都有 1 个
电力系统	配电系统	没有冗余	没有冗余	有冗余	具有冗余性,在隔离舱内
电力系统	电源管理	否	否	DYNPOS(AUTR):是 DPS(2):否	DYNPOS(AUTR):是 DPS(2):否
推进器系统	推进器的布置	没有冗余	没有冗余	在技术设计上具有冗余性[4]	在技术设计上有冗余并要物理隔离(隔离舱)
推进器系统	主 DP 控制中心每个推进器的单独控制杆	是	是	是	是
位置控制系统	自动控制;计算机系统的数量	1	1	2	2 + 1,在备用控制中心
位置控制系统	手动控制;带有自动艏向控制的独立操纵杆系统[2]	否	是	是	是
传感器系统	位置参考系统	1	2	3	3,其中 1 个在备用控制中心
传感器系统	外部传感器:风传感器	1	1	DYNPOS(AUTR):3: DPS(2):2	DYNPOS(AUTRO):3DPS(3):2,其中一个与备用控制中心相连
传感器系统	外部传感器:艏向参考系统[2]	1	1	3	3,其中 1 个在备用控制中心
传感器系统	外部传感器:垂直参考传感器(VRS)	1	1	DYNPOS(AUTR):3 DPS(2):2[5]	3,其中 1 个在备用控制中心
UPS		0	1	2	2 + 1,在备用控制中心
打印机		是[6]	是[6]	是[6]	是[6]
动力定位备用控制系统的备用控制中心		否	否	否	是

（续表）

系统或组件	级别符号的最低要求			
	DYNPOS (AUTS)	DYNPOS (AUT)	DYNPOS (AUTR)	DYNPOS(AUTRO)
		DPS(1)	DPS(2)	DPS(3)
①艏向参考系统应遵循 IMO Res. A424(Ⅺ)陀螺罗盘的性能标准。当需要 3 个艏向参考系统时,3 个中的 1 个可以被 1 个基于另一种原理的艏向测量装置所取代,只要这个艏向装置的类型被作为 IMO Res. MSC. 116(73)指定的 THD 批准。对于符号 DYNPOS(AUTRO)和 DPS(3),这不是放置在备用控制单元的陀螺罗盘。基于其他原理的艏向传感器可以根据特殊的考虑被接受。 当做出这样考虑的时候,相对于安装艏向装置的数量、使用原则和设备安装的信号传输、电力供应和物理安装(包括分离),整个艏向装置的安装更应该考虑到冗余性、鲁棒性和容错性。 ②艏向输入可以来自任何要求的艏向输入装置。 ③当这是船舶正常电力系统一部分的时候(即用于正常的船舶系统,不仅仅是 DP 系统),那么船舶级别,Pt. 4 CH. 8 的 DNV GL 规则适用。 ④对于 DPS(2),另参见 DNV《船舶入级规则(2021)》,第 7 章第 6 部分 4. 3. 2 节。 ⑤位置参考系统必须正确运行的地方,应该为 DPS(2)符号提供至少 3 个垂直参考传感器。如果 DP 控制系统能够在不用 VRS 更正的操作限制下定位船舶。 ⑥动力定位系统。打印机可以被 1 个独立的电子数据记录器所取代,只要数据被储存在冗余电子媒体(DP 控制系统操作站可以被用作冗余储存媒体)上,并且数据记录器具有符合(8)的 UPS 供应。数据记录器应具有 HMI 和为操作人员可以用更有效的方式访问和查看储存数据的功能。数据记录器应该具有对至少七天的运行数据进行储存的储存容量。它应该能够上传到离线储存媒体,这是为了使数据储存时间比数据记录时间更长。数据记录器最好应该是时间与其他的警报和记录系统同步,这是为了支持性能和事故分析				

表 6-4　DNV DP 船级符号

符号等级		描述
不要求有冗余的符号	DYNPOS (AUTS)	没有冗余的动力定位系统
	DPS(1)	有单独备用操纵杆系统和备用位置参考系统的动力定位系统
	DYNPOS (AUT)	带有独立备用操纵杆系统和备用位置参考系统的动力定位系统。相比于 DPS(1),附加要求会取得更高的适用性与可靠性
要求有冗余的符号	DPS(2)	在技术设计上带有冗余性的动力定位系统并且带有单独的备用操纵杆系统
	DYNPOS (AUTR)	在技术设计上带有冗余性的动力定位系统并且带有单独的备用操纵杆系统。相比于 DPS(2),附加要求会取得更高的适用性与可靠性
要求有冗余的符号并且要单独隔离	DPS(3)	在技术设计上带有冗余性的动力定位系统并且带有单独的备用操纵杆系统,加一个备用动力定位控制系统在备用动力定位控制中心,并为组件设计物理隔离以提供冗余度
	DYNPOS (AUTRO)	在技术设计上带有冗余性的动力定位系统并且带有单独的备用操纵杆系统,加一个备用动力定位控制系统在备用动力定位控制中心,并为组件设计物理隔离以提供冗余度。相比于 DPS(3),附加要求会取得更高的适用性与可靠性

DYNPOS（AUTS）：不带有任何冗余的动力定位系统；如果出现单体故障将会引起移位，见图 6-13。设备包括 1 套计算机系统，1 个位置参考系统，1 个风传感器，1 个 MRU/VRS，1 个罗经罗盘，1 台打印机。附加包括手动杆。

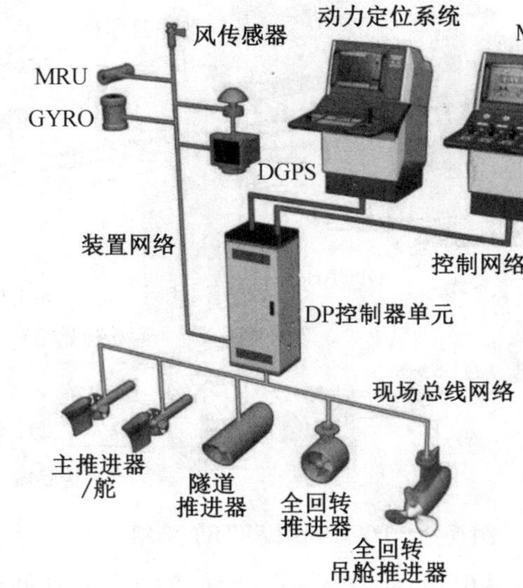

图 6-13　DYNPOS（AUTS）

DYNPOS（AUT）（1 级）（也是 AUTS+）：带有自动艏向的独立备用操纵杆系统；备用位置参考系统；UPS 电源供应，见图 6-14。

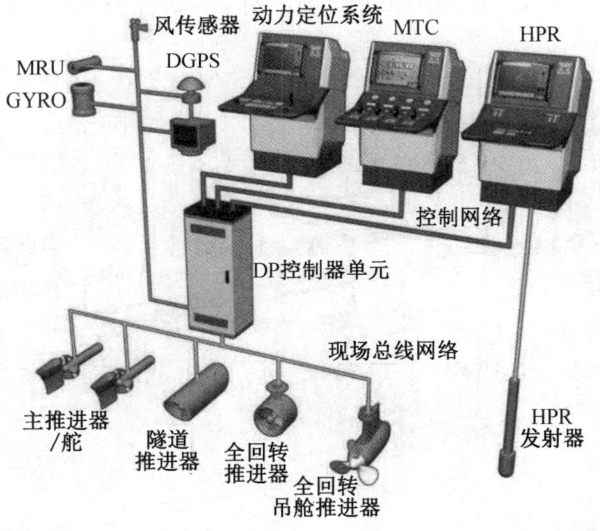

图 6-14　DYNPOS（AUT）（1 级）

设备最低要求：1 套计算机系统，2 个位置参考系统，1 个风传感器，1 个 MRU/VRS，1 个罗经罗盘，1 台打印机。附加包括 1 个带有自动艏向的操纵杆、手动杆，1 个 UPS。

DYNPOS（AUTR）（2 级）（也是 AUT+）：技术设计上带有冗余，任何活跃的组件或者系统的单体故障不会引起移位；水灾或者火灾不在主要入级要求的考虑范围内，见图 6-15。最低设备要求包括 2 套计算机系统，2 个操作站，3 个位置参考系统，2 个风传感器，2 个 MRU/VRS，

3 个罗经罗盘,1 台打印机。附加包括 1 个带有自动艏向的操纵杆、手动杆,2 个 UPS。

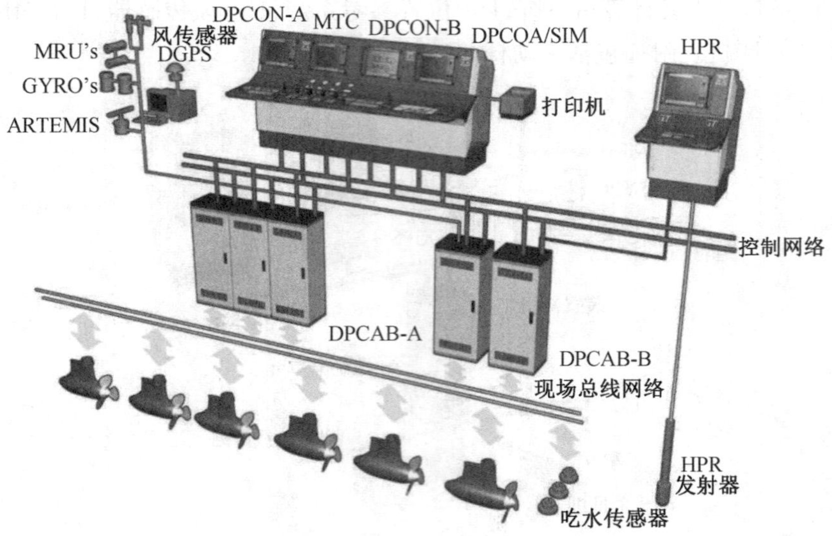

图 6-15　DYNPOS (AUTR)(2 级)

DYNPOS (AUTRO)(3 级)(也是 AUTR+)单体故障的定义延伸到包括在任何水密舱内发生水灾和在任何隔火舱室内发生火灾;在隔离舱室内的备用 DP 控制系统,单独的主机房,单独的推进器房,单独的配电板舱等,见图 6-16。设备最低要求包括:2+1 套计算机系统,2+1 个操作站,2+1 个位置参考系统,1+1 个风传感器,2+1 个 MRU/VRS,2+1 个罗经罗盘,1 台打印机。附加包括 1 个带有自动艏向的操纵杆、手动杆,3 个 UPS,不是所有设备都要分离。

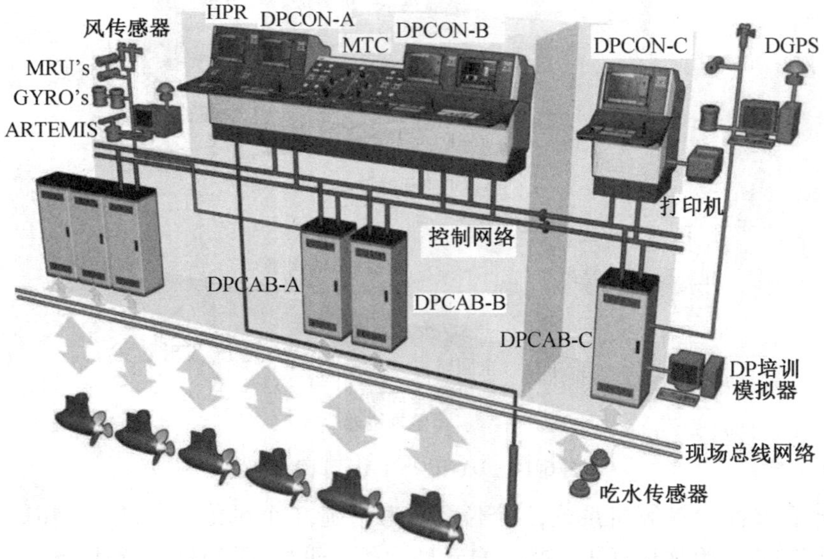

图 6-16　DYNPOS (AUTRO)(3 级)

3. ABS 动力定位分级和要求

表 6-5 中,ABS 列出了对动力定位等级符号的系统要求。动力定位系统的建造和测试要

遵循这个说明中的要求并且相关规则要按照不同的等级符号，根据按如下定义的系统内的冗余性级别进行分配。这些符号不是船舶入级的要求，仅仅是根据船东的特定要求分配给船舶的。

表 6-5 ABS DPS 符号④的 DP 系统要求要点(2021 年 3 月)

子系统或者组件	设备	每一等级符号的最低要求				
		DPS-0①	DPS-1⑦	DPS-2⑧	DPS-3⑤⑨	备注
动力系统	发电机和原动机	没有冗余	没有冗余	有冗余	有冗余，在隔离舱内	见小节 3/3
	主配电板	1	1	1 个带有母排网络开关	2 个带有母排网络开关，在隔离舱内	见小节 3/5
	母排网络熔断器	0	0	1	2	
	配电系统	没有冗余	没有冗余	有冗余	有冗余，在隔离舱内	
	电源管理②	否	否	是	是	
推进器系统	推进器的布置	没有冗余	没有冗余	有冗余	有冗余，在隔离舱内	见小节 4/3
控制系统	DP 控制：控制计算机的数量	0	1	2	2+1，在备用舱室	见 5/3.5
	手动位置控制：带有自动艏向的操纵杆	是	是	是	是	
	手动推进器控制	是	是	是	是	见 4/9.5
	位置参考控制	1	2	3	2+1，在备用舱室	
	传感器 风	1	2	3	2+1，在备用舱室	见小节 5/11 10/3.3，10/5.5，10/7.3
	传感器 MRU③	0	1	3	2+1，在备用舱室	
	传感器 罗盘⑥	1	2	3	2+1，在备用舱室	
	UPS	0	1	2	2+1，在备用舱室	见小节 3/9
备用单元的备用控制站		N/A	N/A	N/A	是	见小节 5/9.3
结果分析		否	否	是	是	见小节 5/13
FMEA		否	否	是	是	见小节 2/11

注意事项：

①DPS-0 是 ABS 系统等级。它是带有自动艏向控制的手动位置控制系统并且配有独立式位置参考系统。DPS-1、DPS-2 和 DPS-3 分别与 IMO 的设备 1 级、2 级和 3 级相对应。

②如果所有的推进器都是由主机直接驱动，就不需要电力管理系统了。

③(2013 年 11 月 1 日)如果位置参考系统依赖于滚轴和节距噪声测量措施的校正，就需要与其相关的 MRUs。

④对于增强系统(EHS-E、EHS-P、EHS-F 和 EHS-C)，附加信息在 Section 8/5，Table 1 中提供。

⑤(2013 年 11 月 1 日)其中“隔离舱”的意思是，设备要被放置在单独的舱室。这个舱室被安排支持最坏情况下的设计意图，就 DPS-3 故障准则来说。

⑥如果需要 3 个罗盘，其中一个可能是传输航向设备(Transmitting Heading Device，THD)，比如，GPS 罗经。这是为了使传输航向设备(THD)符合船舶性能标准的型式认可，根据 SOLAS 公约第Ⅴ章要求，并由认可的代理/组织认可。

⑦DPS-1+标注可以指定满足 DPS-1 要求的动力定位系统加上 1 个船尾推进器。

⑧DPS-2+标注可以指定满足 DPS-2 要求的动力定位系统加上 2 个船尾推进器和冗余的静态组件。

⑨DPS-3+标注可以指定满足 DPS-3 要求的动力定位系统加上 2 个船尾推进器。

DPS-0 对于船舶来说，应该装有中央手动位置控制系统和自动艏向控制系统，用来在指定最恶劣环境条件下保持位置和艏向。

DPS-1 对于船舶来说，应该装有带有手动控制系统的动力定位系统，其能够在指定的最恶劣环境条件下自动保持位置和艏向。

DPS-2 对于船舶来说，应该装有动力定位系统，其能够在指定的最恶劣环境条件下，在发生任一单体故障不包括舱室的损坏期间或之后仍能自动保持船舶的位置和艏向。

DPS-3 对于船舶来说，应该装有动力定位系统，其能够在指定的最恶劣环境条件下，在发生任一单体故障包括舱室因为火灾或水灾导致的损坏期间或之后仍能自动保持船舶的位置和艏向。

DPS-1、DPS-2 和 DPS-3 级别符号都是按照 IMO MSC/Cir. 645“动力定位系统船舶准则”规定的。DPS-1、DPS-2 和 DPS-3 分别与 IMO 设备等级 1、2 和 3 相对应。

在船东的要求下，加强系统符号(EHS)作为 DPS 系列符号的一个补充，可以被分配给船舶。该符号提供了 DP 系统组件增强性测量的基础，包括动力系统、推进器系统和控制系统。加强系统符号的主要目的是提升可靠性、操作性和维护性。一个带有 DPS-2 或者 DPS-3 符号的船舶可以被分配给加强系统符号，如果系统满足附加要求的话。对于一个带有 DPS-2 符号的船舶，加强动力和推进器系统符号(EHS-P)、加强控制系统符号(EHS-C)、火灾和水灾保护符号(EHS-F)或者任何组合，如 EHS-PC、EHS-PF、EHS-PCF 都可以被分配给船舶。对于一个 DPS-3 船舶，如果 DPS-3 有更高级别的火灾保护要求，EHS-F 就不需要了。加强系统符号(EHS 系列)是对相应 DPS 系列符号的补充。表 6-6 就遵循这个原则。表 6-6 同时也遵循加强系统符号(EHS 系列)。

表 6-6　DP 系统对于 EHS 符号要求的要点(2013 年 11 月 1 日)

EHS-E	EHS-P	EHS-C	EHS-F
	自控发电机组①	2+1 个备用 DP 控制 计算机和控制器④	发电机和原动机 隔离舱室，A60 最高火灾风险区域，损坏水线下的水密
母排网络断路器 每个总线之间的 冗余配置	母排网络断路器 每个总线之间的 冗余配置	风传感器 3 + 1 个在备用控制站	
加强型发电机保护①,②	加强型发电机保护①,②	罗盘 3 + 1 个在备用控制站	电力分配系统 A0 冗余组之间，损坏水线下的水密
加强型电源管理①,③	加强型电源管理①,③	MRU 3 + 1 个在备用控制站	推进器系统 A0 冗余组之间，损坏水线下的水密
	自动推进器组①	位置参考系统 3 + 1 个在备用控制站⑤	控制间 A0 冗余组之间

注意事项：

①这些功能的控制和监管将被整合到带有中央控制系统的控制中心内并且与动力定位控制相互传达信息。

②加强型发电机保护功能由 8/3 小节提供。

③加强型电力管理能力由 8/3 小节提供。

④(2013 年 11 月 1 日)对于 DPS-2 船舶,手动位置控制系统能被 8/3.3.1(a)中的附加 DP 控制系统取代。DP 数据记录器也包括在 8/3.31(b)内。

⑤位置参考系统要基于至少两种不同的设计原理。对于深水环境,GPS 和水电声学可以被使用。

此外,在船东的要求下,位置保持性能符号(SKP),作为 DPS 系列符号的补充也可以被分配给船舶。位置保持性能符号的目的是识别 DP 能力,并鼓励 DP 系统的稳定设计。其他可选择符号也可能适用于 DP 系统,如集成软件质量管理(ISQM)和系统认证(SV)。

4. CCS 动力定位分级和要求

根据动力定位系统的不同冗余度,经船东申请,授予下列附加标志:

(1)DP-1:安装有动力定位系统的船舶,可在规定的环境条件下,自动保持船舶的位置和艏向,同时还应设有独立的联合操纵杆系统。

(2)DP-2:安装有动力定位系统的船舶,在出现单个故障(不包括一个舱室或几个舱室的损失)后,可在规定的环境条件下,在规定的作业范围内自动保持船舶的位置和艏向。

(3)DP-3:安装有动力定位系统的船舶,在出现单个故障(包括由于失火或进水造成一个舱室的完全损失)后,可在规定的环境条件下,在规定的作业范围内自动保持船舶的位置和艏向。

根据不同的附加标志,动力定位布置的设计应至少满足表 6-7 的要求。

表 6-7 动力定位系统的布置

<table>
<tr><th colspan="2">附加标志 / 设备</th><th>DP-1</th><th>DP-2</th><th colspan="2">DP-3</th></tr>
<tr><td rowspan="3">动力系统</td><td>发电机和原动机</td><td>无冗余</td><td>有冗余</td><td colspan="2">有冗余,舱室分开</td></tr>
<tr><td>主配电板</td><td>1</td><td>1</td><td colspan="2">2,舱室分开</td></tr>
<tr><td>功率管理系统</td><td>无</td><td>有</td><td colspan="2">有</td></tr>
<tr><td>推进器系统</td><td>推进器的布置</td><td>无冗余</td><td>有冗余</td><td colspan="2">有冗余,舱室分开</td></tr>
<tr><td rowspan="3">控制系统</td><td>自动控制,计算机系统数量</td><td>1</td><td>2</td><td colspan="2">3(其中 1 个在另一控制站)</td></tr>
<tr><td>独立的联合操纵杆系统</td><td>1</td><td>1</td><td colspan="2">1</td></tr>
<tr><td>各推进器的单独手柄</td><td>有</td><td>有</td><td colspan="2">有</td></tr>
<tr><td rowspan="4">传感器系统</td><td>位置参考系统</td><td>2</td><td>3</td><td>2+1</td><td rowspan="4">其中 1 个在另一控制站</td></tr>
<tr><td>垂直面参考系统</td><td>1</td><td>2</td><td>2+1</td></tr>
<tr><td>陀螺罗经</td><td>1</td><td>2</td><td>2+1</td></tr>
<tr><td>风速、风向</td><td>1</td><td>2</td><td>2</td></tr>
<tr><td colspan="2">UPS 电源</td><td>1</td><td>1</td><td colspan="2">2+1,舱室分开</td></tr>
<tr><td colspan="2">备用控制站</td><td>没有</td><td>没有</td><td colspan="2">有</td></tr>
<tr><td colspan="2">打印机</td><td>要求</td><td>要求</td><td colspan="2">要求</td></tr>
</table>

第6节　动力定位系统的产品

在20世纪60年代和70年代初期,为了满足不断扩大的石油和天然气开采行业的需求,作为解决问题的结果,动力定位技术应运而生。

公认符合动力定位定义的第一艘船舶是“Eureka”号,Howard Shatto于1961年进行设计和改造。该船装有基本类型的模拟控制系统,与张紧索位置参考系统结合在一起。除了主推进器以外,还在船舶的首部和尾部配备了可操纵的推进器,该船长约40 m、排水量约450 t。

到20世纪70年代后期,动力定位已经成为一种成熟的技术。截至1980年,约有65艘装有动力定位系统的船舶或平台;截至1985年,约有150艘装有动力定位系统的船舶或平台;截至2002年,已经有超过1 000艘装有动力定位系统的船舶或平台;到2013年,海上约有超过3 500艘动力定位船舶或平台在运行。

在全球动力定位系统市场中,挪威的康士伯(Kongsberg Gruppen ASA)占据了最大的市场份额,以康士伯为首的国外品牌仍稳稳占据国内市场的大头,该公司从20世纪70年代涉足该系统市场,目前全球累计销量超过4 000台/套,该公司也是国内船东的主要供货商。此外,瑞士的ABB Group、美国的L-3 Communications Holdings, Inc、芬兰的Wartsila Corporation、美国的General Electric、英国的Rolls-Royce、芬兰的Navis Engineering、法国的Praxis Automation Technology和印度的Marine Technologies等也是动力定位系统市场的供应商。

以Kongsberg公司的动力定位产品为例,对其产品进行简单介绍。挪威对于动力定位技术的探索始于1975年Kongsberg Våpenfabrikk (KV)公司的一个称为Dynpos的工程师小组,此小组原属于国防部门,之后很快转到石油部门,即隶属于KV的近海分部。

40多年后的今天,Kongsberg公司已经成为世界最大的动力定位系统制造厂商,发展过程如表6-8所示。Kongsberg动力定位系统主要分为以下两类:

(1)早年采用KV技术的Kongsberg500原型系统,即KS500。在20世纪70年代早期,系统计算机是由Forsvarets Forskning和KV研制,是基于晶体管逻辑技术的。

(2)几年后出现了基于单片机系统的单一插件计算机(SBC)新技术,Kongsberg Simrad利用Intel80186、80286和80386等处理器分别开发了SBC1000、SBC2000和SBC3000/SBC3003。SBC1000的原型机是世界上第一台使用Intel80186微处理器的计算机。

表6-8　Kongsberg公司动力定位系统的发展

年份	产品	描述
1977	ADP501 ADP502 ADP503	1 KS500 64K计算机,HPR显示 1 KS500 64K计算机,单显示处理器 3 KS500 64K计算机,双显示处理器
1979	ADP503 ADP311	3 KS500 128K计算机,双彩色显示器 1 KS500 128K计算机,单彩色显示器,单控制柜
1983	APM3000 ADP100	2 KS500 256K计算机,单显示器 3 SBC1000,单显示处理器
1987	ADP703	9 SBC1000,投票逻辑系统,双显示器

(续表)

年份	产品	描述
1990	ADP701 ADP700	2 SBC2000,单显示器 1 SBC2000,带操纵杆的终端系统
1992	ADP701 ADP702 ADP703 STC	1 SBC3000,单显示器 2 SBC3000,双显示器 3 SBC3000,三显示器 SBC3000,推进器控制
1996	SDP11/12,21/22,31/32 SPM SJS01/SDP01 STC	SBC400 动力定位控制器和 NT 工作站 SBC400 动力定位控制器和 NT 工作站 操纵杆/集成动力定位(代替 Robertson 的产品) SBC400,推进器控制和 NT 工作站
2001	SDP GreenDP (SDP11/12,21/22,31/32)	SBC500 动力定位控制器和 NT 工作站
2003	SDP/SDPM/SPM (SDP11/12,21/22,31/32)	SBC500 动力定位控制器和 XP 工作站
2004	SDP/SDPM/SPM (SDP11/12,21/22,31/32) cJoy cPos STC-400	基于实时输入输出的动力定位控制器和 XP 工作站 基于实时输入输出的集成操纵系统 基于实时输入输出的集成动力定位系统(一级设备) 基于实时输入输出的推力和推进器控制系统
2006	K-Pos (SDP11/12,21/22,31/32) K-Thrust	基于实时输入输出的动力定位控制器和 XP 工作站 基于实时输入输出的推力和推进器控制系统
2010	DP/DPM/PM cPOS(Software 7.1) cJoy/cWing	cPOS 计算机 MP7900 Controller RCU501 双网络集成系统
2012	DP/DPM/PM cPOS(Software 8.1) cJoy/cWing	cPOS 计算机 MP7900 Controller RCU502 双网络集成系统
2014	DP/DPM/PM cPOS(Software 8.2) cJoy/cWing	cPOS 计算机 MP8300,MP8200,MP7900 Controller RCU502 & RCU501 双网络集成系统
2020	DP/DPM/PM cPOS(Software 8.4,Win10) cJoy/cWing	TCP 计算机 MP5810 PMS 功能负荷监测和防止全船失电 双网络集成系统

Kongsberg 公司在 1 500 个动力定位系统开发经验的基础上,研制出了 Kongsberg K-Pos 系统。其将动力定位系统的鲁棒性、灵活性、功能性与操作的简易性上升到了一个新的水平。Kongsberg K-Pos 包括了国际海事组织所规定的所有等级的动力定位系统,以满足不同的经济需求和操作需求。为位置参考系统等传感器提供了广泛的接口,使整个系统具有透明性和交互性。除了拥有种类繁多的标准模式和功能,Kongsberg K-Pos 还有一系列的定制功能来辅助某些特定的操作。该系统有一个开放的系统结构,因此具有良好的结合性。

它能够实现船舶位置和航向的高精度保持。在操作中,系统可以容忍推进器和测量系统的暂态误差。其自适应扩展卡尔曼滤波器可以估计船舶的航向、位置和速度，以及来自海流和海浪的干扰。估计器使用船舶的精确数学模型。卡尔曼滤波技术使用模型预测和实时测量，为其提供了良好的滤波质量、鲁棒性和位置保持特性。

Kongsberg K-Pos DP-11、DP-31 标准系统的基本配置分别如图 6-17、图 6-18 所示。

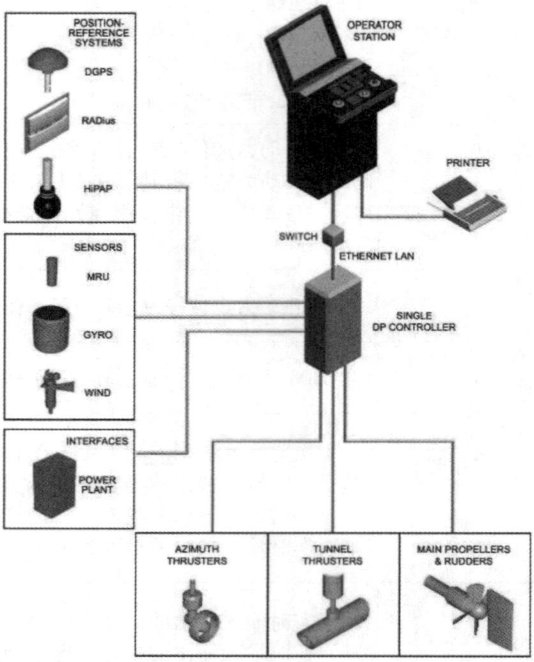

图 6-17　Kongsberg K-Pos DP-11 标准系统

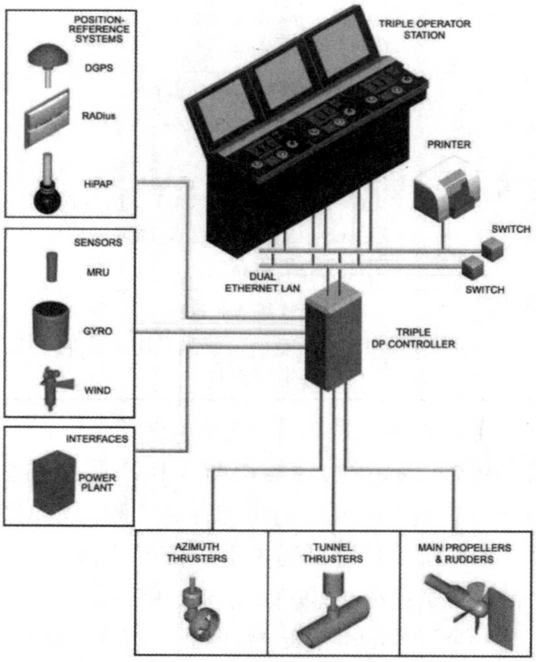

图 6-18　Kongsberg K-Pos DP-31 标准系统

第7章　动力定位测量系统

通常动力定位系统中所使用测量系统分为位置参考系统(Position Reference System)和其他传感器系统,如图 7-1 所示。最常用的位置参考系统有卫星定位系统、水声定位系统、微波位置参考系统、张紧索位置参考系统和激光位置参考系统五种类型,如图 7-2 所示。动力定位系统其他传感器包括陀螺罗经、风传感器、运动参考单位等。

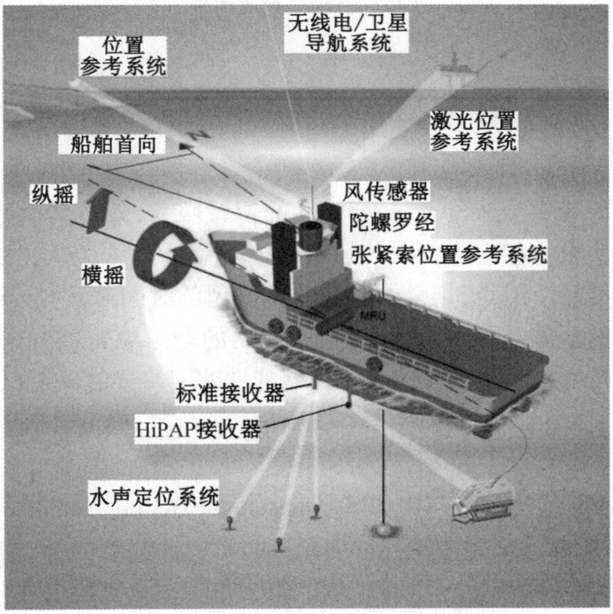

图 7-1　动力定位测量系统

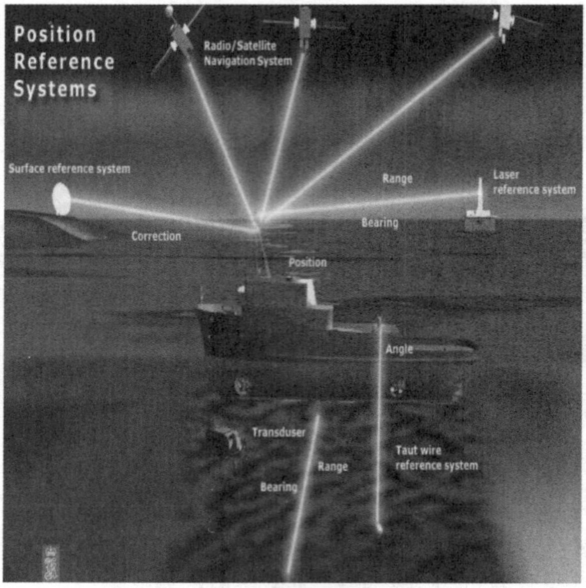

图 7-2　位置参考系统

第 1 节　卫星定位系统

卫星定位系统用于提供全球覆盖的、全天候的位置服务，其不受地球上任何地域的限制，摆脱了无线电定位岸台设置和控制范围的问题；也不受天气、风浪等条件的影响，在一天 24 h 内能提供精确的位置信息。但是，它必须根据卫星出现的时间来定位。现今世界上知名的卫星定位系统包括美国的全球定位系统（GPS）、俄罗斯的全球导航卫星系统（GLONASS）、欧盟的伽利略（Galileo）导航卫星系统和我国自行研制的北斗卫星导航系统（BDS）。

1. 全球定位系统

全球定位系统（GPS）是 NAVSTAR GPS（Navigation Satellite Timing and Ranging/Global Positioning System）的简称，其含义是采用导航卫星进行测时和测距的全球定位系统，可由覆盖全球的 24 颗卫星组成的卫星系统进行全球定位。GPS 是美国第二代卫星导航系统，是在子午仪卫星导航系统的基础上发展起来的，由美国军方控制。GPS 的 24 颗卫星分布在 6 个轨道面上，这样能够确保在地球上的任意地点、任意时刻都可以同时观测到至少 4 颗卫星，以保证卫星可以采集到该观测点的经纬度和高度，从而实现导航、定位、授时等功能。每颗 GPS 卫星都发送两个频率的载波信号：一种信号是民码，抗干扰能力比较弱，供民用用户使用，用户可自由接收；另一种信号是军码，抗干扰能力比较强，供军用接收机使用，采取加密手段，不能随意接收。该系统因其高精度（单机定位精度优于 10 m，如果采用差分定位，精度可达米级）、全天候、高效率、多功能、操作简便，得到了广泛的应用。这项技术可以用来引导飞机、船舶、车辆以及个人，安全、准确地沿着选定的路线，准时到达目的地。

2. 全球导航卫星系统

全球导航卫星系统(Global Naya Navigation Satellite System,GLONASS),是苏联从20世纪80年代初开始建设的、与美国GPS相类似的卫星定位系统。它的目标就是能够在全球或近地球空间为数量无限制的空中、水域及其他各种类型用户提供一种能够实现全天候三维定位、速度测量和授时的功能服务。它的主要用途是导航定位,也可以广泛应用于各种等级和种类的测量应用、GIS应用和时频应用等。现在该系统由俄罗斯空间局管理。

GLONASS最早开发于苏联时期,后由俄罗斯继续实施。GLONASS的功能与组成和GPS相似,由24颗卫星组成,分布在3个轨道平面上,每个轨道面有8颗卫星。该系统主要服务内容包括确定陆地、海上及空中目标的坐标及运动速度信息等。由于GLONASS卫星寿命短,组网后又由于种种原因不能及时替代,从1999年起处于瘫痪状态,不能单独提供全球导航卫星服务,其适用度远不及GPS。

3. 伽利略导航卫星系统

1999年2月,欧盟执行机构欧洲委员会(EC)公布了欧洲导航卫星系统"伽利略(Galileo)计划"。该系统是与美国GPS和俄罗斯的GLONASS兼容的民用全球定位卫星系统。2002年3月,欧盟首脑会议批准了Galileo卫星导航定位系统的实施计划。这标志着欧洲将拥有自己的卫星导航定位系统,并结束美国的GPS独霸天下的局面。欧洲建设Galileo系统的目的主要有两个:一是军事安全,尽管伽利略计划是民用卫星导航服务,但该项计划完成后,将使欧洲赢得建立欧洲共同安全防务体系的条件;二是经济利益,欧盟一项研究预测表明,发展Galileo计划每年创造的经济收益将会高达90亿欧元。Galileo系统由30颗中高度圆轨道卫星组成,其中27颗为工作卫星,3颗为候补,轨道高度为24 126 km,位于3个倾角为56°的轨道平面内,可达到最高1 m的精度。

4. 北斗卫星导航系统

北斗卫星导航系统(BDS)是我国自主研发并正在实施的、独立运行的全球卫星导航系统,与美国GPS、俄罗斯GLONASS、欧盟Galileo系统并称全球四大卫星导航系统。该系统可在全球范围内全天候、全天时为各类用户提供高精度、高可靠性的定位、导航和授时服务,并兼具短报文通信能力。

中国BDS和美国GPS、俄罗斯GLONASS、欧盟Galileo是联合国卫星导航委员会已认定的供应商。1994年,北斗卫星导航系统启动建设。随着2012年北斗在亚太地区组网完成,北斗卫星导航系统不仅在我国本土范围内获得使用,同时周边国家也陆续采用BDS替代GPS。2015年7月25日中国成功发射两颗北斗导航卫星,为中国建成全球导航卫星系统开展全面验证,为后续的全球组网卫星奠定了基础,2017年我国开启全球组网任务,两年半时间高密度执行18次发射任务,2020年6月23日,中国已成功发射北斗系统第55颗导航卫星,即北斗三号最后一颗全球组网卫星。

第 2 节　水声定位系统

水声位置参考系统（Hydroacoustic Position Reference，HPR）又称为水声定位系统，是可用于局部区域精确定位导航的系统。

水声定位系统是由安装在船上的接收器（Transducer）和布置在海床上并可以与之传递声波的应答器（Transponder）组成。接收器安装在船体下面，当应答器接收到接收器的声波问询并用它自身的频率发射回去，而接收器接收到该频率后，即可测出该应答器的距离和方位，从而确定船位相对于安装在海底应答器的位置，而这个信息同时也被反馈到动力定位系统中。

水声定位系统一般分为长基线系统（Long Base Line System，LBL）、短基线系统（Short Base Line System，SBL）和超短基线系统（Super/Ultra Short Base Line System，SSBL/USBL），如图 7-3 所示。这些定位系统都有多个基元（接收器或应答器），基元间的连线称为基线。一般用基线的长度来区分其属于哪类系统。三种定位系统的分类如表 7-1 所示。

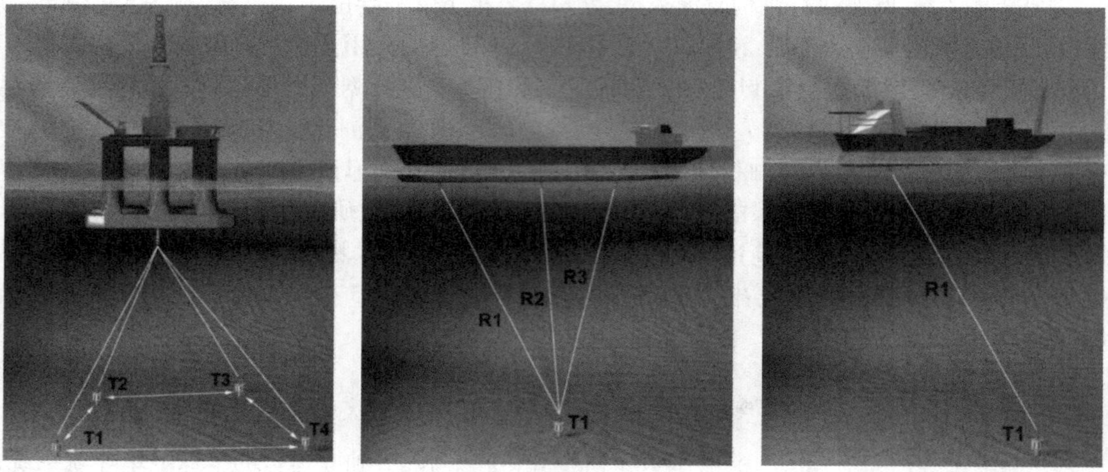

（a）长基线系统　　（b）短基线系统　　（c）超短基线系统

图 7-3　水声定位系统

表 7-1　水声定位系统的分类

序号	定位类型	基线长度/m
1	长基线系统	100～6 000
2	短基线系统	1～50
3	超短基线系统	<1

长基线系统、短基线系统和超短基线系统均被用作船舶动力定位系统的位置参考系统，但它们的用途不仅限于此，例如，它们可用于水下目标的跟踪和定位（如对鱼雷水下运动轨迹进行跟踪测量、对水下作业的潜水员进行定位、测量潜器的位置等），潜器的水下导航，海底管道、电缆和光缆的铺设定位及维修，水下结构施工和定位等。

1. 长基线系统

长基线系统如图 7-4 所示,需要在海底布设三个以上的基点,以一定的几何图形组成海底定位基线阵列,工作船舶一般位于基线阵列范围之内,通过测量应答器和接收器之间的距离来确定船舶的坐标位置。长基线定位系统的优点是定位精度与水深无关,在较大的工作范围内可以达到较高的相对定位精度,定位数据更新率也可以达到要求;缺点是定位系统构成相对比较复杂,基线阵布设的费用高,并且使用前还需要做大量的校正工作,耗费大量的时间。再者,虽然长基线定位系统的定位精度与水深无关,但却受到工作频率的限制。

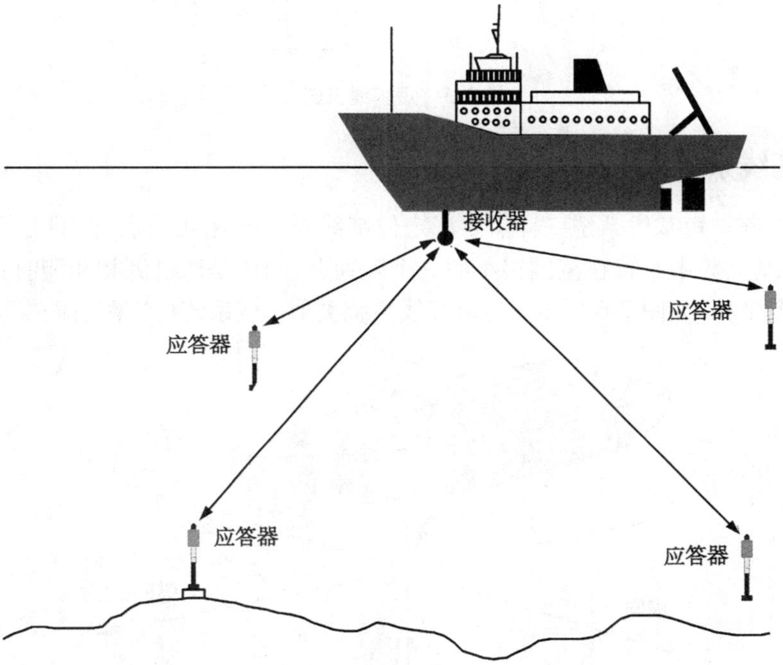

图 7-4 长基线系统

2. 短基线系统

短基线系统如图 7-5 所示,与长基线系统除定位基线长度不同外,其最大的特点是定位基点布置在船底,三个或者以上的基点在船底构成基线阵,通过测试声波在发射器(信标)与基点(接收器)之间的传播时间来确定它们之间的斜距,同时可以通过测相技术来确定其方位,进而推算出船舶的坐标位置。由于基线阵布置在船底,所以短基线定位系统还需要配有陀螺罗经、垂直参考单元和卫星定位系统等外围传感器。短基线系统最大的优点是系统组成比长基线系统简单,便于操作,不需要在水下组建基线阵,测距精度高;缺点是需要将至少 3 个接收器布置在作业船船底,且各个接收器的布置要求均具有良好的几何形状,所以对船舶的要求更高。随着水深的增加,短基线系统需要通过增加基线的长度才能使系统的定位精度达到要求,在系统工作前,整个系统还需要做大量的校准工作,短基线系统绝对定位精度还依赖于陀螺罗经、垂直参考单元和卫星定位系统等外围传感器的精度。

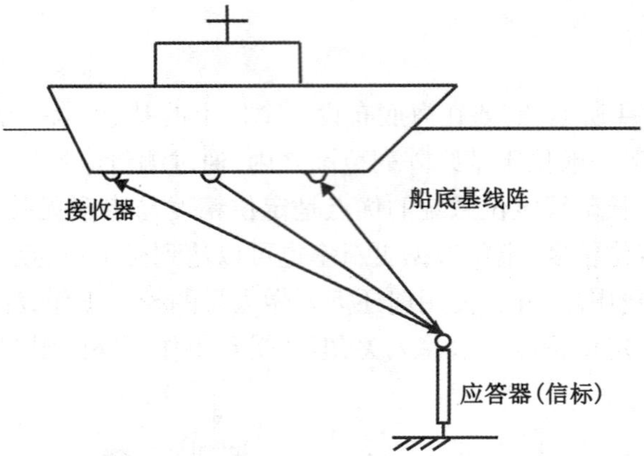

图 7-5　短基线系统

3. 超短基线系统

超短基线系统与短基线系统一样需要把定位基线布置在船舶的底部,只是它的基线长度比短基线更短,基点集中布置在范围很小的一个阵列上,同样是通过测相和测时技术来确定接收器的空间位置坐标,如图 7-6 所示。与短基线系统类似,该系统也需配有陀螺罗经、垂直参

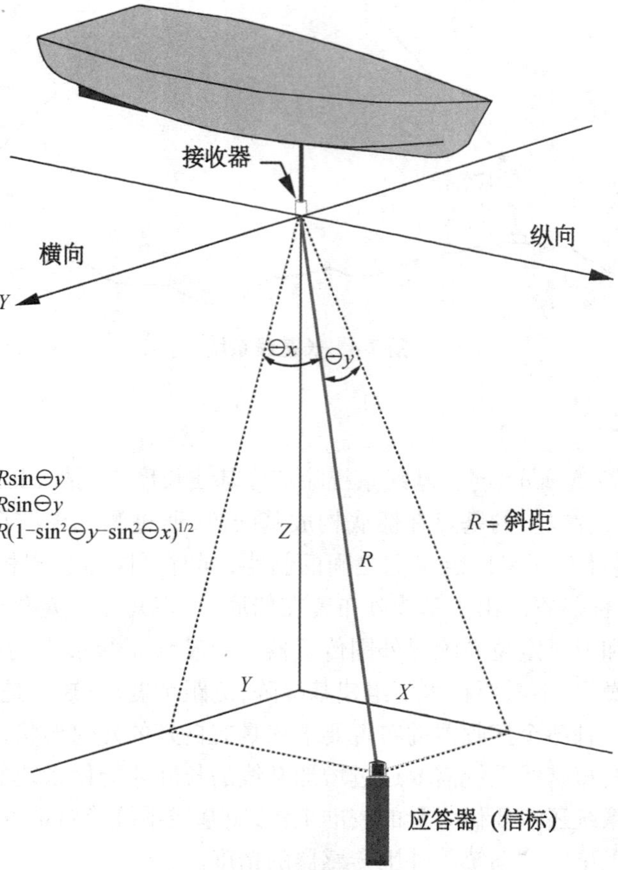

图 7-6　超短基线系统

考单元和卫星定位系统等外围传感器。整个系统不需要在水下组建基线阵,因此构成简单,操作方便,同时测距精度也比较高;系统的主要缺点同样是布置船底基线阵需要做大量的校准工作,绝对定位精度也依赖外围传感器的精度。

4. HiPAP 系统

HiPAP 系统是高精度声学位置系统(High Precision Acoustic Positioning)的简称,如图 7-7 所示。它的目的是提供水下目标的精确位置,如远程操作工具(ROV)、拖曳体或固定转发器。

图 7-7 高精度声学位置系统

要达到这样的精度,HiPAP 系统采用的是球形传感器的设计和新的信号处理技术。该系统采用超短基线和长基线定位技术。HiPAP 作为超短基线系统,采用独特的加工技术,具有非常高的精度测量角度和距离。对于用长基线操作,该系统则可以同时定位几个海底应答器和计算船舶的位置。

一个 HiPAP 系统包括以下三个部分(见图 7-8):(1)操作人员工作站;(2)收发器单元;(3)拥有接收器(Transducer)和起升控制箱的船体单元。

每个接收器都需要一个专用的船体单元安排和收发单元。一个操作人员工作站可以控制几个收发器单元。

HiPAP 船体单元使传感器的消耗降低,通过本地或远程控制,通过船舶的船体可以到达一个足够的深度,以减少噪声和位于船体下的空气层的影响,该船体单元安装在一个闸阀的顶部,它可以在维修(清洗)的过程中被关闭。

所有的 HiPAP 系统都拥有相似的软件和硬件平台,因此提供同一种额外的功能和选择。

HiPAP 500 有一个完整的球形接收器以及 241 个接收器元件(Transducer Elements),如图 7-9 所示。该模型具有接近全精度的半球区域,在需要有最佳性能时是一个首选的系统。HiPAP 500 还可以跟踪目标超过一半球形区域。该接收器被安装在船体单元上。

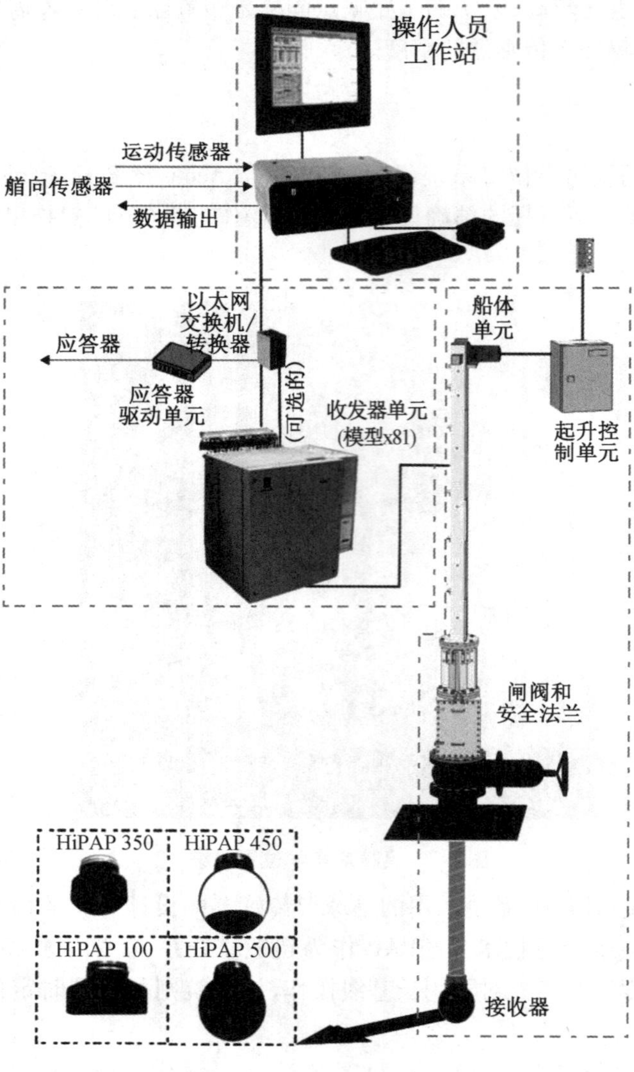

图 7-8　HiPAP 系统

图 7-9　HiPAP 500 接收器以及 241 个接收器元件

第 3 节　动力定位其他位置参考系统

1. 微波位置参考系统

微波位置参考系统的主要用途是对移动物体进行准确的测距和定位,如在参考一个已知固定点的情况下对一艘船舶进行定位。该系统由两个站组成,一个是位于移动物体上的移动站,另一个是位于已知固定点上的固定站,如图 7-10 所示。

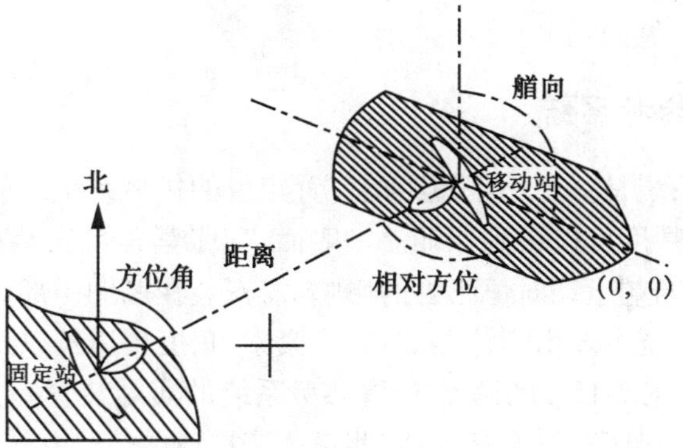

图 7-10　微波位置参考系统

系统的两根方位跟踪天线校准成一平行线,通过微波把距离和方位数据发送出去,根据这些数据最终计算出船位。固定站和移动站之间的距离取决于信号从移动站发射到固定站再由固定站返回到移动站的过程所花费的时间。固定站天线从正北或设定方向开始转动,最终指向移动站天线的中心,使两根天线平行,固定站天线转动轴上的轴编码器测量到的转动角度,即为两站之间的相对方位。

为了避免两个微波站在系统工作的区域内相互干扰,可以使用四组固定/移动站频率对。工作时通过操作面板来进行频率对的选择,移动站的自动频率控制器可以精确地将两站之间的频率差保持在 30 MHz。

微波定位系统便于携带和安装,因此是一种理想的定位传感器。其性能不受雨雾、尘埃的影响,但是相互之间不能有障碍物遮挡。该系统的测量范围为 10 m~30 km,与动力定位系统配合使用时的最大测量距离为 10 km。

2. 激光位置参考系统

激光位置参考系统适用于近距离、高精度的定位与跟踪。目前,市场上基于激光定位的位置参考系统主要有两种:一种是 Renishaw 公司的 Fanbeam 系统,另一种是 Guidance Control Systems(GCS)公司的 CyScan 系统。

Fanbeam 系统由激光扫描仪和通用显示单元两部分组成。该系统采用一种特制的激光器,这种激光器能够在 20°垂直扇形区域内产生激光束,水平扫描该扇形区域就可以从船上追踪到目标反射物体,从而推断出距离和方位角。所以,Fanbeam 系统只需要在固定目标上设置一个反射器,即可直接测量距离与方位角,且激光发射光源不需要稳定平台。系统最大扫描距离为 2 km,受到能见度的影响,其距离测量精度约为 0.2 m,方位角测量精度则能达到 0.02°。该系统应用于动力定位中,其扫描距离一般限定在 500~1 000 m。

CyScan 系统采用旋转扫描仪,该扫描仪包含一个先进的光学激光仪,它能在垂直方向上广阔地产生发散光束和良好的水平剖面,可以对船舶周围和潜在目标的位置进行 360°扫描。转动的扫描仪可以用来追踪一个或者多个有反射能力的定位目标,并给出正确的距离和方位角。利用陀螺仪可以对其进行自动校准,从而确保在高海况时进行连续的目标追踪。CyScan 系统的最大作用距离能达到 400 m,但要取决于目标的品质、清晰度、海况以及天气状况。其距离分辨率为 0.25 m,方位角分辨率能达到 0.006°。扁平目标在 250 m 和 400 m 距离以外的可见长度是 1~2 m, 发射角的范围要求小于 45°,圆柱形目标方位角的测量方法较为灵活,但是仅在 200 m 以内才可见。

3. 张紧索位置参考系统

张紧索位置参考系统是一个用于短距离位置定位的机械系统。船舶在小范围运动或者固定停留的情况下,测量精度可以得到保证。一般而言,张紧索可安装在船舶的任何位置,但如果是钻探船,为了减小船舶运动对恒张力的影响,需安装在船舶中部。

张紧索位置参考系统主要由索位跟踪器、张紧索、角度传感器以及传感器万向机构等部分组成,如图 7-11 所示。图 7-12 为张紧索位置参考系统的实际装置。其工作原理为:通过测量张紧索在恒张力下的倾斜度和绳索长度,将测量值变换成电信号并传送到船舶控制系统,再通过一系列坐标变换推算得到船舶位置。此系统不受船舶艏摇、横摇与纵摇的干扰,具有安装快捷方便、精度与可靠性好等优点;但也存在着一些不足,如张紧索的精度易受海流的影响,使得船舶系点和重锤之间的张紧索原本应该保持的直线变得有一定弯曲,这样传感器万向机构就不能得出张紧索与垂线之间的精确夹角。

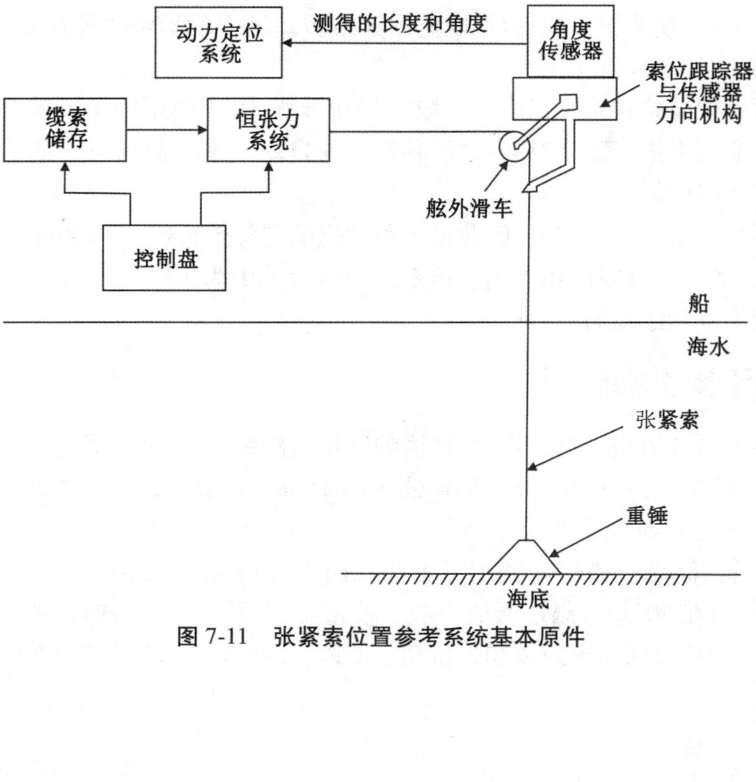

图 7-11　张紧索位置参考系统基本原件

图 7-12 张紧索装置

第 4 节 动力定位系统其他传感器

动力定位系统其他传感器包括艏向传感器、风传感器、运动参考单元、海流计等。

1. 艏向传感器

动力定位系统除了要相对某基准点控制船位外，还要控制船的艏向。通过控制艏向可以抵抗风浪的冲击来完成海上作业，还可使船舶或船舰对着风浪，以减小推进器的负荷和船舶的运动。要控制艏向，就得先测量船向。在水平面内将船舶坐标系转换为另一个坐标系时，也需要测量船舶的艏向。艏向传感器通常采用陀螺罗经。

陀螺罗经是提供真北基准的测量仪器，其原理是利用陀螺仪的定轴性和进动性，并结合地球自转矢量和重力矢量。定轴性和进动性是陀螺罗经最重要的两个特性。定轴性，即高速旋转的自由陀螺仪在不受外力矩作用的情况下，具有保持其主轴在空间的初始方向不变的特性。进动性，即陀螺在外力的作用下，会按一定的规律不断改变自身轴向在空间的指向特性。陀螺罗经正是根据这两个特性利用控制设备和阻尼设备制成的，它的旋转轴线能够精确跟踪地球的子午面，其方向始终指向地理北极，如此一来就能够为航行的船舶提供精确的航向。它不受地磁和船体磁场的影响，定位准确，是船舶必不可少的精密导航设备。陀螺罗经种类繁多，选用合适的陀螺罗经是在设计动力定位系统时所需要考虑的问题。

目前，动力定位船舶大都采用美国 Speery Marine 公司生产的 NAVIGAT X MK 1 型陀螺罗经。该型号陀螺罗经外壳前端装有液晶显示屏和操作按钮，可以方便地进行相关参数的设置。

2. 风传感器

风速风向是动力定位系统工作中所需要的重要环境参数，因此风传感器是动力定位船舶不可或缺的传感器装置。风传感器也称为风速风向仪，主要用于测量风速和风向。风传感器种类繁多，最常用的是皮托管式风传感器、超声波涡旋式风传感器、螺旋桨风传感器、霍尔效应电磁风传感器，以及热线热膜式风传感器。不同风传感器测量原理不同，测量精度不同，适用场合和风速范围也不同。

较大的风速或风向变化会对船舶动力定位系统造成严重干扰，实际动力定位应用中通常利用风前馈技术可以提前产生推力来补偿监测到的风速、风向变化产生的干扰，因此其测量精度很重要，在必要时需要将多种风传感器结合使用。安装风传感器时应注意避开船体结构栏杆或桅杆，以免影响测量结果，两者相隔距离以 10 m 为宜。

3. 运动参考单元

动力定位系统不控制船舶横摇、纵摇和垂荡运动，但是必须测量船舶的横摇和纵摇来校正某些位置测量传感器，如前文提及的卫星定位系统、水声定位系统等。运动参考单元(Motion Reference Unit，MRU)可得出对地和对参考平面垂直距离之间的差值，从而完成校正工作。由 Kongsberg 公司研制出的 MRU 5 是一款专门设计的高精度纵摇、横摇、艏摇和垂荡测量器，如图 7-13 所示。MRU 5 既适用于小型的水下运载器，也可用于大型船舶的动态控制，输出高质量的动态数据。MRU 5 由于使用了固态传感器，没有活动部件，而且它的电子和机械结构良好，因此具有高可靠性。因其理想的性能，现已广泛应用于动力定位船舶、石油钻井平台、水声定位、船舶运动检测及海浪测量等领域。在 MRU 5 的软件中包括 20 多个常用单频和多波束测深仪的数据协议，因而它向各种传感器系统输出数据十分方便。该传感器可以通过另外的串口接收外部的速度和航向信息，以提高当船舶转向和加速时纵摇、横摇和垂荡数据的精度。

图 7-13　MRU 5

垂直参考单元(Vertical References Unit，VRU)可用来测量船舶的垂荡、横摇和纵摇，也可以获得角速度。

惯性运动单元(Inertial Measurement Unit，IMU)通常包含三坐标的陀螺仪和加速度计，可以用来测量固定坐标系中的垂荡、横荡和纵荡加速度，艏摇、横摇和纵摇角速度以及对应的欧拉角。

4. 海流计

海流相对于动力定位船舶有一定的流速和流向，是动力定位系统工作时所需要的环境参数。船舶可以通过海流计来获取相应的海流信息。海流计根据测量方法可以分为机械海流计、电磁海流计、多普勒海流计和声传播时间海流计等。

第8章　动力定位控制系统

动力定位系统由测量系统、控制系统、动力系统和推进系统四部分组成，其中控制系统是核心部分，是真正代表动力定位技术发展水平的关键技术。半潜式平台动力定位控制系统简图如图 8-1 所示。

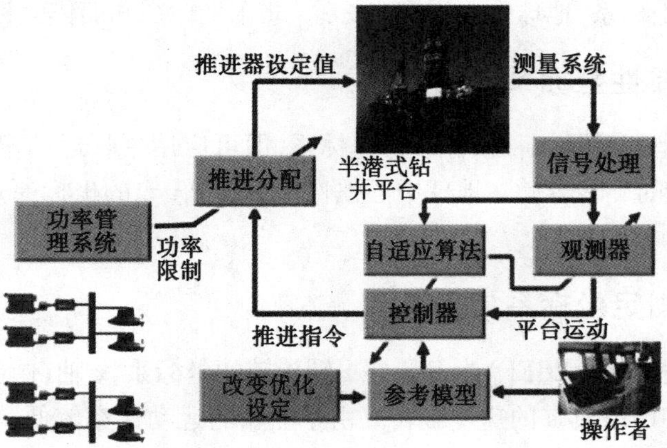

图 8-1　半潜式平台动力定位控制系统简图

为了研究船舶运动和船舶运动数学模型，建立船舶运动的坐标系（参考系）是首要的。通常通过模型来对系统行为进行数学描述，现代发展的控制理论使得在设计控制系统的时候越来越多地使用模型知识。基于模型的控制器受益于精确的模型，状态估计也同样受益于精确建模。最好的模型是精确的且描述充分的，而不是过于复杂且难以实现的。研究船舶运动数学模型一般从运动学和动力学两方面入手：描述船舶位置、速度、加速度，以及姿态、角速度、角加速度随时间变化的问题属于运动学问题；研究船舶受到力和力矩作用后如何改变运动位置和姿态的问题属于动力学问题。

第1节　坐标系统

船舶的位置和速度以及影响它们的力必须相对于一个坐标系统来进行定义。评估系统的动力学将决定使用哪一种坐标系。地面导航中有四种重要的坐标系统。两种是以地球为中心,另外两种是以地理为中心,它们都是三维(x, y, z)笛卡儿坐标系并使用右手定则。

两种以地球为中心的坐标系是:

(1)地球中心惯性(Earth Centered Inertial, ECI)坐标系,又可简称为i-坐标系。

(2)地球中心固定(Earth-Centered Earth-fixed, ECEF)坐标系,又可简称为e-坐标系或大地坐标系。

两种以地理为中心的坐标系是:

(1)北东(North-east-down, NED)坐标系,又可简称为n-坐标系。

(2)船体(Body)坐标系,又可称为b-坐标系。

地球中心惯性坐标系、地球中心固定坐标系、北东坐标系和船体坐标系,如图8-2所示。

1. 地球中心惯性坐标系

地球中心惯性坐标系是一种惯性参考坐标系,即可应用牛顿运动定律的零加速度参考坐标系,它不参与地球的旋转运动。地球中心惯性坐标系 $x_i y_i z_i$ 的坐标原点位于地球中心,坐标轴的定义如图8-2所示。

2. 地球中心固定坐标系

地球中心固定坐标系(ECEF)为ECI绕 z 轴旋转的坐标系,x 轴、y 轴相对于 z 轴以地球角速度 $\omega_e = 7.292\ 1\times10^{-5}$ rad/s 的速度旋转。由于船舶的运动速率较低,可以忽略地球的自转,因此地球中心固定坐标系也被认为是惯性坐标系,如图8-2所示。

3. 北东坐标系

最熟悉的坐标系就是常提及的当地北东坐标系。北东坐标系被定义为接近扁平地球的地球中心固定坐标系,即它是绕地球旋转的欧几里得(Euclidean)坐标系。地球中心固定坐标系通常假定是惯性坐标系,所以北东坐标系也是惯性坐标系。坐标系的原点位于某一个选定的点,通常是地球表面,如图8-2所示。

可以将北东坐标系建立在海面上,原点可选海中任意一点,它的 N 轴和 E 轴置于水平面内,N 轴指向正北方向,E 轴指向正东方向,D(down/up)轴垂直于 N 轴和 E 轴构成的坐标平面。图8-3给出了三种北东坐标系的描述。

船舶运动是船受到外界的力和力矩作用的结果,而任何动力学问题都需要一个惯性参考系,因此研究和描述船舶的运动,必须在能够表达船舶运动的惯性坐标系上进行。

4. 船体坐标系

船舶的位置和姿态通常在惯性参考坐标系(地球中心固定坐标系或北东坐标系)中描述,

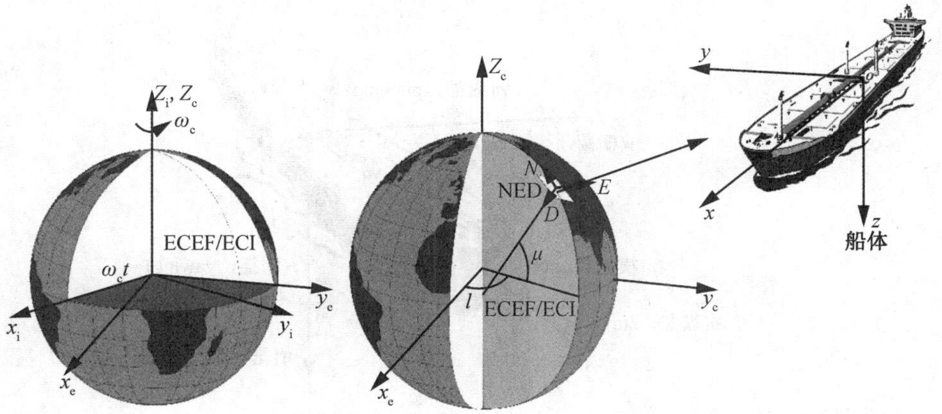

图 8-2　地球中心惯性坐标系、地球中心固定坐标系、北东位坐标系和船体坐标系

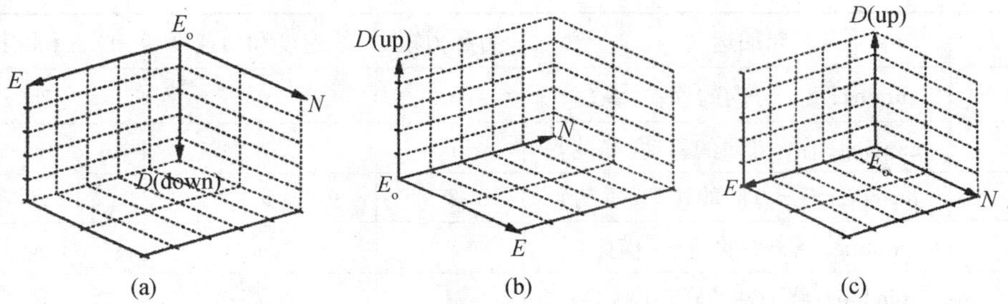

图 8-3　北东坐标系的几种形式

而船舶的线速度和角速度用船体坐标系描述。

船体坐标系相对于船体是固定的。通常选取船舶的重心作为坐标系的原点,如图 8-2、图 8-4 所示。坐标轴的选择与船舶的对称轴对称一致。定义船体坐标系是为了简化相对于运动和旋转的力和力矩的动力学微分方程建模,速度和速率的测量也是相对于船体坐标系。

第 2 节　运动学

1. 运动变量定义

研究船舶运动所用的参数、符号体系在国际上普遍采用国际拖曳水池会议(International Towing Tank Conference, ITTC)推荐的以及造船与轮机工程师协会(Society of Naval Architects and Marine Engineers, SNAME)术语公报推荐的体系,如图 8-4 和表 8-1 所示。为了研究六自由度运动的船舶,需要六个独立坐标来确定船舶的位置和方向,船舶六自由度运动分别定义为纵荡(Surging)、横荡(Swaying)、垂荡(Heaving)、横摇(Rolling)、纵摇(Pitching)和艏摇(Yawing),其中前面三个坐标以及它们对时间的导数对应于沿 x 轴、y 轴和 z 轴的位置和直线运动,用后面三个坐标和它们对时间的导数来描述方向和转动。

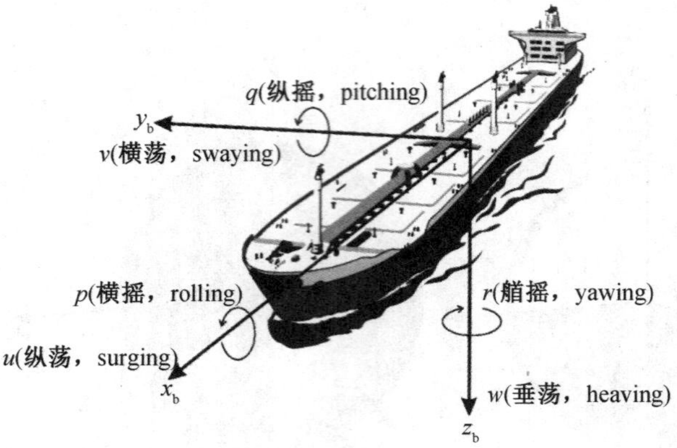

图 8-4　船体坐标系 $\{b\} = \{x_b, y_b, z_b\}$ 下六自由度船舶运动速度变量 u, v, w, p, q 和 r

表 8-1　SNAME 规定的船舶运动变量符号

自由度	船舶运动	力和力矩	线速度和角速度	位置和欧拉角
1	surging,沿 x 方向的移动(纵荡)	X	u	x
2	swaying,沿 y 方向的移动(横荡)	Y	v	y
3	heaving,沿 z 方向的移动(垂荡)	Z	w	z
4	rolling,绕 x 轴的转动(横摇)	K	p	φ
5	pitching,绕 y 轴的转动(纵摇)	M	q	θ
6	yawing,绕 z 轴的转动(艏摇)	N	r	ψ

对于海上船舶或平台而言,可以采用如下符合表示在同一坐标系下的线速度与角速度:

U_o^n 为点 o 的线速度在 n-坐标系中的矢量描述;

Ω_{nb}^b 为 b-坐标系相对于 n-坐标系的角速度在 b-坐标系中的矢量描述。

表 8-1 中,由 SNAME 定义的不同变量可以方便地表达成如下矢量形式:

北东坐标系下的位置: $\boldsymbol{P}^n = [n \quad e \quad d]^T \in \boldsymbol{R}^3$;

姿态角:

$$\boldsymbol{\Theta} = [\varphi \quad \theta \quad \psi]^T \in \boldsymbol{S}^3$$

船体坐标系下的线速度: $\boldsymbol{U}_o^b = [u \quad v \quad w]^T \in \boldsymbol{R}^3$;

角速度:

$$\boldsymbol{\Omega}_{nb}^b = [p \quad q \quad r]^T \in \boldsymbol{R}^3$$

船体坐标系下的力: $\boldsymbol{F}_o^b = [X \quad Y \quad Z]^T \in \boldsymbol{R}^3$;

力矩:

$$\boldsymbol{M}_o^b = [K \quad M \quad N]^T \in \boldsymbol{R}^3$$

$\boldsymbol{R}^3$ 表示三维欧几里得空间; $\boldsymbol{S}^2$ 表示二维环面,即存在两个范围为 $[0,2\pi]$ 的角; $\boldsymbol{S}^3$ 表示三维环面,即存在三个范围为 $[0,2\pi]$ 的角。因此,船舶的六自由度运动可以描述为以下矢量形式:

$$\boldsymbol{\eta} = \begin{bmatrix} \boldsymbol{P}^n \\ \boldsymbol{\Theta} \end{bmatrix}, \boldsymbol{\nu} = \begin{bmatrix} \boldsymbol{U}_o^b \\ \boldsymbol{\Omega}_{nb}^b \end{bmatrix}, \boldsymbol{\tau} = \begin{bmatrix} \boldsymbol{F}_o^b \\ \boldsymbol{M}_o^b \end{bmatrix} \tag{8-1}$$

式中：$\boldsymbol{\eta} \in \boldsymbol{R}^3 \times \boldsymbol{S}^3$ 表示位置和姿态位置；位置矢量 $\boldsymbol{P}^n \in \boldsymbol{R}^3$ 在北东坐标系下定义；$\boldsymbol{\Theta} \in \boldsymbol{S}^3$ 是欧拉角矢量；$\boldsymbol{\nu} \in \boldsymbol{R}^6$ 表示船体坐标系下的线速度和角速度矢量；$\boldsymbol{\tau} \in \boldsymbol{R}^6$ 表示船体坐标系下作用于船体的力和力矩。

2. 船舶运动学

综上所述，六自由度运动学方程可以表达成以下的矢量形式：

$$\dot{\boldsymbol{\eta}} = \boldsymbol{J}(\boldsymbol{\eta})\boldsymbol{\nu}$$
$$\Updownarrow \tag{8-2}$$
$$\begin{bmatrix} \dot{\boldsymbol{P}}^n \\ \dot{\boldsymbol{\Theta}} \end{bmatrix} = \begin{bmatrix} \boldsymbol{R}_{\mathrm{b}}^n(\boldsymbol{\Theta}) & \boldsymbol{0}_{3\times3} \\ \boldsymbol{0}_{3\times3} & \boldsymbol{T}_{\Theta}(\boldsymbol{\Theta}) \end{bmatrix} \begin{bmatrix} \boldsymbol{U}_{\mathrm{o}}^{\mathrm{b}} \\ \boldsymbol{\Omega}_{\mathrm{nb}}^{\mathrm{b}} \end{bmatrix}$$

式中：$\boldsymbol{\eta} \in \boldsymbol{R}^3 \times \boldsymbol{S}^3$；$\boldsymbol{\nu} \in \boldsymbol{R}^6$。

对于水面船舶，在角 φ 和 θ 很小的情况，可以简化成三自由度（纵荡、横荡、艏摇）的表达式，这是一种较好的近似表达方法，适用于大多数常规船舶和钻井平台。因此，$\boldsymbol{R}_{\mathrm{b}}^n(\boldsymbol{\Theta}) = \boldsymbol{R}_{z,\psi}\boldsymbol{R}_{y,\theta}\boldsymbol{R}_{x,\varphi} \approx \boldsymbol{R}_{z,\psi}$，$\boldsymbol{T}_{\Theta}(\boldsymbol{\Theta}) \approx \boldsymbol{I}_{3\times3}$。垂荡、横摇、纵摇对应的元素即可忽略，进而得到：

$$\dot{\boldsymbol{\eta}} = \boldsymbol{R}(\psi)\boldsymbol{\nu} \tag{8-3}$$

式中：$\boldsymbol{R}(\psi) = \boldsymbol{R}_{z,\psi}$；$\boldsymbol{\nu} = [u,v,r]^{\mathrm{T}}$；$\boldsymbol{\eta} = [x,y,\psi]^{\mathrm{T}}$。

第3节 动力学

1. 刚体动力学

为了推导并建立船舶空间运动的动力学方程，这里给出以下基本假设：

①以一般船舶为研究对象，包括水面船舶和潜器。

②设船舶为刚体。

③设船舶所在水域流速为零。

在刚体动力学方程推导过程中，应用如下动量与动量矩微分方程（总变化率）。

$$\frac{\mathrm{d}H}{\mathrm{d}t} = \dot{H} + \Omega \times H \tag{8-4}$$

$$\frac{\mathrm{d}L}{\mathrm{d}t} = \dot{L} + \Omega \times L + U \times H \tag{8-5}$$

式中：H 为刚体的动量；L 为刚体对原点的动量矩；U 为船体坐标系下原点的线速度，即有 $U = U_{\mathrm{o}}^{\mathrm{b}}$；$\Omega$ 为船体坐标系下的角速度，即有 $\Omega = \Omega_{\mathrm{nb}}^{\mathrm{b}}$。

设 x，y，z 为坐标系基底向量，则相对变化率

$$\dot{H} = \frac{\mathrm{d}H_x}{\mathrm{d}t}x + \frac{\mathrm{d}H_y}{\mathrm{d}t}y + \frac{\mathrm{d}H_z}{\mathrm{d}t}z \tag{8-6}$$

$$\dot{L} = \frac{\mathrm{d}L_x}{\mathrm{d}t}x + \frac{\mathrm{d}L_y}{\mathrm{d}t}y + \frac{\mathrm{d}L_z}{\mathrm{d}t}z \tag{8-7}$$

刚体动力学方程可用下列矢量形式表示：

$$\boldsymbol{M}_{\mathrm{RB}}\dot{\boldsymbol{v}} + \boldsymbol{C}_{\mathrm{RB}}(\boldsymbol{v})\boldsymbol{v} = \boldsymbol{\tau}_{\mathrm{RB}} \tag{8-8}$$

式中：$\boldsymbol{v}=[u,v,w,p,q,r]^{\mathrm{T}}$ 为船体坐标系下分解的速度矢量；$\boldsymbol{\tau}_{\mathrm{RB}}=[X,Y,Z,K,M,N]^{\mathrm{T}}$ 为合力和力矩的矢量形式；$\boldsymbol{M}_{\mathrm{RB}}$ 为刚体系统惯性矩阵，可表述如下：

$$\boldsymbol{M}_{\mathrm{RB}} = \begin{bmatrix} m & 0 & 0 & 0 & mz_{\mathrm{G}} & -my_{\mathrm{G}} \\ 0 & m & 0 & -mz_{\mathrm{G}} & 0 & mx_{\mathrm{G}} \\ 0 & 0 & m & my_{\mathrm{G}} & -mx_{\mathrm{G}} & 0 \\ 0 & -mz_{\mathrm{G}} & my_{\mathrm{G}} & J_{\mathrm{x}} & -J_{\mathrm{xy}} & -J_{\mathrm{xz}} \\ mz_{\mathrm{G}} & 0 & -mx_{\mathrm{G}} & -J_{\mathrm{yx}} & J_{\mathrm{y}} & -J_{\mathrm{yz}} \\ -my_{\mathrm{G}} & mx_{\mathrm{G}} & 0 & -J_{\mathrm{zx}} & -J_{\mathrm{zy}} & J_{\mathrm{z}} \end{bmatrix} \tag{8-9}$$

$\boldsymbol{C}_{\mathrm{RB}}(\boldsymbol{v})$ 为刚体科里奥利向心力矩阵，可表述如下：

$$\boldsymbol{C}_{\mathrm{RB}}(\boldsymbol{v}) = \begin{bmatrix} 0 & 0 & 0 & m(y_{\mathrm{G}}q+z_{\mathrm{G}}r) & -m(x_{\mathrm{G}}q-w) & -m(x_{\mathrm{G}}r+v) \\ 0 & 0 & 0 & -m(y_{\mathrm{G}}p+w) & m(z_{\mathrm{G}}r+x_{\mathrm{G}}p) & -m(y_{\mathrm{G}}r-u) \\ 0 & 0 & 0 & -m(z_{\mathrm{G}}p-v) & -m(z_{\mathrm{G}}q+u) & m(x_{\mathrm{G}}p+y_{\mathrm{G}}q) \\ -m(y_{\mathrm{G}}q+z_{\mathrm{G}}r) & m(y_{\mathrm{G}}p+w) & m(z_{\mathrm{G}}p-v) & 0 & -J_{\mathrm{yz}}q-J_{\mathrm{xz}}p+J_{\mathrm{z}}r & J_{\mathrm{yz}}r+J_{\mathrm{xy}}p-J_{\mathrm{y}}q \\ m(x_{\mathrm{G}}q-w) & -m(z_{\mathrm{G}}r+x_{\mathrm{G}}p) & m(z_{\mathrm{G}}q+u) & J_{\mathrm{yz}}q+J_{\mathrm{xz}}p-J_{\mathrm{z}}r & 0 & -J_{\mathrm{xz}}r-J_{\mathrm{xy}}q+J_{\mathrm{x}}p \\ m(x_{\mathrm{G}}r+v) & m(y_{\mathrm{G}}r-u) & -m(x_{\mathrm{G}}p+y_{\mathrm{G}}q) & -J_{\mathrm{yz}}r-J_{\mathrm{xy}}p+J_{\mathrm{y}}q & J_{\mathrm{xz}}r+J_{\mathrm{xy}}q-J_{\mathrm{x}}p & 0 \end{bmatrix} \tag{8-10}$$

船体所受的合力和力矩矢量 $\boldsymbol{\tau}_{\mathrm{RB}}$ 是三部分矢量的叠加，可表示为

$$\boldsymbol{\tau}_{\mathrm{RB}} = \boldsymbol{\tau}_{\mathrm{H}} + \boldsymbol{\omega} + \boldsymbol{\tau} \tag{8-11}$$

式中：$\boldsymbol{\tau}_{\mathrm{H}}$ 为船舶所受的水动力和力矩；$\boldsymbol{\omega}$ 为风、浪、流等环境和外部作用力矢量；$\boldsymbol{\tau}$ 为船舶推进系统的力和力矩矢量。

$\boldsymbol{\tau}_{\mathrm{H}}$ 可表达为以下形式：

$$\boldsymbol{\tau}_{\mathrm{H}} = -M_{\mathrm{A}}\dot{\boldsymbol{v}} - C_{\mathrm{A}}(\boldsymbol{v})\boldsymbol{v} - \boldsymbol{D}(\boldsymbol{v})\boldsymbol{v} - \boldsymbol{g}(\boldsymbol{\eta}) + \boldsymbol{g}_{\mathrm{o}} \tag{8-12}$$

将式(8-12)和式(8-11)带入式(8-8)，可将船舶六自由度非线性动力学模型进一步表达成如下矢量形式：

$$\boldsymbol{M}\dot{\boldsymbol{v}} + \boldsymbol{C}(\boldsymbol{v})v + \boldsymbol{D}(\boldsymbol{v})\boldsymbol{v} + \boldsymbol{g}(\boldsymbol{\eta}) = \boldsymbol{\tau} + \boldsymbol{g}_{\mathrm{o}} + \boldsymbol{\omega} \tag{8-13}$$

式中：$\boldsymbol{M}$ 为系统惯性矩阵（包含附加质量），有 $\boldsymbol{M}=\boldsymbol{M}_{\mathrm{RB}}+\boldsymbol{M}_{\mathrm{A}}$；$\boldsymbol{C}(\boldsymbol{v})$ 为科里奥利向心力矩阵（包括附加质量），有 $\boldsymbol{C}(\boldsymbol{v})=\boldsymbol{C}_{\mathrm{RB}}(\boldsymbol{v})+\boldsymbol{C}_{\mathrm{A}}(\boldsymbol{v})$；$\boldsymbol{D}(\boldsymbol{v})$ 为阻尼系数矩阵；$\boldsymbol{g}(\boldsymbol{\eta})$ 为重力/浮力引起的力和力矩矢量；$\boldsymbol{\tau}$ 为船舶推进系统的力和力矩矢量；$\boldsymbol{g}_{\mathrm{o}}$ 为船舶压载水提供的均衡力矢量；$\boldsymbol{\omega}$ 为风、浪、流等环境和外部作用力矢量。

2. 船舶水动力和力矩

(1)水动力项的物理意义

船体水动力通常可认为由以下三部分叠加而成：

①由于流体带来的附加质量惯性力；

②由波浪引起的潜在阻尼力；

③由重力和浮力而产生的阿基米德回复力。

受到的水动力可用数学公式表示为

$$\boldsymbol{\tau}_{\mathrm{R}}=\underbrace{-\boldsymbol{M}_{\mathrm{A}}\dot{\boldsymbol{v}}-\boldsymbol{C}_{\mathrm{A}}(\boldsymbol{v})\boldsymbol{v}}_{\text{附加质量惯性力}}\underbrace{-\boldsymbol{D}_{\mathrm{P}}(\boldsymbol{v})\boldsymbol{v}}_{\text{潜在的阻尼力}}\underbrace{-\boldsymbol{g}(\boldsymbol{\eta})+\boldsymbol{g}_{\mathrm{o}}}_{\text{回复力}} \tag{8-14}$$

除潜在的阻尼项 $\boldsymbol{D}_{\mathrm{P}}(\boldsymbol{v})\boldsymbol{v}$ 外,还没有考虑其他三种阻尼的影响,如船体表面的摩擦力、波浪的漂移阻尼力以及漩涡阻尼力,可用

$$\boldsymbol{\tau}_{\mathrm{D}}=\underbrace{-\boldsymbol{D}_{\mathrm{S}}(\boldsymbol{v})\boldsymbol{v}}_{\text{表面摩擦力}}\underbrace{-\boldsymbol{D}_{\mathrm{W}}(\boldsymbol{v})\boldsymbol{v}}_{\text{漂移阻尼力}}\underbrace{-\boldsymbol{D}_{\mathrm{M}}(\boldsymbol{v})\boldsymbol{v}}_{\text{漩涡阻尼力}} \tag{8-15}$$

定义总的水动力阻尼系数矩阵 $\boldsymbol{D}(\boldsymbol{v})$ 为

$$\boldsymbol{D}(\boldsymbol{v}):=\boldsymbol{D}_{\mathrm{P}}(\boldsymbol{v})+\boldsymbol{D}_{\mathrm{S}}(\boldsymbol{v})+\boldsymbol{D}_{\mathrm{W}}(\boldsymbol{v})+\boldsymbol{D}_{\mathrm{M}}(\boldsymbol{v}) \tag{8-16}$$

则总的水动力和力矩 $\boldsymbol{\tau}_{\mathrm{H}}$ 可以写为 $\boldsymbol{\tau}_{\mathrm{R}}$ 和 $\boldsymbol{\tau}_{\mathrm{D}}$ 之和,即

$$\boldsymbol{\tau}_{\mathrm{H}}=-\boldsymbol{M}_{\mathrm{A}}\dot{\boldsymbol{v}}-\boldsymbol{C}_{\mathrm{A}}(\boldsymbol{v})\boldsymbol{v}-\boldsymbol{D}(\boldsymbol{v})\boldsymbol{v}-\boldsymbol{g}(\boldsymbol{\eta})+\boldsymbol{g}_{\mathrm{o}} \tag{8-17}$$

水动力系统惯性矩阵 $\boldsymbol{M}_{\mathrm{A}}$ 可表达为

$$\boldsymbol{M}_{\mathrm{A}}=\begin{bmatrix} X_{\dot{u}} & X_{\dot{v}} & X_{\dot{w}} & X_{\dot{p}} & X_{\dot{q}} & X_{\dot{r}} \\ Y_{\dot{u}} & Y_{\dot{v}} & Y_{\dot{w}} & Y_{\dot{p}} & Y_{\dot{q}} & Y_{\dot{r}} \\ Z_{\dot{u}} & Z_{\dot{v}} & Z_{\dot{w}} & Z_{\dot{p}} & Z_{\dot{q}} & Z_{\dot{r}} \\ K_{\dot{u}} & K_{\dot{v}} & K_{\dot{w}} & K_{\dot{p}} & K_{\dot{q}} & K_{\dot{r}} \\ M_{\dot{u}} & M_{\dot{v}} & M_{\dot{w}} & M_{\dot{p}} & M_{\dot{q}} & M_{\dot{r}} \\ N_{\dot{u}} & N_{\dot{v}} & N_{\dot{w}} & N_{\dot{p}} & N_{\dot{q}} & N_{\dot{r}} \end{bmatrix} \tag{8-18}$$

$$\boldsymbol{M}=\begin{bmatrix} m-X_{\dot{u}} & -X_{\dot{v}} & -X_{\dot{w}} & -X_{\dot{p}} & mz_{\mathrm{G}}-X_{\dot{q}} & -my_{\mathrm{G}}-X_{\dot{r}} \\ -X_{\dot{v}} & m-Y_{\dot{v}} & -Y_{\dot{w}} & -mz_{\mathrm{G}}-Y_{\dot{p}} & -Y_{\dot{q}} & -mx_{\mathrm{G}}-Y_{\dot{r}} \\ -X_{\dot{w}} & -Y_{\dot{w}} & m-Z_{\dot{w}} & my_{\mathrm{G}}-Z_{\dot{p}} & -mx_{\mathrm{G}}-Z_{\dot{q}} & -Z_{\dot{r}} \\ -X_{\dot{p}} & -mz_{\mathrm{G}}-Y_{\dot{p}} & my_{\mathrm{G}}-Z_{\dot{p}} & I_{x}-K_{\dot{p}} & -I_{xy}-K_{\dot{q}} & -I_{zx}-K_{\dot{r}} \\ mz_{\mathrm{G}}-X_{\dot{q}} & -Y_{\dot{q}} & -mx_{\mathrm{G}}-Z_{\dot{q}} & -I_{xy}-K_{\dot{q}} & I_{y}-M_{\dot{q}} & -I_{yz}-M_{\dot{r}} \\ -my_{\mathrm{G}}-X_{\dot{r}} & mx_{\mathrm{G}}-Y_{\dot{r}} & -Z_{\dot{r}} & -I_{zx}-K_{\dot{r}} & -I_{yz}-M_{\dot{r}} & I_{z}-N_{\dot{r}} \end{bmatrix}$$

水动力科里奥利向心力矩阵 $\boldsymbol{C}_{\mathrm{A}}(\boldsymbol{v})$ 可表达为

$$\boldsymbol{C}_{\mathrm{A}}(\boldsymbol{v})=\begin{bmatrix} 0 & 0 & 0 & 0 & -a_3 & a_2 \\ 0 & 0 & 0 & a_3 & 0 & -a_1 \\ 0 & 0 & 0 & -a_2 & a_1 & 0 \\ 0 & -a_3 & a_2 & 0 & -b_3 & b_2 \\ a_3 & 0 & -a_1 & b_3 & 0 & -b_1 \\ -a_2 & a_1 & 0 & -b_2 & b_1 & 0 \end{bmatrix} \tag{8-19}$$

式中:

$$
\begin{aligned}
a_1 &= X_{\dot{u}}\dot{u} + X_{\dot{v}}\dot{v} + X_{\dot{w}}\dot{w} + X_{\dot{p}}\dot{p} + X_{\dot{q}}\dot{q} + X_{\dot{r}}\dot{r} \\
a_2 &= Y_{\dot{u}}\dot{u} + Y_{\dot{v}}\dot{v} + Y_{\dot{w}}\dot{w} + Y_{\dot{p}}\dot{p} + Y_{\dot{q}}\dot{q} + Y_{\dot{r}}\dot{r} \\
a_3 &= Z_{\dot{u}}\dot{u} + Z_{\dot{v}}\dot{v} + Z_{\dot{w}}\dot{w} + Z_{\dot{p}}\dot{p} + Z_{\dot{q}}\dot{q} + Z_{\dot{r}}\dot{r} \\
b_1 &= K_{\dot{u}}\dot{u} + K_{\dot{v}}\dot{v} + K_{\dot{w}}\dot{w} + K_{\dot{p}}\dot{p} + K_{\dot{q}}\dot{q} + K_{\dot{r}}\dot{r} \\
b_2 &= M_{\dot{u}}\dot{u} + M_{\dot{v}}\dot{v} + M_{\dot{w}}\dot{w} + M_{\dot{p}}\dot{p} + M_{\dot{q}}\dot{q} + M_{\dot{r}}\dot{r} \\
b_3 &= N_{\dot{u}}\dot{u} + N_{\dot{v}}\dot{v} + N_{\dot{w}}\dot{w} + N_{\dot{p}}\dot{p} + N_{\dot{q}}\dot{q} + N_{\dot{r}}\dot{r}
\end{aligned}
\tag{8-20}
$$

(2)水动力的函数表示

船舶在水中受到水的作用力统称为水动力。船舶水动力与多种因素有关。假定在一个时段内,流场特性保持相对不变。这样,船舶水动力就仅仅为船舶运动状态的函数,可具体地表达为

$$\boldsymbol{G} = \boldsymbol{G}(u,v,w,p,q,r,\dot{u},\dot{v},\dot{w},\dot{p},\dot{q},\dot{r}) \tag{8-21}$$

水动力函数式(8-21)是一个多元函数,若该函数在某点附近有任意阶偏导数和混合偏导数存在,则可选取该点为展开点或工作点,将该水动力函数进行泰勒级数展开,其一般表达式为

$$
\begin{aligned}
\boldsymbol{G} &= \boldsymbol{G}(u,v,w,p,q,r,\dot{u},\dot{v},\dot{w},\dot{p},\dot{q},\dot{r}) \\
&= \boldsymbol{G}_0 + \sum_{k=1}^{\infty}\frac{1}{k!}\Big\{\Big(\Delta u\frac{\partial}{\partial u} + \Delta v\frac{\partial}{\partial v} + \Delta w\frac{\partial}{\partial w} + \Delta p\frac{\partial}{\partial p} + \Delta q\frac{\partial}{\partial q} + \Delta r\frac{\partial}{\partial r} \\
&\quad + \Delta\dot{u}\frac{\partial}{\partial\dot{u}} + \Delta\dot{v}\frac{\partial}{\partial\dot{v}} + \Delta\dot{w}\frac{\partial}{\partial\dot{w}} + \Delta\dot{p}\frac{\partial}{\partial\dot{p}} + \Delta\dot{q}\frac{\partial}{\partial\dot{q}} + \Delta\dot{r}\frac{\partial}{\partial\dot{r}}\Big)^k G\Big\}
\end{aligned}
\tag{8-22}
$$

式中:$\boldsymbol{G}_0 = \boldsymbol{G}(u_0,v_0,w_0,p_0,q_0,r_0,\dot{u}_0,\dot{v}_0,\dot{w}_0,\dot{p}_0,\dot{q}_0,\dot{r}_0)$;$\Delta u = u - u_0$;$\Delta v = v - v_0$;$\Delta w = w - w_0$;$\Delta p = p - p_0$;$\Delta q = q - q_0$;$\Delta r = r - r_0$;$\Delta\dot{u} = \dot{u} - \dot{u}_0$;$\Delta\dot{v} = \dot{v} - \dot{v}_0$;$\Delta\dot{w} = \dot{w} - \dot{w}_0$;$\Delta\dot{p} = \dot{p} - \dot{p}_0$;$\Delta\dot{q} = \dot{q} - \dot{q}_0$;$\Delta\dot{r} = \dot{r} - \dot{r}_0$。水动力函数的偏导数和混合偏导数在展开点的值称为船舶的水动力系数。

下面是某船的六自由度运动水动力和力矩的具体展开形式。

纵荡

$$
\begin{aligned}
& m[\dot{u} - vr + wq - x_G(q^2 + r^2) + y_G(pq - \dot{r}) + z_G(pr + \dot{q})] \\
& = \frac{1}{2}\rho L^4[X'_{qq}q^2 + X'_{rr}r^2 + X'_{rp}rp] + \\
& \frac{1}{2}\rho L^3[X'_{\dot{u}}\dot{u} + X'_{vr}vr + X'_{wp}wp] + \\
& \frac{1}{2}\rho L^2[X'_{uu}u^2 + X'_{vv}v^2 + X'_{ww}w^2] + \\
& \frac{1}{2}\rho L^2[a_T u^2 + b_T uu_c + c_T u_c{}^2] - \\
& (\Delta P - \Delta B)\sin\theta
\end{aligned}
\tag{8-23}
$$

横荡

$$
\begin{aligned}
& m[\dot{v} - wq + ur - y_G(r^2 + p^2) + z_G(qr - \dot{p}) + x_G(pq + \dot{r})] \\
& = \frac{1}{2}\rho L^4[Y'_{\dot{r}}\dot{r} + Y'_{\dot{p}}\dot{p} + Y'_{p|p|}p|p| + Y'_{pq}pq + Y'_{qr}qr + Y'_{r|r|}r|r|] + \\
& \frac{1}{2}\rho L^3[Y'_{\dot{v}}\dot{v} + Y'_{r}ur + Y'_{p}up + Y'_{vq}vq + Y'_{wp}wp + Y'_{wr}wr + \\
& Y'_{v|r|}\frac{v}{|v|}|(v^2 + w^2)^{\frac{1}{2}}||r|] + \\
& \frac{1}{2}\rho L^2[Y'_{*}u^2 + Y'_{v}uv + Y'_{v|v|}v|(v^2 + w^2)^{\frac{1}{2}}| + Y'_{vw}vw] - \\
& (\Delta P - \Delta B)\cos\theta\sin\phi
\end{aligned}
\tag{8-24}
$$

垂荡

$$
\begin{aligned}
& m[\dot{w} - uq + vp - z_G(p^2 + q^2) + x_G(rp - \dot{q}) + y_G(rq + \dot{p})] \\
& = \frac{1}{2}\rho L^4[Z'_{\dot{q}}\dot{q} + Z'_{pp}p^2 + Z'_{rr}r^2 + Z'_{rp}rp + Z'_{q|q|}q|q|] + \\
& \frac{1}{2}\rho L^3[Z'_{\dot{w}}\dot{w} + Z'_{q}uq + Z'_{vr}vr + Z'_{vp}vp + Z'_{w|q|}\frac{w}{|w|}|(v^2 + w^2)^{\frac{1}{2}}||q|] + \\
& \frac{1}{2}\rho L^2[Z'_{*}u^2 + Z'_{w}uw + Z'_{|w|}u|w| + Z'_{w|w|}w|(v^2 + w^2)^{\frac{1}{2}}| + \\
& Z'_{ww}|w(v^2 + w^2)^{\frac{1}{2}}| + Z'_{w}v^2] - \\
& (\Delta P - \Delta B)\cos\theta\cos\phi
\end{aligned}
\tag{8-25}
$$

横摇

$$
\begin{aligned}
& I_x\dot{p} + (I_x - I_y)qr + m[y_G(\dot{w} - uq + vp) - z_G(\dot{v} - wp + ur)] \\
& = \frac{1}{2}\rho L^5[K'_{\dot{p}}\dot{p} + K'_{\dot{r}}\dot{r} + K'_{p|p|}p|p| + K'_{qr}qr + K'_{pq}pq + K'_{r|r|}r|r|] + \\
& \frac{1}{2}\rho L^4[K'_{\dot{v}}\dot{v} + K'_{p}up + K'_{r}ur + K'_{vq}vq + Z'_{wp}wp + Z'_{wr}wr] + \\
& \frac{1}{2}\rho L^3[K'_{*}u^2 + K'_{v}uv + K'_{v|v|}v|(v^2 + w^2)^{\frac{1}{2}}| + K'_{vw}vw] + \\
& (\bar{y}_G\Delta P - \bar{y}_c\Delta B)\cos\theta\cos\phi - (\bar{z}_G\Delta P - \bar{z}_C\Delta B)\cos\theta\sin\phi
\end{aligned}
\tag{8-26}
$$

纵摇

$$
\begin{aligned}
&I_y\dot{q} + (I_x - I_z)rp + m[z_G(\dot{u} - vr + wq) - x_G(\dot{w} - uq + vp)] \\
&= \frac{1}{2}\rho L^5[M'_{\dot{q}}\dot{q} + M'_{pp}p^2 + M'_{q|q|}q|q| + M'_{rr}r^2 + M'_{rP}rp] + \\
&\frac{1}{2}\rho L^4[M'_{\dot{w}}\dot{w} + M'_{q}uq + M'_{vr}vr + M'_{vp}vp + K'_{w|q|}|(v^2 + w^2)^{\frac{1}{2}}|q] + \\
&\frac{1}{2}\rho L^3[M'_{*}u^2 + M'_{w}uw + M'_{|w|}u|w| + M'_{w|w|}w|(v^2 + w^2)^{\frac{1}{2}}| + \\
&M'_{ww}|w(v^2 + w^2)^{\frac{1}{2}}| + M'_{vv}v^2] - \\
&(\bar{x}_G\Delta P - \bar{x}_c\Delta B)\cos\theta\cos\phi - (\bar{z}_G\Delta P - \bar{z}_C\Delta B)\sin\theta
\end{aligned}
\tag{8-27}
$$

艏摇

$$
\begin{aligned}
&I_z\dot{r} + (I_y - I_x)pq + m[x_G(\dot{v} - up + ur) - y_G(\dot{u} - vr + wp)] \\
&= \frac{1}{2}\rho L^5[N'_{\dot{r}}\dot{r} + N'_{\dot{p}}\dot{p} + N'_{p|p|}p|p| + N'_{r|r|}r|r| + N'_{Pq}pq + N'_{qr}qr] + \\
&\frac{1}{2}\rho L^4[N'_{\dot{v}}\dot{v} + N'_{p}up + N'_{r}ur + N'_{wr}wr + N'_{wp}wp + \\
&N'_{vq}vq + N'_{|v|}r|(v^2 + w^2)^{\frac{1}{2}}|r] + \\
&\frac{1}{2}\rho L^3[N'_{*}u^2 + N'_{v}uv + N'_{v|v|}v|(v^2 + w^2)^{\frac{1}{2}}| + N'_{vw}vw] + \\
&(\bar{x}_G\Delta P - \bar{x}_C\Delta B)\cos\theta\sin\phi + (\bar{y}_G\Delta P - y_C\Delta B)\sin\theta
\end{aligned}
\tag{8-28}
$$

式中：重心（重力的作用点）坐标 $G(x_G, y_G, z_G)$；浮心（浮力的作用点）坐标 $C(x_C, y_C, z_C)$；带撇号的项为无因次的水动力系数。已知空间运动方程中的全部水动力系数以后，对于任何的操舵（包括方向舵和艏艉升降舵）以及任何的调节静载（包括重力和浮力以及它们的力矩），都可以通过求解方程对其运动性能进行预报。

第 4 节　船舶运动数学模型

1. 六自由度非线性运动方程

在船体坐标系下，船舶的六自由度非线性运动方程可以表达成以下矢量形式：

$$
\boldsymbol{M}\dot{\boldsymbol{v}} + \boldsymbol{C}(\boldsymbol{v})\boldsymbol{v} + \boldsymbol{D}(\boldsymbol{v})\boldsymbol{v} + \boldsymbol{g}(\boldsymbol{\eta}) = \boldsymbol{\tau} + g_0 + \bar{\boldsymbol{\omega}} \tag{8-29}
$$

$$
\dot{\boldsymbol{\eta}} = \boldsymbol{J}(\boldsymbol{\eta})\boldsymbol{v} \tag{8-30}
$$

式中：

$$
\boldsymbol{M} = \boldsymbol{M}_{RB} + \boldsymbol{M}_A \tag{8-31}
$$

$$
\boldsymbol{C}(\boldsymbol{v}) = \boldsymbol{C}_{RB}(\boldsymbol{v}) + \boldsymbol{C}_A(\boldsymbol{v}) \tag{8-32}
$$

$$D(\nu) = D_P(\nu) + D_S(\nu) + D_W(\nu) + D_M(\nu) \tag{8-33}$$

船体坐标系下的矢量表达式具有以下性质。

①系统惯性矩阵 $\boldsymbol{M}$

对于一个刚体来讲，当且仅当 $\boldsymbol{M}_A = \boldsymbol{0}$ 时，系统的惯性矩阵是严格正定的，即

$$\boldsymbol{M} = \boldsymbol{M}_{RB} + \boldsymbol{M}_A > \boldsymbol{0} \tag{8-34}$$

如果刚体静止（或低速运动）于假定的理想流体中，那么系统的惯性矩阵总是正定的，即

$$\boldsymbol{M} = \boldsymbol{M}^T > \boldsymbol{0} \tag{8-35}$$

式中：$\boldsymbol{M}$ 定义为

$$\boldsymbol{M} = \begin{bmatrix} m - X_{\dot{u}} & -X_{\dot{v}} & -X_{\dot{w}} & -X_{\dot{p}} & mz_G - X_{\dot{q}} & -my_G - X_{\dot{r}} \\ -X_{\dot{v}} & m - Y_{\dot{v}} & -Y_{\dot{w}} & -mz_G - Y_{\dot{p}} & -Y_{\dot{q}} & -mx_G - Y_{\dot{r}} \\ -X_{\dot{w}} & -Y_{\dot{w}} & m - Z_{\dot{w}} & my_G - Z_{\dot{p}} & -mx_G - Z_{\dot{q}} & -Z_{\dot{r}} \\ -X_{\dot{p}} & -mz_G - Y_{\dot{p}} & my_G - Z_{\dot{p}} & I_x - K_{\dot{p}} & -I_{xy} - K_{\dot{q}} & -I_{zx} - K_{\dot{r}} \\ mz_G - X_{\dot{q}} & -Y_{\dot{q}} & -mx_G - Z_{\dot{q}} & -I_{xy} - K_{\dot{q}} & I_y - M_{\dot{q}} & -I_{yz} - M_{\dot{r}} \\ -my_G - X_{\dot{r}} & mx_G - Y_{\dot{r}} & -Z_{\dot{r}} & -I_{zx} - K_{\dot{r}} & -I_{yz} - M_{\dot{r}} & I_z - N_{\dot{r}} \end{bmatrix} \tag{8-36}$$

②科里奥利向心力矩阵 $\boldsymbol{C}$

对于刚体在理想流体中运动而言，科里奥利向心力矩阵总是可以参数化的，因此它是一个反对称矩阵，即

$$\boldsymbol{C}(\boldsymbol{\nu}) = -\boldsymbol{C}^T(\boldsymbol{\nu}), \forall \boldsymbol{\nu} \in \boldsymbol{R}^6 \tag{8-37}$$

2. 三自由度水平面运动模型

通常用纵荡、横荡和艏摇运动来描述船舶或半潜式平台的水平面运动。因此，可定义 $\boldsymbol{\nu} = [u,v,r]^T$ 和 $\boldsymbol{\eta} = [n,e,\psi]^T$，这说明已经忽略与纵摇、横摇和垂荡运动相关的动力学特性，即 $w = p = q = 0$。

动力定位船舶这样的低速（$U \approx 0$）应用的模型如下：

对于船舶水平运动的运动学方程而言，旋转矩阵可化简为如下形式：

$$\boldsymbol{J}(\boldsymbol{\eta}) \overset{3DOF}{=} \boldsymbol{R}(\psi) = \begin{bmatrix} \cos\psi & -\sin\psi & 0 \\ \sin\psi & \cos\psi & 0 \\ 0 & 0 & 1 \end{bmatrix} \tag{8-38}$$

假设船舶的质量是均匀分布的，且关于 xz 平面对称，则有

$$I_{xy} = I_{yz} = 0 \tag{8-39}$$

若将船体坐标系的原点固定在船舶的中心线上，则有 $y_G = 0$。刚体动力学的矩阵 $\boldsymbol{M}_{RB}$ 和 $\boldsymbol{C}_{RB}(\boldsymbol{\nu})$ 可以简化为

$$\boldsymbol{M}_{RB} = \begin{bmatrix} m & 0 & 0 \\ 0 & m & mx_G \\ 0 & mx_G & I_z \end{bmatrix}, \boldsymbol{C}_{RB}(\boldsymbol{\nu}) = \begin{bmatrix} 0 & 0 & -m(x_G r + v) \\ 0 & 0 & mu \\ m(x_G r + v) & -mu & 0 \end{bmatrix} \tag{8-40}$$

注意，$\boldsymbol{M}_{RB}$ 中的纵荡是解耦于横荡和艏摇的。为了简化，可以假设附加质量的中心与重

心一致。这样可以得到以下简化形式：

$$M_A=\begin{bmatrix}-X_{\dot u} & 0 & 0\\ 0 & -Y_{\dot v} & -Y_{\dot r}\\ 0 & -Y_{\dot r} & -N_{\dot r}\end{bmatrix},C_A(\boldsymbol{v})=\begin{bmatrix}0 & 0 & Y_{\dot v}v+Y_{\dot r}r\\ 0 & 0 & -X_{\dot u}u\\ -Y_{\dot v}v-Y_{\dot r}r & X_{\dot u}u & 0\end{bmatrix} \tag{8-41}$$

因此，$\boldsymbol{M}=\boldsymbol{M}^{\mathrm{T}}$ 且 $\boldsymbol{C}(\boldsymbol{v})=-\boldsymbol{C}^{\mathrm{T}}(\boldsymbol{v})$，即

$$\boldsymbol{M}=\begin{bmatrix}m-X_{\dot u} & 0 & 0\\ 0 & m-Y_{\dot v} & mx_G-Y_{\dot r}\\ 0 & mx_G-Y_{\dot r} & I_z-N_{\dot r}\end{bmatrix} \tag{8-42}$$

$$\boldsymbol{C}(\boldsymbol{v})=\begin{bmatrix}0 & 0 & -(m-Y_{\dot v})v-(mx_G-Y_{\dot r})r\\ 0 & 0 & (m-X_{\dot u})u\\ (m-Y_{\dot v})v+(mx_G-Y_{\dot r})r & -(m-X_{\dot u})u & 0\end{bmatrix} \tag{8-43}$$

对于系统惯性矩阵，纵荡方向的线性阻尼与横荡和艏摇方向是解耦的，即有

$$\boldsymbol{D}=\begin{bmatrix}-X_u & 0 & 0\\ 0 & -Y_v & -Y_r\\ 0 & -N_v & -N_r\end{bmatrix} \tag{8-44}$$

在低速应用中，可假设阻尼是线性的。在动力定位中，$\boldsymbol{C}(\boldsymbol{v})\boldsymbol{v}$ 的二次速度项是可以忽略的，进而可以得到一个适用于船舶动力定位的模型：

$$\dot{\boldsymbol{\eta}}=\boldsymbol{R}(\psi)\boldsymbol{v} \tag{8-45}$$

$$\boldsymbol{M}\dot{\boldsymbol{v}}+\boldsymbol{D}\boldsymbol{v}=\boldsymbol{\tau} \tag{8-46}$$

$$\boldsymbol{\tau}=\boldsymbol{B}\boldsymbol{u} \tag{8-47}$$

式中：$\boldsymbol{B}$ 为描述推进器配置的控制矩阵；$\boldsymbol{u}$ 为控制输入。

在较高航速下，$\boldsymbol{D}(\boldsymbol{v})=\boldsymbol{D}+\boldsymbol{D}_n(\boldsymbol{v})\approx\boldsymbol{D}$ 和 $\boldsymbol{C}(\boldsymbol{v})\approx\boldsymbol{0}$ 不再成立。此时，非线性速度项必须考虑，可采用下面的三自由度非线性操纵模型：

$$\dot{\boldsymbol{\eta}}=\boldsymbol{R}(\psi)\boldsymbol{v} \tag{8-48}$$

$$\boldsymbol{M}\dot{\boldsymbol{v}}+\boldsymbol{C}(\boldsymbol{v})\boldsymbol{v}+\boldsymbol{D}(\boldsymbol{v})\boldsymbol{v}=\boldsymbol{\tau} \tag{8-49}$$

3. 动力定位船舶数学模型

为描述船舶的运动情况，选择两种坐标系：$X_EO_EY_E$ 为大地坐标系，$X_BO_BY_B$ 为原点在船舶重心处的船体坐标系，如图 8-5 所示。以位置向量 $\boldsymbol{\eta}=[x,y,\psi]^{\mathrm{T}}$ 定义大地坐标系下的船舶位置(x,y)和艏摇角 ψ，以速度向量 $\boldsymbol{v}=[u,v,r]^{\mathrm{T}}$ 定义船体坐标系 $X_BO_BY_B$ 下的船舶纵荡、横荡和艏摇角速度，则动力定位水面船舶的非线性数学模型通常描述为

$$\begin{cases}\dot{\boldsymbol{\eta}}=\boldsymbol{R}(\psi)\boldsymbol{v}\\ \boldsymbol{M}\dot{\boldsymbol{v}}+\boldsymbol{D}\boldsymbol{v}_r=\boldsymbol{\tau}_{\text{wave}}+\boldsymbol{\tau}_{\text{wind}}+\boldsymbol{\tau}\end{cases} \tag{8-50}$$

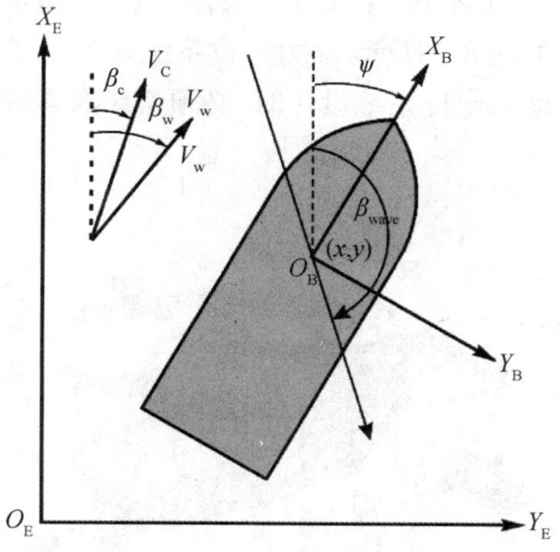

图 8-5　大地坐标系与船体坐标系

式中：$\boldsymbol{R}$ 为旋转矩阵；$\boldsymbol{M}$ 为包含附加质量的惯性矩阵；$\boldsymbol{D}$ 为线性阻尼矩阵；$\boldsymbol{v}_{\mathrm{r}}$ 为考虑了海流作用的船舶对海流的相对速度向量；$\boldsymbol{\tau}_{\mathrm{wave}}$、$\boldsymbol{\tau}_{\mathrm{wind}}$、$\boldsymbol{\tau}$ 分别表示波浪、风和推进器作用于船舶的力/力矩向量。

第 5 节　动力定位控制系统工作原理

1. 船舶受力与六自由度运动

船舶海上航行会受到来自风、波浪和洋流的力以及由船舶推进系统产生的力和力矩，对船舶产生六自由度运动，即为纵荡（Surging）、横荡（Swaying）、垂荡（Heaving）、横摇（Rolling）、纵摇（Pitching）和艏摇（Yawing），如图 8-6 所示，由位置参考系统测量船舶的纵荡和横荡，陀螺罗经测量船舶艏摇，运动参考单位测量船舶的纵摇、横摇与垂荡。位置参考系统、陀螺罗经和运动参考单元可以测量船舶对这些力的响应，即变化的船舶位置、航向和速度。风传感器测量风速和风向。动力定位控制系统用于计算船舶测量（实际）位置与设定位置之间的偏差，然后计算推进器必须产生的力才能使偏差尽可能小。此外，系统还计算作用于船体上由风、浪、流而产生的力以及推进器为了抵消这些力所需产生的力。

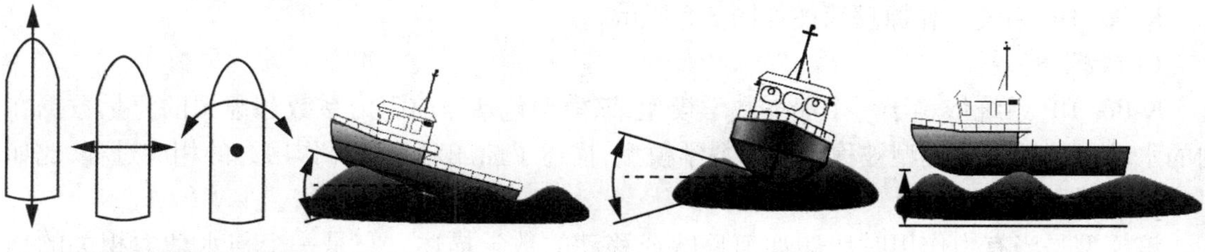

(a)纵荡(b)横荡(c)艏摇　(d)纵摇　(e)横摇　(f)垂荡

图 8-6　船舶六自由度运动

对于水面动力定位的船舶或平台,由于受到海洋环境风、波浪和洋流的作用,会产生纵荡、横荡和艏摇三自由度运动,如图 8-7 所示,动力定位系统就是为了克服海洋环境的扰动来控制船舶的平面运动。因此,在动力定位系统设计时,必须考虑海洋环境风力和波浪扰动引起的动态载荷对船舶运动的影响。

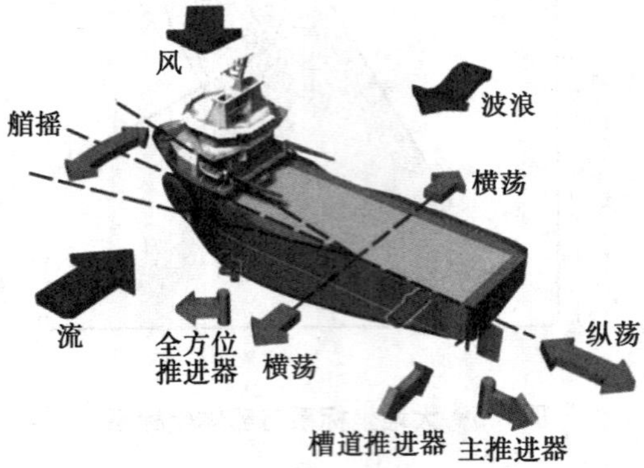

图 8-7　船舶三自由度运动

纵摇和横摇运动不受动力定位系统控制。然而,为了允许动力定位参考系统对这些运动进行修正,该系统必须保存关于这些运动的信息,该信息可以从运动参考单元接收到。动力定位系统并不需垂荡运动的信息也无法对其进行控制,但是可以测量并显示该运动。

2. K-Pos DP 系统

Kongsberg K-Pos 系列产品是 Kongsberg 在 2006 年制造的 Simrad 系列产品的升级换代产品。软件操作系统是 Windows XP。Kongsberg K-Pos DP 系统是用于船舶自动定位和航向控制的计算机动力定位控制系统。操作者为航向和定位设定点,随后由 K-Pos DP 系统对其进行处理并向船舶推进器和主螺旋桨系统发出控制信号。K-Pos DP 系统总是将最佳推力分配给正在使用中的螺旋桨单元。

为了控制船舶航向,K-Pos DP 系统利用一个或多个回转陀螺罗经收集数据,以保证至少有一个定位参考系统(例如,差分全球定位系统或水声系统)使 K-Pos DP 系统对船舶进行定位。系统会自动检测出相对于与其航向或定位的偏差并做出适当调整。K-Pos DP 系统还提供了手动操纵杆控制,它用于单一手动控制/自动组合控制。如果没有定位参考系统,则 K-Pos DP 系统可以利用陀螺罗经作为航向参考使船舶航向实现自动稳定和控制。动力定位系统包括关于减少燃油消耗和温室气体排放的控制策略。

K-Pos DP 系统工作原理简图如图 8-8 所示。

(1)数学模型

K-Pos DP 系统依赖于一个船舶数学模型,该模型包括当前阻力系数和虚拟的海量数据在内的水动力特性。该模型被称为船舶数学模型,描述了船舶对于外界作用力的相应过程,比如风或推进器。

该模型是当有力作用时船舶如何反映或移动的数学描述。它是一个与水动力相关的描述,即它包括了船舶重量和阻力在内的特性。该模型的设计标准是尽可能准确地描述船舶的运动和对外界作用力的反映。该模型受船舶本身在内的同样的力的影响。风的影响通过风速

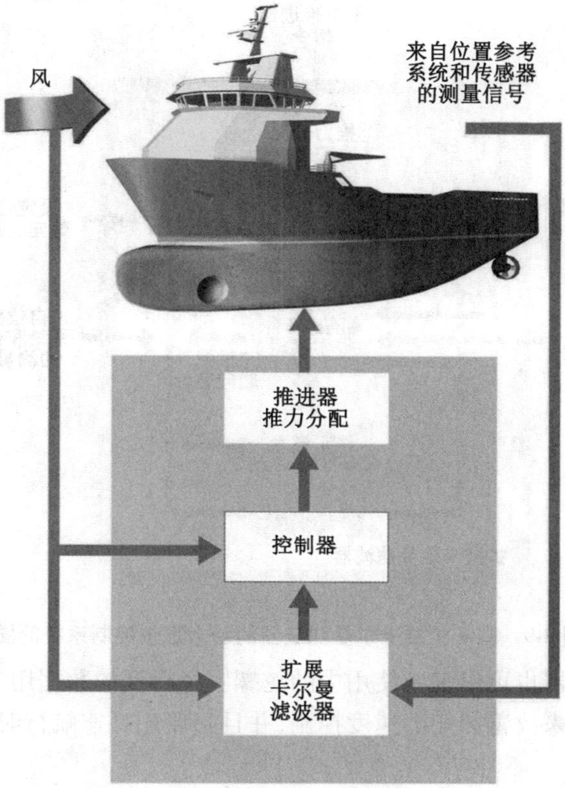

图 8-8 K-Pos DP 系统工作原理简图

和风向的函数来计算,推进器的作用力则通过推进器、螺距、转速和方向的函数来表示。该系统包含了海流和海浪以及它们的作用力的估算方法。该数学模型的主要输出是估算每三个自由度(纵荡、横荡和艏摇)空间内船舶航向、位置和速度的滤波。

(2)扩展卡尔曼滤波器

扩展卡尔曼滤波器被用于估算每三个自由度(纵荡、横荡和艏摇)下船舶的航向、位置和速度。它还可以用来估算海流和海浪的影响。

扩展卡尔曼滤波器使用上述船舶数学模型。模型本身并不能 100% 准确描述实际的船舶。但是通过卡尔曼滤波器的应用,模型可以不断地被修正。船舶的航向和位置可以使用陀螺罗经和位置参考系统来测量,并且作为 K-Pos DP 系统的输入数据,这个值与预测值或模型的估算值相比较并得到偏差,这些偏差随后被用来更新模型的实际情况,如图 8-9 所示。

扩展卡尔曼滤波的使用提供了以下优点:

①在测量航向和位置时根据噪声的水平和测量更新的速度选择最佳的自适应噪声过滤。

②将不同位置参考系统的数据进行优化组合。该系统对每个使用中的位置参考系统进行方差计算,并根据每个参考系统的测量质量给予不同的权重分配。

③当不需要测量位置时,该模型提供了"航位推算(Dead-reckoning)"的模式。这意味着系统在未收到来自任何位置参考系统的位置测量更新时也能进行定位。在扩展卡尔曼滤波中,船舶数学模型的可靠性和位置测量的噪声水平是判定每个测量值可靠程度的基础。随着时间的推移,通过观摩船舶的反映模型的不确定性将会下降。

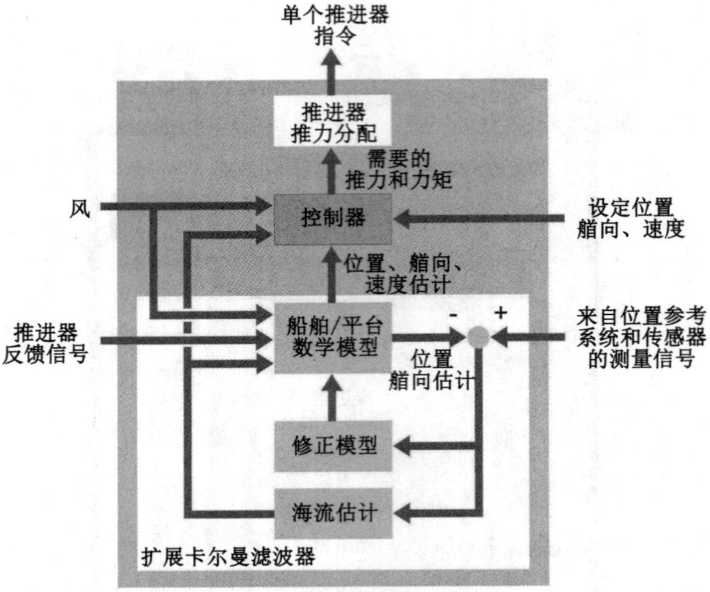

图 8-9　基于扩展卡尔曼滤波器的动力定位控制系统简图

④扩展卡尔曼滤波器也可以基于使用中的陀螺罗经得到的数据用来计算航向。

⑤速度测量可以用来改善船舶的速度控制，并且当船舶高速航行时，使船舶的位置测量的校准更加迅速。

⑥航速测量系统和位置参考系统的综合应用能够更好地处理船舶航行时位置测量值的缺失。

这个过程是自适应的。举例来说，如果只有一个位置参考系统正在工作并且数据更新的频率很低，那么在测量的间隔模型的不确定性将会增加，并且船舶模型将会根据每次测量值发生重大变化。

海上试验证明 K-Pos DP 这个估计器具有以下优点：

①改善了位置测量中的噪声水平并且具有更好地保持位置的性能；

②由于具有更好的噪声抑制，从而降低了推进装置的能耗和磨损；

③综合利用高低更新频率的位置传感器，比如，差分全球定位系统（Differential Global Positioning System，DGPS）和传统长基线水声定位系统。

（3）DP 控制器

DP 控制器（K-Pos DPC）计算由推进器/螺旋桨导致的作用力，以此来保持船舶的位置不变。

DP 控制器是可以利用外部环境数据的中央处理单元，这些外部环境数据是由动力定位系统和船舶数学模型收集获得，并利用程序对推进指令进行计算实现对船舶位置的控制，如图 8-10 所示。Class 3 级动力定位系统有 2 个控制柜，一个位于中控室（Central Control Room，CCR），另一个位于集控室（Engine Control Room，ECR）。Class 3 级动力定位系统位于 CCR 的控制柜包含 3 个处理单元，如图 8-11 所示。它们同时工作，手动选择其中一个作为主单元，用于发送和接收接口数据，并向推进器发送指令。但如果主处理器与其他两个处理单元之间存在计算误差，动力定位系统将自动剥夺其控制权使用选择函数的应用逻辑和选择其他处理单元控制系统。此时动力定位系统将利用函数选择应用逻辑剥夺其控制权并选择其他处理单元进行系统控制。

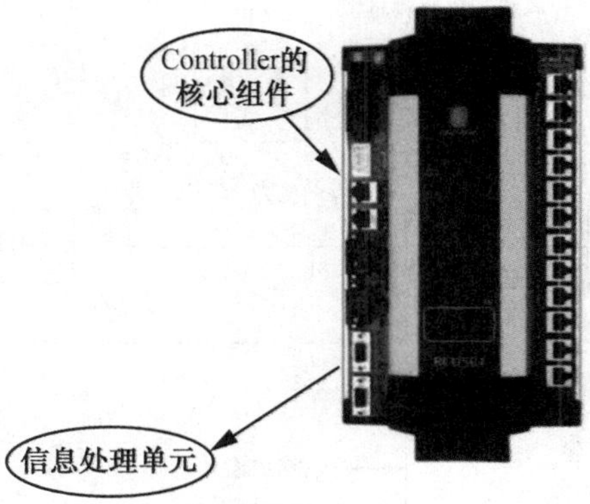

图 8-10 RCU501 控制器

图 8-11 动力定位系统控制箱

在位置保持的操作中,K-Pos DP 控制器可以工作在高精度控制(High Precision Control)、松弛控制(Relaxed Control)和绿色动力定位控制(Green DP Control)三种模式,并且各自都具有不同的特点。K-Pos DP 控制器操作模式的转换是平滑无冲击的。

①高精度控制和松弛控制

高精度控制能够确保在任何情况下保持位置,但是也造成了能耗的上升、机械和推进器的磨损,如图 8-12 所示。

松弛控制模式下推进器的工作更为顺滑,但是牺牲了位置控制的精度。而且这种操作模式不能确保船舶维持指定的区域内,因此只适用于天气较好的情况。

该类控制器由以下三部分组成:

(a)偏差反馈(Excursion Feedback)

操作人员指定的位置或航向设定值和真实数据的偏差,以及包括船舶航速在内的类似偏差将会驱动偏差反馈。这个偏差通过乘以一个给定的系数获得所需的力(回复需求或抑制需求)将对应值恢复到设定值附近,同时放缓船舶的运动。

高精度控制模式和松弛控制模式之间的主要区别在于如图 8-13 所示的两个控制器的复原特性。

(b)风力前馈(Wind Feed-Forward)

为了尽可能迅速地抵消风力的影响,使用了前馈的概念。这意味着 K-Pos DP 系统将不允许船舶偏离目标位置,因此要在检测到风力时立即将其抵消。

(c)海流反馈(Current Feedback)

当有未测量外力(比如,海浪和海流)等作用时,偏差反馈和风力前馈并不能有效地将船舶移回要求位置。此时系统将预测一段时间内这些因素的影响,并计算出抵消该影响所需要的力。

②绿色动力定位控制

绿色控制则使用了不同的控制技术,称为非线性模型预测控制(Non-linear Model Predictive Control)。这种操作模式结合了位置准确性和低能耗的优点,并且适用于任何天气状况。在绿色控制模式下,系统将会以最小的能耗将船舶保持在允许的范围内。

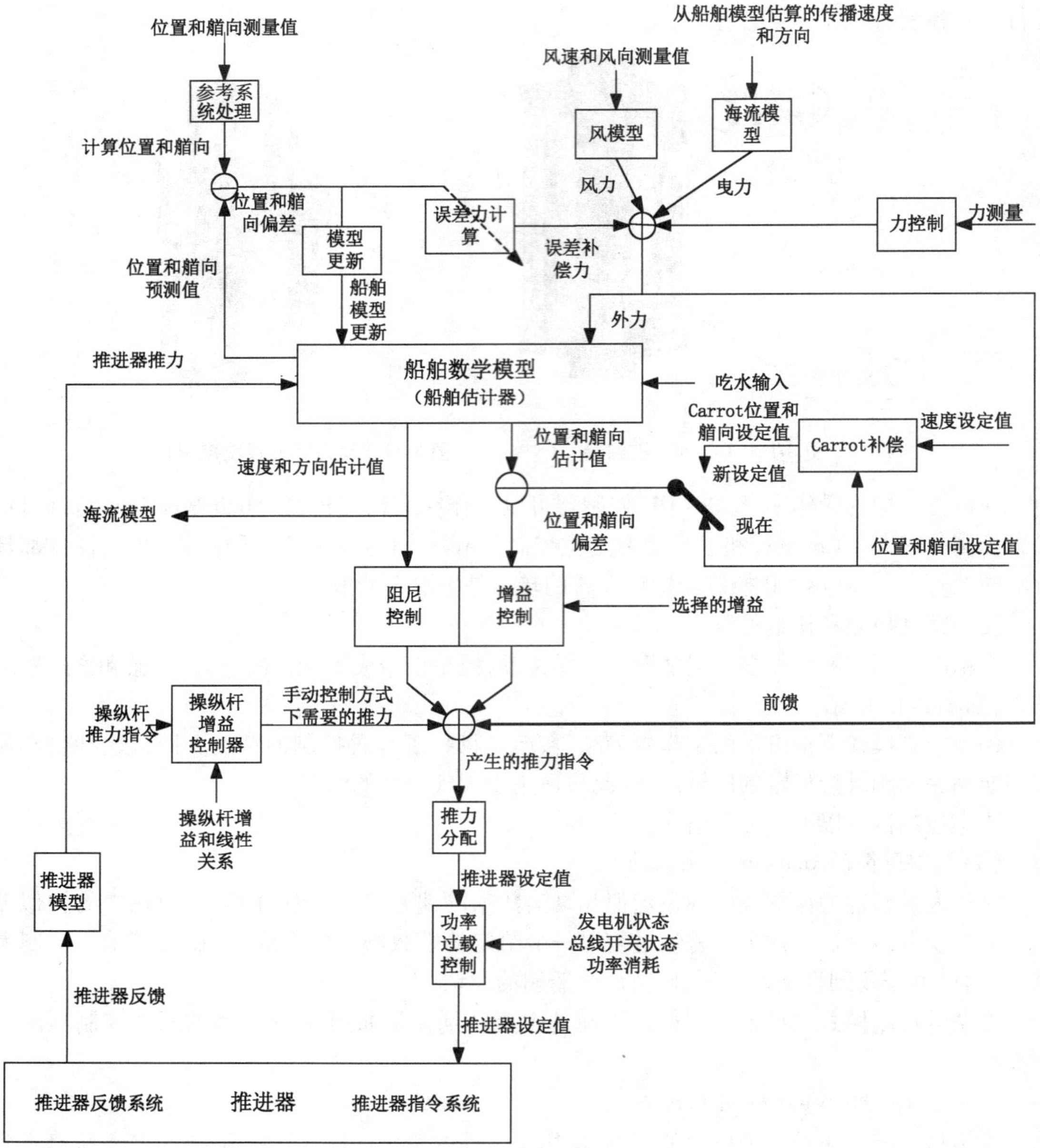

图 8-12　高精度控制器框图

控制器的设计主要由两部分组成,每个部分对它的控制都有相应的贡献:

(a)环境补偿器被用来补偿平均环境作用力,这将帮助船舶在平均条件下保持要求的位置。

(b)模型预测控制器(Model Predictive Controller,MPC)将船舶运动的预测(位置预测器,Position Predictor)作为控制所需的输入。当预测到操作的边界将会超出时,控制器将会作用确保船舶位置保持在操作区域内,如图 8-14 所示。

平滑的控制动作可以降低动力和推进系统机械部分的磨损,并且能够降低燃油消耗和温

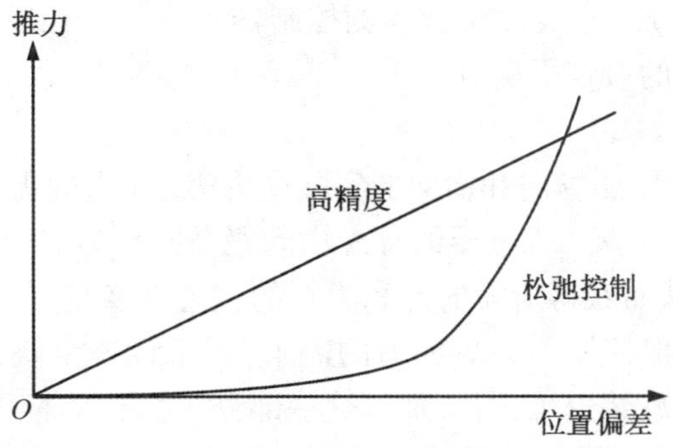

图 8-13 高精度控制和松弛控制

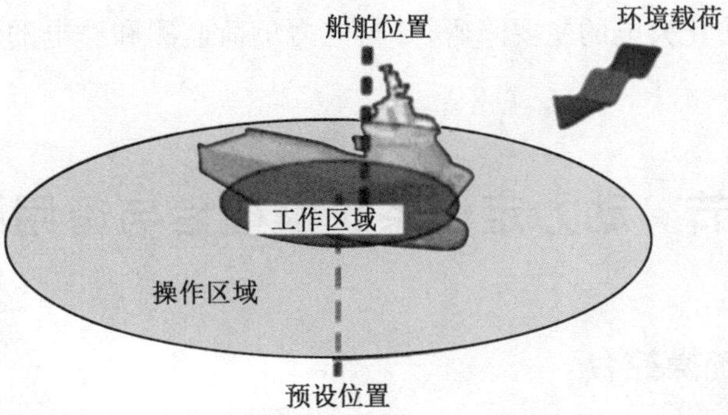

图 8-14 绿色控制模式时船舶的工作区域

室气体的排放。

MPC 绿色动力定位控制的简化框图如图 8-15 所示。

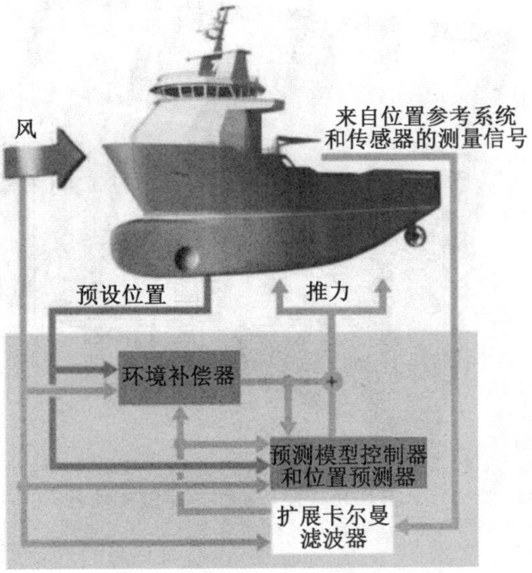

图 8-15 MPC 绿色动力定位控制的简化框图

由于其本身固有的特性，MPC 并不会立即对外力的突然变化做出反应，比如阵风，除非位置预测器认定必须马上采取对应措施。因此不必要的推力的突然使用得以避免。该位置预测器包括动力定位系统中扩展卡尔曼滤波器所使用的数学模型。位置和航向的预测贯穿了整个预测层的每一步(1~2 min)。非线性模型预测控制器具有一个在线优化功能,能够找到使用推进器和超越边界值之间的最佳平衡点。

(3)推进器分配

K-Pos DP 控制器将对船舶纵向和横向的实际受力需求(力的需求)以及所需的转动力矩(转动力矩需求)进行连续计算。推进器的分配由间距/转速/力/负载和方位角控制信号在每个推进器上的作用而定,从而获得所需的力和力矩的位置并实现对航向的控制。如果由于可用推力不足导致无法同时保持转动力矩和力的需求,通常设置为获得转动力矩的需求(如方向)。如果一个发动机/螺旋桨退出工作,那么这一部分"丢失"的推力将自动重新分配到其他的推进器和螺旋桨。如果由于可用的功率太低而导致用以满足推力需求的推力分配的幅度降低,此时分配的推力相对于推力方向仍然是正确的。在这种情况下,方向(或位置)具有优先权。最优功率分配是防止失电的主要障碍,并与电力负荷监测和停电的预防单元需要相同的信息。

第 6 节　动力定位系统操控台与备用系统

1. 动力定位系统操控台

K-Pos 动力定位操作台包括用于对系统进行监控和操作的高分辨率的彩色屏幕以及装有按钮、灯和操纵杆控制的操作面板,如图 8-16 所示。显示器的电源开关和调节控制位于屏幕的右边。

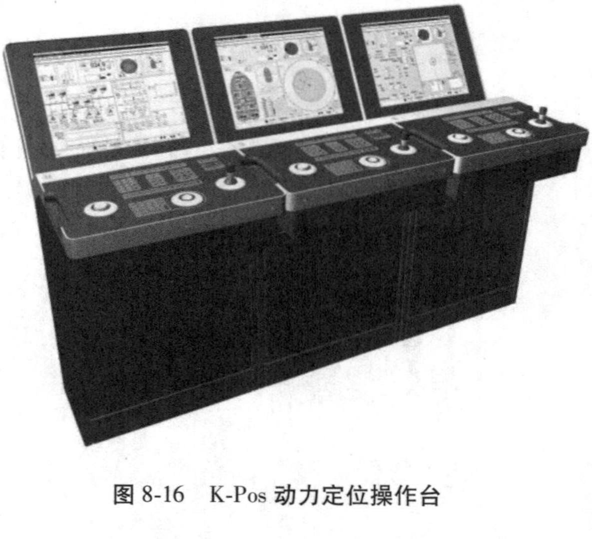

图 8-16　K-Pos 动力定位操作台

(1)操作面板

操作面板包括:指示按钮(大多数有状态指示灯)、键盘、轨迹球、三轴操纵杆和方向盘以及按钮,如图 8-17 所示。

(2)显示页面

前台显示采用标准微软 Windows 操作系统,例如,菜单栏和对话框。显示页面被分成若干

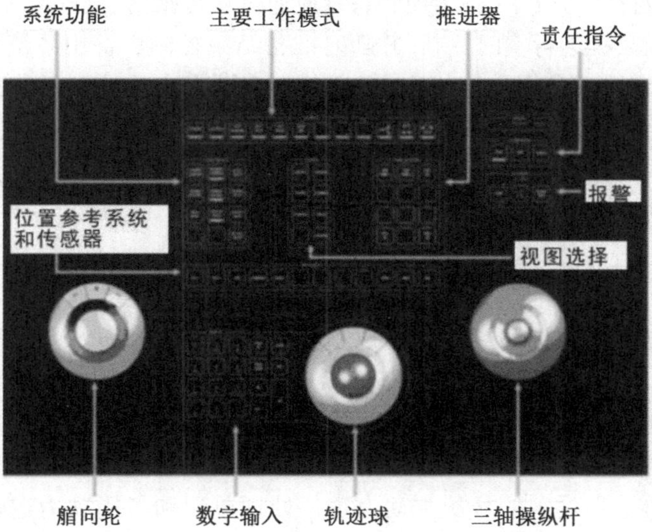

图 8-17 K-Pos 动力定位操作面板

个预定义的区域,如图 8-18 所示。此外,在操作员需要交互时显示对话框。

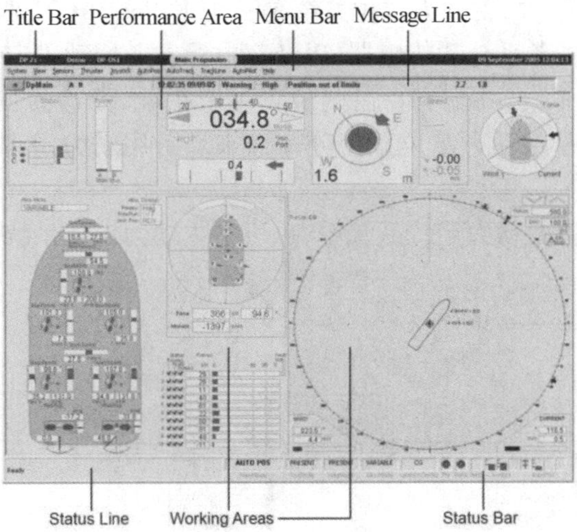

图 8-18 K-Pos 动力定位显示界面

2. K-Pos 备用系统

对动力定位系统 Class 3 的要求

符合 IMO 动力定位 Class 3 的规定,动力定位控制系统必须满足以下要求:

①动力定位控制系统必须包含至少两个独立的具有自检和校准设备的计算机系统。自检程序、数据传输的设备和接口等常见设备,不应导致故障在这两个/所有系统中发生。此外,一个备用动力定位控制系统应随时可用。如果存在计算机故障或不准备采取控制的情况时,应启动报警。

②备用动力定位控制系统应该按照 A60 级划分从主动力定位控制站分离到一个独立空

间之中。在动力定位操作过程中,备用控制系统应通过从传感器、位置参考系统发出以及推进器反馈等设备的输入数据进行实时更新,并随时准备结束控制。备用系统切换控制的部分应设为手动,该部分应设置于备用计算机中,保证其在主动力定位控制系统出现故障时不受影响。为了符合动力定位 Class 3 的要求,必须按照 A60 级划分原则将冗余的主动力定位系统和单个备用动力定位系统分开安装。必须安装三套传感器和位置参考系统且一套传感器和一个位置参考系统连接到单个备用动力定位系统中。

3. 动力定位系统 Class 3 配置实例

对于主动力定位系统 Class 3 级配置可以是独立的系统,如 K-Pos DP-21 或 K-Pos DP-31,或一个完整的系统如 K-Pos DP-22 或 K-Pos DP-32。对于备用动力定位系统,独立系统和集成系统之间的主要区别在于推进器控制在主动力定位处理单元和备用动力定位处理单元之间的传送方式:

(1)独立系统,推进器设定信号从主动力定位处理单元和备用动力定位处理单元进行电子转换。

(2)集成系统,当备用动力定位处理单元处于工作状态时,从备用动力定位处理单元而来的网络信息优先于从主动力定位处理单元而来的网络信息。

如图 8-19 所示的例子中,主动力定位系统是一个 K-Pos DP-21 双冗余的独立动力定位系统。主系统有 2 套位置参考系统和传感器,以及双电源。备用动力定位系统是一个 K-Pos DP-11 单一的独立动力定位系统,并配有自己的位置参考系统、传感器和电源。备用动力定位系统按照 A60 级划分原则从主动力定位系统分离而来。备用动力定位系统的运行独立于主动力定位系统。

手动开关控制位于备用动力定位系统中,也可在主动力定位系统中另设一个手动开关。

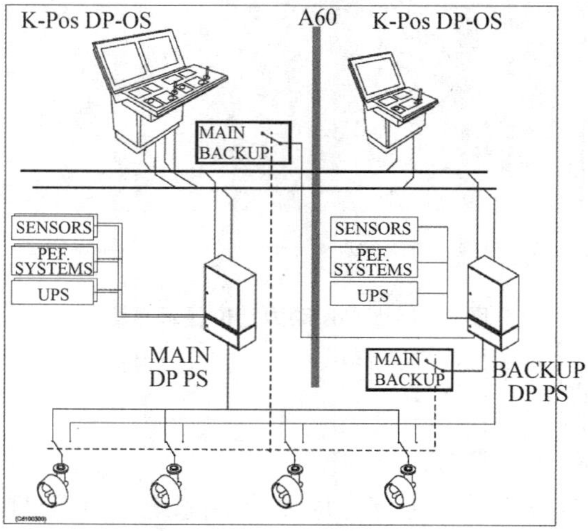

图 8-19 动力定位系统 Class 3 系统构架(独立系统)

第9章 动力定位动力系统

第1节 概述

任何拥有动力定位功能的船舶的动力系统都主要考虑其电力系统的安全性、可靠性、稳定性,以及电力系统的运行经济性。动力定位系统必须保证有可靠的动力供应。如果电力系统功率供应不足、电力供应中断或者局部推进器失效,可能使得动力定位系统失去定位能力,甚至使电力系统进一步恶化造成全船停电故障,进而使得安全性和可靠性大大降低。此外,对于动力定位船舶而言,进行动力定位作业时,所有推进器几乎都以最大功率运转,此时消耗的功率很大;然而在动力定位船舶停泊或者在港时只需要对生活电力进行供应,此时消耗功率较少。这就要求动力定位船舶拥有自己的电力监控系统,并与船舶本身的电站管理系统协同工作,保证电站运行的经济性。

动力系统是由为船舶或平台提供动力的所有设备组成的,如图 9-1 所示。最常见的动力装置以柴油机-发电机组为电源装置,推进器、动力设备和其他服务设备由电动机带动。由于柴油机起动和停车具有一定的不确定性,因此不适合安装柴油机直接传动装置。部分情况下,也可以采用由柴油机带可调螺距桨的动力传动装置。

安装有动力定位系统的船舶与普通船舶相比,对动力系统有更高的要求。动力定位船舶动力系统的安全性、可靠性主要是通过在船舶动力系统设计时满足动力定位船舶的动力系统冗余度来保证的;而动力定位船舶的运行稳定性和经济性主要依靠船舶的电力系统保护措施和功率监控系统的监控管理功能保证的。

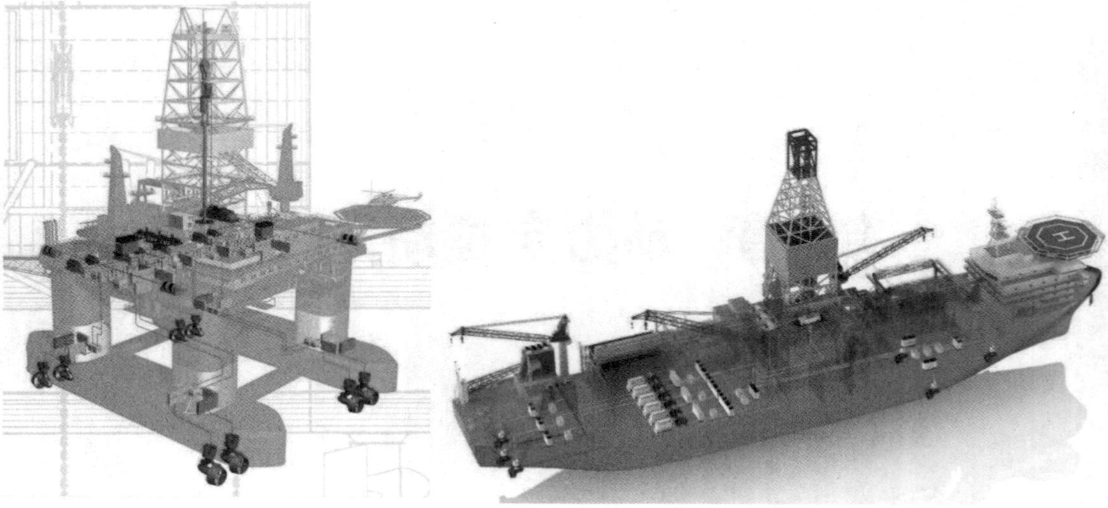

(a)半潜式钻井平台　　(b)钻井船

图 9-1　动力系统(包括发电装置、配电系统、推进器等)

第 2 节　电力系统

1. 电力系统组成

船舶电力系统是由船舶原动机-发电机组、主配电板、各级分配电板、变压器、各种驱动设备、各种电气设备,以及继电保护装置组成的一个船舶供配电网络。船舶电力系统一般由发电系统、配电系统、输电系统、负载系统等部分组成。

发电系统包括原动机和发电机。原动机包括柴油机、燃气轮机、汽轮机和蓄电池。柴油机在动力定位船舶上最为通用。燃气轮机现在正在普及当中。动力定位船舶上一般不用汽轮机。蓄电池没有足够的能量,通常要由电源来充电,只能将蓄电池用作控制器、电子设备等小用户的备用电源。

配电系统主要包括由主开关、汇流排、分路开关、负载开关、各分路负载设备等组成的电力配电网络以及输配电保护等部分,配电装置又称为配电板。配电系统通常分为两段式、三段式和四段式,通过汇流排联络开关进行连接或分开。如图 9-2 所示为装有动力定位系统半潜式钻井平台的四段式电力系统。通过采用合适的保护系统和运行规则,系统可以在正常工况下在通用的连接模式运行,电力系统性能最优化,在故障模式时,通过自动断开联络开关把故障段隔开的同时又能保证船舶/平台的操作性和定位性能。

输电系统是指连接发电机、主配电板与用电设备之间的电力线路,称为船舶电力网或船舶电网,是全船电缆的总称。根据连接负载的性质,输电系统可分为动力(电力)电网、照明电网、应急电网、临时应急电网和弱电电网等。

负载系统(即船舶用电设备)大致分为甲板机械、机舱辅机、风机、空调、冷藏、照明、船内通信、通信导航和其他生活用电设备等。一般将用电设备分为重要设备和次要设备。用电设备的重要程度取决于它在船舶安全航行中所处的地位，影响航行安全的主要因素有失去推进、操纵和操舵能力，发生火灾和爆炸，机舱进水等。由此可以这样来定义重要设备，它是指对船舶的航行、驾驶、操纵和人身安全，或对船舶的专用特性（如特殊用途）所必需的负载设备。对于动力定位船舶而言，其重要负载设备是主推进器和艏侧推进器，它们的负荷情况直接影响定位的性能。

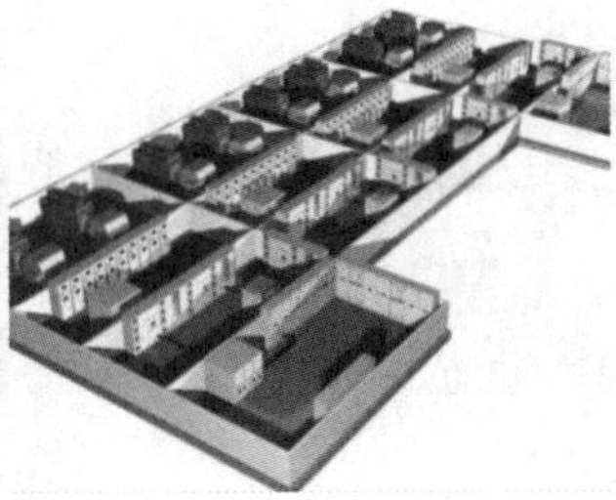

（a）

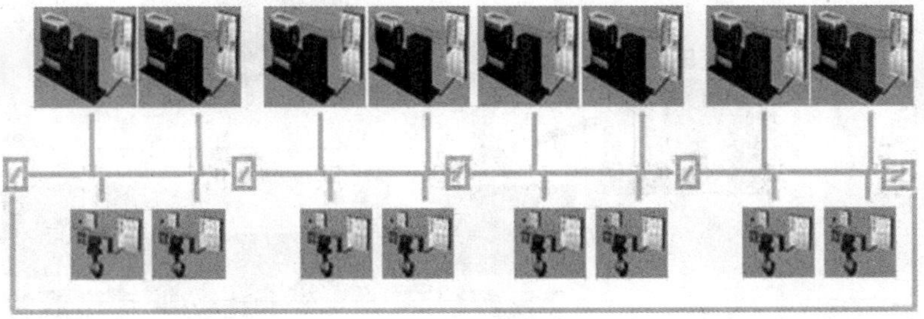

（b）

图 9-2　装有动力定位系统半潜式钻井平台的四段式电力系统

2. 电力系统要求

通常情况下相对于普通船舶的电力系统，动力定位船舶的电力系统有其特殊的要求。柴油机和轴带发电被应用于动力定位船上，而现在大多数的动力定位船舶完全依靠柴油发电机驱动所有的推进器、泵及其他辅助设备。产生的电能由配电板发配给不用的用电设备。为了保证一定的冗余度，应至少设置两个主配电板和一个应急配电板。电源管理系统用于放置电能短缺或者全船失电。简单的电源管理系统仅用于防止全船失电，保证当电网过载时，能够自动使部分配电板跳电。动力定位系统及其组件需有不间断电源（Uninterruptible Power Supplies，UPS）。安全运行和冗余度概念的核心是监视可用电能。当达到和超过临界剩余电能时，动力定位系统内部会相互通信。

电力系统配电盘要求如下：

（1）动力定位船舶要求在通常情况下发电机产生的电力都应该汇总到配电盘，然后再分配给其他用电单元。

（2）动力定位船舶要求提供至少两个主配电盘和一个应急配电盘。

（3）动力定位船舶要求在配电盘上的主汇流排之间通常要有一个断路器开关（Circuit Breaker Switch）。

（4）动力定位 Class 2 等级船舶要求主配电盘发生短路或负荷过高时，汇流排线路保护开关会自动断开。

（5）动力定位 Class 3 等级船舶要求配电板上左右两边的线路保护开关必须断开。

3. 钻井平台电力系统实例

某装有动力定位系统的半潜式钻井平台的发电装置是由 8 台 ABB 11 kV 三相交流中压发电机组成，由瓦锡兰（Wärtsilä）柴油机驱动。每两台发电机连接到一段汇流排，总四段汇流排。8 台推进器直接连接到 4 个 11 kV 主配电板，每两台一组。共有两个钻井驱动配电板，由

11 kV 主配电板供电，钻井配电板同时还为钻井相关的电力负载供电，如泥浆泵、锚绞机、顶驱等设备。安装于该钻井平台上的低压电力设备，由 4 个 480 V 交流主开关供电；生活用电由 2 个 230 V 交流主开关供电。平台同时还有一个 480 V 应急配电板和一个 230 V 应急配电板，在应急工况下使用。电力系统总体配置如图 9-3 所示。

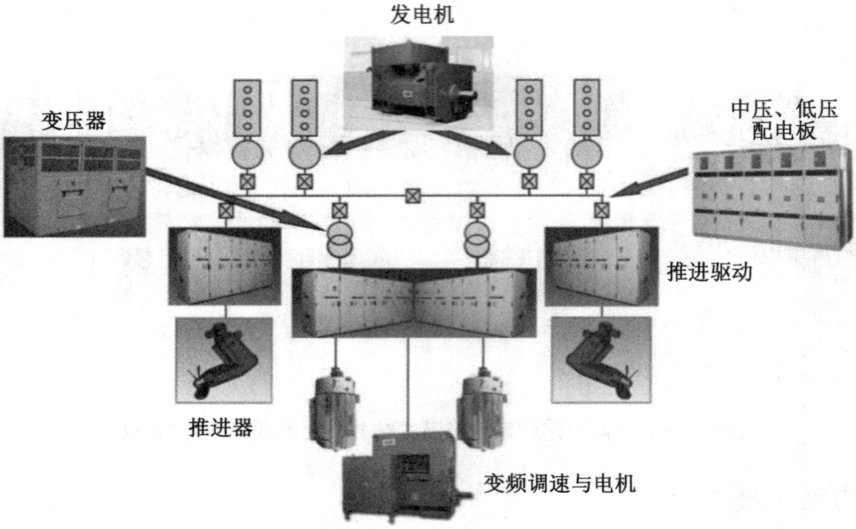

图 9-3　装有动力定位系统半潜式钻井平台电力系统总体配置

当需要两台发电机并联运行时，柴油机转速由配电板内自动同步装置通过柴油机调速器进行调节。当柴油机-发电机组连接到汇流排，转速由集成控制与管理系统的电源管理系统控制（Integrated Control and Management System，ICMS；Power Management System，PMS）。

母线开关和联络开关的闭合方式相似，都是通过安装于 11 kV 主配电板内的自动同步装置来完成的。如果向无电汇流排合闸，自动同步装置可以检测并向主开关发出直接合闸指令。

8 台推进器与主配电板的连接方式为，钻井平台对角的两台推进器通过 11 kV 主配电板连接到同一段母线。

两个钻机驱动配电板由 11 kV 母线 MV2 和 MV3 通过两台变压器供电。正常工况下，直流母线馈电开关保持闭合。

（1）配电板

除了推进器直接供电外，其他产生的电能都需经过配电板给负载供电。为了保证冗余度，至少要设置两个主配电板和一个应急配电板。不同的用电设备连接到不同的配电板，而且连接方式应保证一定的冗余度，如 1 号推进器连接到 1 号主配电板（母排 1），则 2 号推进器应连接到 2 号配电板（母排 2），如图 9-2 所示。所有的用电设备都需配备自动空气断路器，当系统某处出现短路故障时，需可靠动作，从而保护配电板。在两个主配电板母排 1 和母排 2 之间，也应设置断路器，即母联开关，能够将两个配电板连接在一起。当 DP 系统在运行时，母联开关通常断开，这样当一段母排出现故障时，另一段母排依然能正常供电。

11 kV 配电板通常是远程控制，如集成控制系统（Integrated Control System，ICS）。电源管理系统（PMS）是集成控制系统（ICS）的一部分。

也可对 11 kV 配电板的断路器进行手动操作。

11 kV 发电机的手动起动和停车、备用控制、转移负荷等，是电源管理系统的部分功能。11 kV 配电板内置无负载控制。

11 kV 配电板内配备为推进器供电的断路器不能由集成控制系统（ICS）控制，仅能由推进器的控制器控制。

11 kV 配电板可以做一段式运行、两段式运行或四段式运行。配电板不能工作在闭环模式下。

11 kV 配电板的控制电压来自 110 V 直流 UPS 不间断电源。如果 UPS 故障，则另一部不间断电源通过相应的馈电开关对此部分控制设备进行供电。

所有的断路器都配有 24 V 直流继电器，用于应急停车脱扣。应急停车系统是集成控制系统（ICS）的一部分。

（2）11 kV 发电机

发电机由柴油机驱动，每台柴油机需配备独立的燃油、冷却水、滑油供给设备。单台发电机故障，不会影响其他发电机组继续向电网供电。并联运行向电网供电的发电机的台数可以根据用电设备的需求进行调整。

并联运行发电机台数取决于用电设备和电网配置，由集成控制系统（ICS）的电源管理系统（PMS）进行控制。

（3）11 kV 变压器

所有的变压器独立运行，彼此相互连接。一台变压器可以给两个 480V 重要负载配电板供电。通常，480 V 重要负载配电板和中控室配电板之间的传递断路器不应闭合。变压器通常不会并联运行。变压器可以短时并联运行，但需设置相应的联锁。

（4）系统接地

11 kV 电力系统通过高值电阻进行接地。每 4 个 11 kV 配电板通过一个接地变压器连接到测量同步柜。系统接地的目的是要产生一个比电容接地故障电流大的电阻接地故障电流。电阻电流也能保证接地故障继电器可靠脱扣。

4. 11 kV 配电板工作模式

11 kV 配电板主要有三种工作模式。从一种模式过渡到另一种模式由电源管理系统（PMS）遥控断路器的开/合实现。

（1）开环工作模式

4 个 11 kV 主配电板通过母排联络开关连接在一起。此模式用于过渡阶段或者靠港阶段。图 9-4 为开环工作模式示意图。

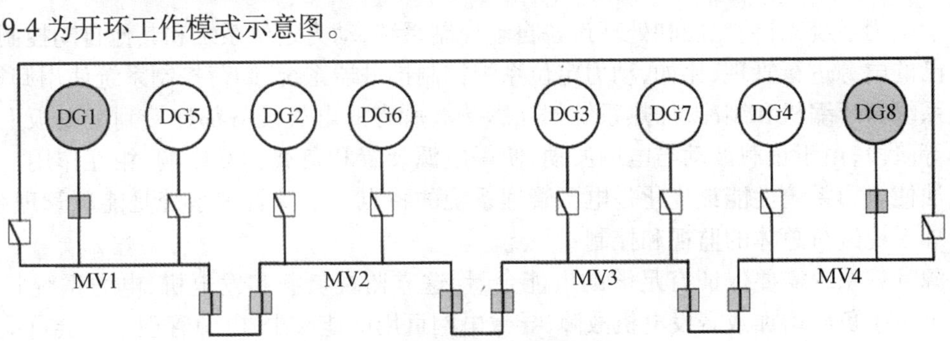

图 9-4 开环工作模式示意图

(2)两段式工作模式

此种模式下,每两个配电板通过母排联络开关连接在一起。

当动力定位系统运行在动力定位系统 Class 3 模式下,且海况良好的情况下,采用此种电网配置。图 9-5 为两段式工作模式示意图。还存在其他连接方式也可看作两段式工作模式。

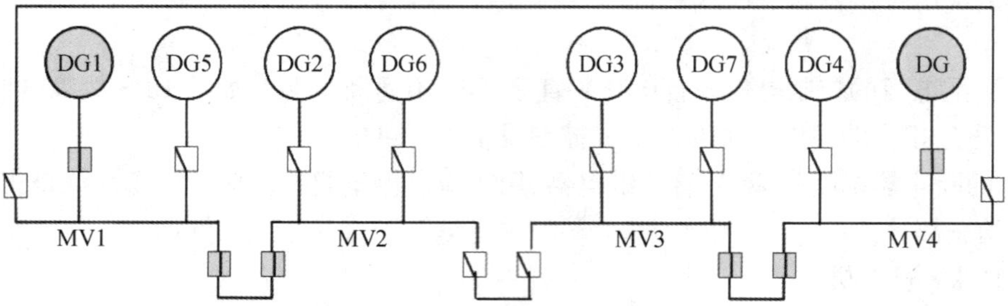

图 9-5 两段式工作模式示意图

(3)四段式工作模式

此种工作模式下,4 个 11 kV 配电板被分作四段运行。当动力定位系统运行在动力定位系统 Class 3 模式下,且海况恶劣,运行此种电网配置。图 9-6 为四段式工作模式示意图。

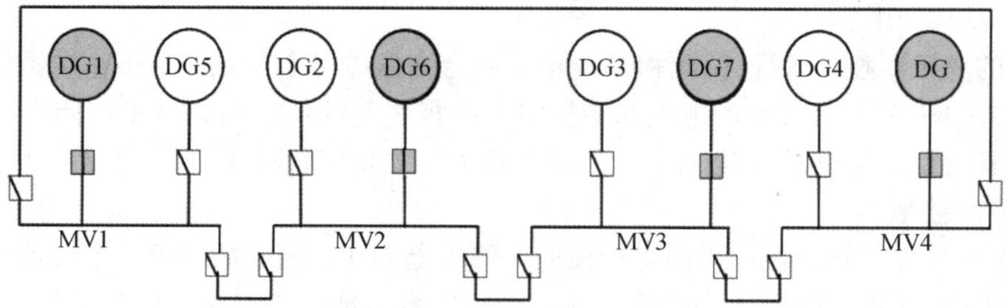

图 9-6 四段式工作模式示意图

第 3 节 电源管理系统与闭环电力系统

1. 电源管理系统

对于电力系统来讲,船舶和处理设备自动控制系统,动力定位系统和其他自动控制系统分别对自己的电源进行管理,比如,动力定位系统控制推进器系统,卸荷控制系统使用卸货泵,处理控制系统与压缩机和制冷/加热系统相互影响。所有的电气设备都连接到配电板上。在设备起动等阶段,由于负载波动与电网波动,使得电源装置和负载相互影响,相互作用。消耗最少的燃油使电力系统性能最优化是电源管理系统的特点。电源管理系统是能源管理系统,对电源管理系统进行总体的监视和控制。

电源管理系统需要保证有足够的电能余量,这靠监视负载和发电机、电力系统状态来实现。如果由于负载增加或者发电机故障,导致电网可用电能减少,电源管理系统会自动起动下一备用发电机。电源管理系统通过监视和控制能源流动来实现最大燃油效率。

电源管理系统用来防止关键电源系统不会短路或跳闸。而一个相对简单的电源管理系统起码应该保证在电压负荷过高的时候,配电盘不会断电。

动力定位控制系统是由不间断电源(UPS)提供电力。正常情况下任何一个 UPS 至少要保证提供 30 min 的备用电源。

当用动力定位系统进行海上作业时,其用电负荷不应该超过可用电力负荷的 80%,或者每个单一的推进器不能超过其额定推力的 80%。

当用电负荷接近或者超过所规定的最大用电负荷时,动力定位系统将起动电源管理系统,自动起动备用发电机从而提供足够的电量。

当起动大型的电力设备时,电源管理系统会自动检查当前运行的发电机是否能提供足够的电量,如果没有足够的电量会自动起动备用的发电机。电源管理系统会监控整个电力系统的运行状态。

动力定位平台对可靠的电源的要求非常苛刻。钻井过程中最主要的任务之一是保持平台的位置,并保证不会产生因电力系统跳电而使钻井设备脱开。这些也是对其他电源设备安全特性的基本要求。

为了能达到上述目的,控制系统应具有下列功能:

(1)对每台柴油机/发电机组的运行状况进行监视,并针对警报情况(由系统检测和测量到的)起动/停止指定发电机组。

(2)对在网发电机进行负荷分配控制。

(3)对电网的负荷状况进行监视,并根据负载情况起动/停止发电机组,以保证足够的电能余量,同时又保证电网没有低负荷运行。

(4)保证电网具有足够的电能,以保证推进器可以使平台保持位置。

(5)如果发电机过载,快速降低推进器转速和钻井负载。

2. 闭环电力系统

闭环电力系统能够在电网中分配所有在网运行的发电机组,在柴油发电机的数量和电网配置上具有充分的灵活性,较开环电力系统在经济效益上更具有优越性,能减少 50% 工作时间,节省燃油 15%~20%,因此闭环电力系统越来越多地被应用于船舶或海洋平台上。

现有的动力定位船舶/平台电力系统运行方式通常采用"母联开环"运行模式,如图 9-7 所示。该模式对整个配电系统的母排进行分段,若其中一段配电板或给其供电的电源装置发生故障不会延伸到与其相邻的配电板或电源装置。在这样的运行模式下,每段母排承载的负载不一样,且电源装置也都是相对独立地运行,功率管理系统不能够根据全船所有设备负载统一平均分配功率。因此在实际运行工况下,当增加某段母排负载时,需要增加其电源装置的功率输出,或起动同组的备用电源装置,这会增加整个系统运行的能耗。如果某两组发电机组中的一组发电机组出现故障,将会导致与该组发电机组连接的两台推进器同时都失去动力而停止运转,如图 9-8 所示。

然而,动力定位船舶/平台闭环电力系统,即"母联闭合"运行模式是将整个配电系统母排汇合连在一起的,根据船舶/平台各工况下所需设备的总功率,对所有电源装置实行统一、高效的负荷分配,减少在网运行的电源装置的数量,如图 9-9 所示。如果某两组发电机组中的一组发电机组出现故障,将由联网的其他发电机组为该组发电机组连接的两台推进器提供动力而

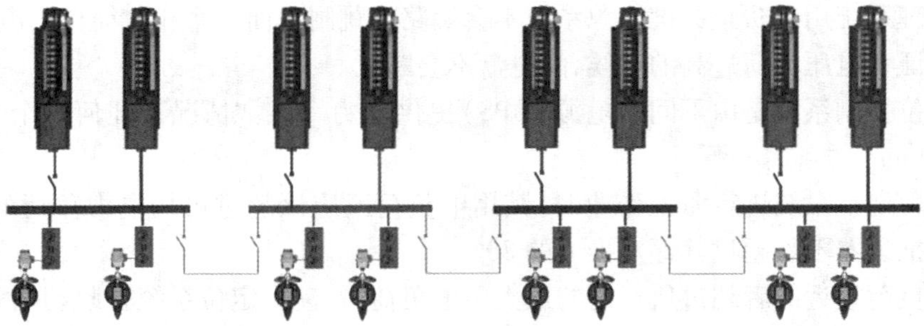

图 9-7　动力定位船舶/平台电力系统"母排开环"运行模式

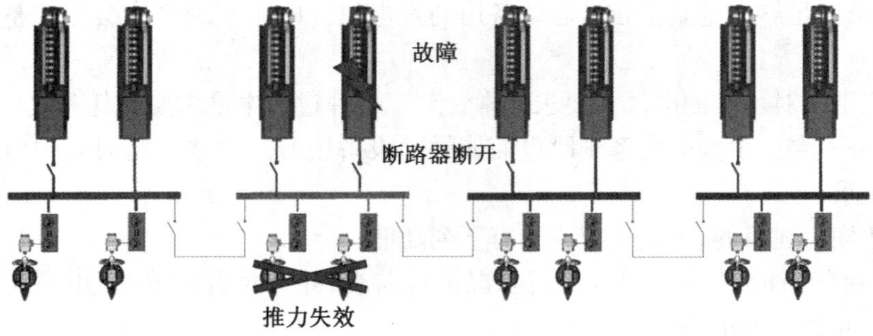

图 9-8　动力定位船舶/平台电力系统"母排开环"故障运行模式

不受影响,如图 9-10 所示。

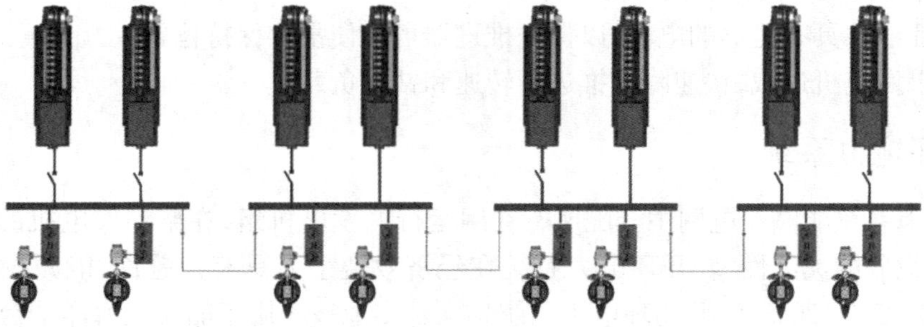

图 9-9　动力定位船舶/平台电力系统"母排闭合"运行模式

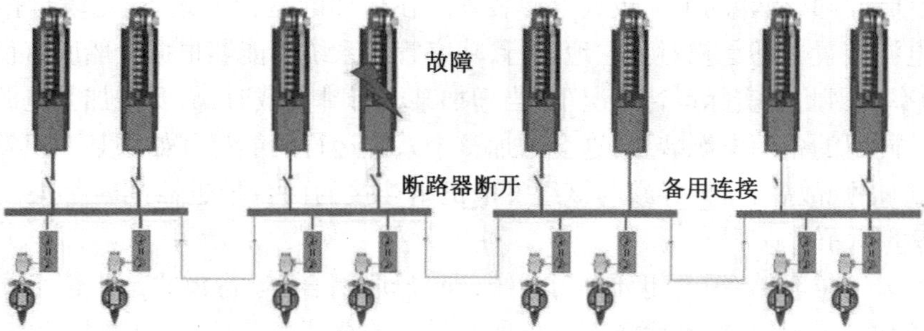

图 9-10　动力定位船舶/平台电力系统"母排闭合"故障运行模式

当船舶/平台电网母排联络开关都处于闭合状态，电网处于闭环工作模式。此时，冗余系统之间通过电网相互连接，两台发电机组在网运行既能满足推进器和冗余度的功率需求，也可根据环境条件起动更多的发电机组。

闭环电力系统具有以下优点：

(1)柴油机-发电机组总运行时间减少，单台柴油机-发电机组工作效率高，使用时间延长，维护量少，经济性提高；

(2)系统可靠性提高，单台发电机组发生故障不会影响推进器正常工作，电源管理系统会自动起动备用发电机组，确保动力定位系统正常工作。

闭环电力系统面临的问题(短路电流相关)：

(1)需要设计特定的保护环节；

(2)低电压穿越能力；

(3)暂态稳定性。

第10章 动力定位推进系统

第1节 概述

对于作业在深海中的动力定位船舶和海洋平台来说，只能依靠自身装备的推进系统来抵御风、浪、流等外界环境影响。因此，推进系统的工作性能将直接影响船舶和海洋平台的定位精度以及安全性。

推进系统是船舶能够正常作业的一个重要组成部分。船舶的推进系统主要功能是提供驱动船舶运动的推力和力矩，并且对外界的力和力矩起到抵抗的作用。船舶的推进系统主要是由原动机和推进器组成的。原动机的作用是将功率提供给推力机构，将功率转化成推力。原动机一般采用电动机，但是也可以用液压马达。由于电动机具有容易和船舶电力系统匹配，而且容易取得的优点，所以通常采用电动机作为原动机。推进器是将原动机提供的扭矩转化成船舶前进动力的装置，其最常用的结构形式是螺旋桨推进器。

推进系统所要具备的能力主要包括：

(1)抵抗风、浪、流等环境作用力；

(2)抵抗为达到某些特定的作业要求时产生的作用力；

(3)整个推进系统要有足够快的响应速度。

动力定位船舶/平台的推进系统一般是由不同类型的推进器组成的，推进器的类型主要包括主推进器、槽道推进器、全回转推进器、吊舱推进器、喷水推进器和摆线推进器等形式，如图10-1 所示。不同船舶/平台的推进器配置如图 10-2 所示。

图 10-1　动力定位船舶/平台上配置不同种类推进器

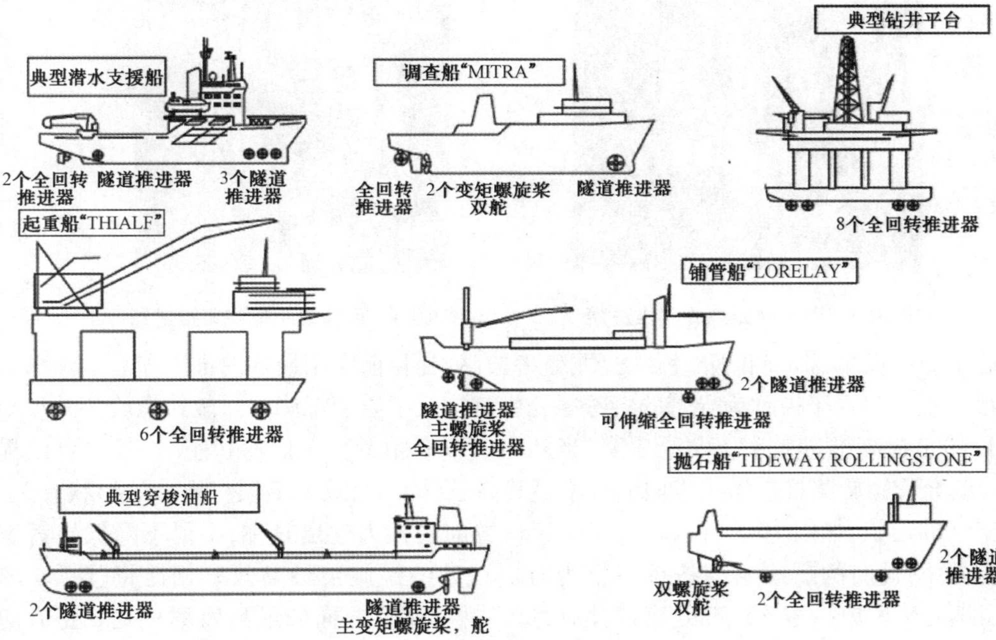

图 10-2　不同船舶/平台的推进器配置

第 2 节　推进器的形式和原理

1. 主推进器

动力定位船舶主推进器（Main Propeller）装置一般采用敞式螺旋桨推进器。它像一个螺丝钉一样在水中旋进，因此称之为螺旋桨。敞式螺旋桨推进器在船体上的安装形式与传统推进器相同，并且是不加推力增幅装置（如导管）的推进器。

敞式螺旋桨可以是定距调速型或定速调距型。敞式螺旋桨推进器由若干个叶片等距（等分角）固定在桨毂上，一般为 2~6 个叶片，但是常用的是三叶和四叶。当螺旋桨转动时，桨叶拨水向后，而自身受到水流的反作用力，其推力通过桨轴传递至船上。

螺旋桨推进器包括固定螺距螺旋桨（Fixed Pitch Propellers，FPP）和可调螺距螺旋桨（Controllable Pitch Propellers，CPP）两种，分别如图 10-3、图 10-4 所示。固定螺距螺旋桨是一种刚性桨叶螺旋桨，其螺距是不能改变的。桨叶厚度适应负荷的变化从叶梢到桨毂均匀增大。考虑到不同的迎流情况和空泡特性，大多数螺旋桨的横剖面形状是从外径附近的圆弓形剖面或镰刀形剖面逐渐变化到桨毂附近的翼型剖面。可调距螺旋桨是指在螺旋桨静止状态和转动状态都可以改变其桨叶螺距以及螺距比的螺旋桨。因此，布置在桨毂上的桨叶是可以转动的。螺旋桨轴呈中空状，大多数含有液压调整和控制系统，可使桨叶整体转动，从而可以改变螺距角。通过改变螺距角来改变桨叶的迎流角，因而改变每一片桨叶发出的推力，无须使周向速度发生变化。

图 10-3　固定螺距螺旋桨推进器

图 10-4　可调螺距螺旋桨推进器

螺旋桨结构简单、造价低廉、使用方便、效率较高，是目前应用最广的推进器。

将敞式螺旋桨置于被称为导管的特殊罩壳中就构成了导管螺旋桨。敞式螺旋桨外加导管的主要目的是提高推进效率。实验表明，当动力定位船舶运行于低速状态时，效率可以提高 20%。一般导管螺旋桨推进器正方向的效率显著高于反方向，效率不仅与导管的形状有关，还取决于桨叶的形状，如图 10-5 所示。为了使正反方向的推力输出对称，不得不降低导管螺旋桨的最高效率，此时的螺旋桨与按单一推力方向设计的螺旋桨最高效率相比将降低 10%~20%。当螺旋桨按单一方向最高效率设计时，这一螺旋桨反方向的最高效率只是其正方向最高效率的 50%多一些。

图 10-5　导管螺旋桨推进器

2. 槽道推进器

槽道推进器(Tunnel Thruster)是动力定位船舶中常见的一种推进器形式,安装有槽道推进器的船舶,可以大大地改善其低速航行时的操纵性能。槽道推进器可用于船舶在零航速或低速时转船,也可供船舶离靠码头和动力定位使用。槽道推进器一般安装在船体隧道中,隧道贯穿于船体的两侧,且一般垂直于船体的中纵剖面,因此槽道推进器只能提供横向推力。为获得更大的回转力矩,槽道推进器一般安装在靠近船舶的首尾两端。槽道推进器的有效推力不但受来流速度的影响,而且来流的方向和水深都会对其产生影响。此外,槽道推进器的水动力性能在很大程度上还会受隧道的长度和布置位置的影响。

槽道推进器一般是由电动机经斜齿轮驱动。在双向发力的槽道推进器中,通常将螺旋桨的桨叶做成对称翼剖面的,以螺旋桨的正反转来获得正向推力和反向推力。但是,由于槽道推进器无法做成完全对称的结构,因此槽道推进器的正向推力和反向推力一般是不相等的。槽道推进器的一般形式如图 10-6 所示。

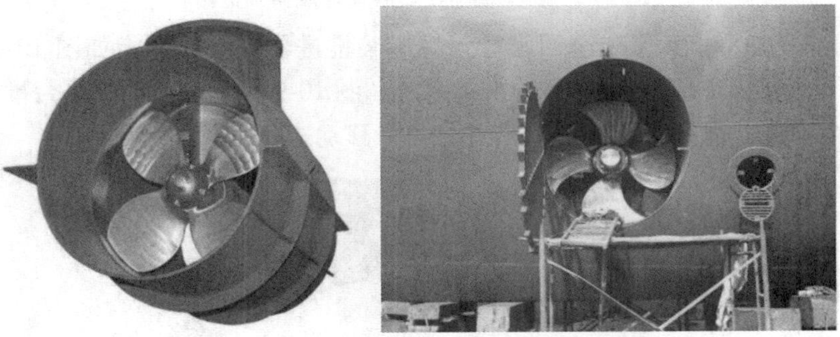

图 10-6　槽道推进器

3. 全回转推进器

全回转推进器(Azimuth Thruster)又称为 Z 形推进器、全向推进器等,它能够绕竖直轴 360°旋转,即可以在水平面内产生任意方向的推力,对于需要经常调节推力方向和大小的动力定位系统来说是非常适用的,已成为动力定位船舶中应用最普遍的推进装置。这种推进器可以是敞水式的或导管式的,可以做成调速的或调距的。全回转推进器又可以分为可伸缩全回转推进器和不可伸缩全回转推进器。可伸缩全回转推进器可收缩到船体中,以减小航行阻力,而且当全回转推进器损坏时,船舶不需要进坞修理。它与槽道推进器的差别是这种推进器可以自由转动,而槽道推进器是固定在船体内的。典型的全回转导管螺旋桨推进器如图 10-7 所示。

一般导管螺旋桨推进器正方向的效率显著高于反方向,效率与导管的形状有关。由于全回转螺旋桨可以进行 360°的回转,故可以产生任意所需方向的推力。它可以使船舶进行原地回转、横向移动、急速后退等特殊驾驶操作。装备全回转推进器可使船舶首部形状简化,减少船舶阻力,并且在推进器发生故障时可以将整机从机舱吊出而不需要进坞,使维修工作大大简化。另外,由于螺旋桨可以回转而不需要柴油机倒车,因此增加了柴油机的使用寿命。该新型推进器适合于各种工程船舶,如拖船、顶推船、浮动起重船、挖泥船、渡船和钻井平台等,具有广

图 10-7　典型的全回转导管螺旋桨推进器

阔的市场应用前景和军事意义。全回转导管螺旋桨推进器安装在船上如图 10-8 所示。钻井平台上装有 8 个全回转螺旋桨推进器的推进系统如图 10-9 所示。该钻井平台推进系统包括 8 个推进器,每个推进器都能实现 360°旋转并且可以移动。

图 10-8　全回转导管螺旋桨推进器安装在船上

4. 吊舱推进器

吊舱推进器(Podded Thruster)又称 POD 推进器,利用发电机(一般为柴油发电机组、燃气轮机发电机组或废气涡轮发电机组)将其他形式的能量转换成电能,再通过电动机将电能转化成机械能,实现了能量的非机械方式传递。吊舱推进器集推进和转舵的功能,可以替代中速柴油机、减速器和可调螺距螺旋桨等组合的传统机械推进方式。它提高了推进器的水动力性能,弥补了传统电力推进系统效率不高的缺陷。

吊舱推进器由吊舱和螺旋桨构成。其中吊舱又可以分为回转体形状的舱体和流线型的支架,舱体或支架上还可能安装鳍。舱体内置电动机直接驱动舱体前端和后端的螺旋桨,根据桨的数目以及位置可将其分为牵引式(拖式)、推式、串列式等。

吊舱推进器主要由支架、吊舱和螺旋桨等部件构成,如图 10-10 所示。吊舱通过支架悬挂

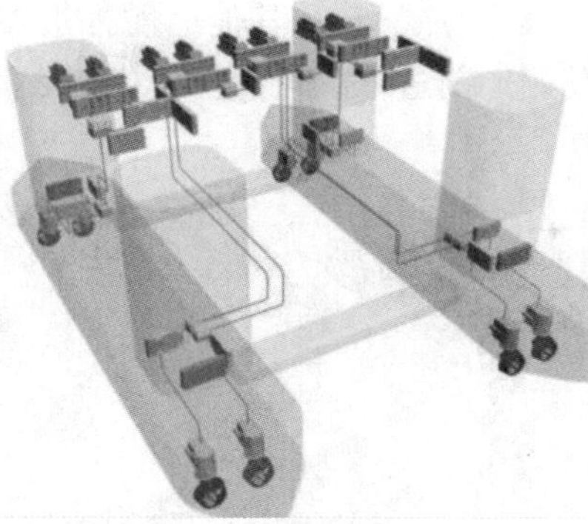

图 10-9 配置 8 个全回转螺旋桨推进器的推进系统

在船体下面，舱体内置电机直接驱动舱体前端和(或)后端的螺旋桨。将螺旋桨驱动电机置于一个能进行 360°回转的吊舱内，悬挂在船下，集推进装置和操舵装置于一体，省去了通常所使用的推进器轴系和舵。吊舱推进器将推进系统置于船外，可以节省船体内大量的空间，从而极大地增加了船舶设计、建造和使用的灵活性。

图 10-10 吊舱推进器

吊舱一般由船用钢和铸铁制造而成，通过法兰盘与船体相接。电动机由位于船舱内的发电机供电，发电机的电力和相关的控制数据经电缆和滑环装置传送给电动机。滑环装置由电动或液压马达来带动，能使吊舱 360°回转。由于推进系统本身完全包含在吊舱内，因此船体上省去了一些附属部分，如轴支架、常用的舰肋骨和舵，而且船内也没有艉轴和减速齿轮装置。另外，船内电站的位置不再受原动机的限制，船尾不需要装备助推器，吊舱推进装置由驾驶台上的主控面板来控制。

与传统的推进方式相比，吊舱推进器具有如下优点：它将推进系统置于船外，可以节省船舶内部大量的空间，提高船舶的经济效益和实用性；螺旋桨工作在稳流场中，可以提高螺旋桨的效率；省去了长轴系，提高了传动效率；此外还有布置方便、降低噪声和振动等优点。

5. 喷水推进器

喷水推进器(Waterjet)是由主机驱动水泵，利用高速、高压水流喷射产生的反作用力进行推进的装置。对于前面介绍的螺旋桨装置，其吸收功率受航速影响很大，船舶在加速或遇到风浪时，常使主机处于超载工况，而喷水推进装置则完全不同，其功率吸收不取决于航速，这对主机十分有利，而且有可能组成多轴推进装置。

喷水推进是一种特殊的船舶推进方式，它和其他船舶推进器不同之处在于其利用船舶推进泵喷出水流的反作用力来推动船舶前进，通过操舵和导航装置改变喷流方向来实现船舶操纵。喷水推进器如图 10-11 所示。

（a）模型图

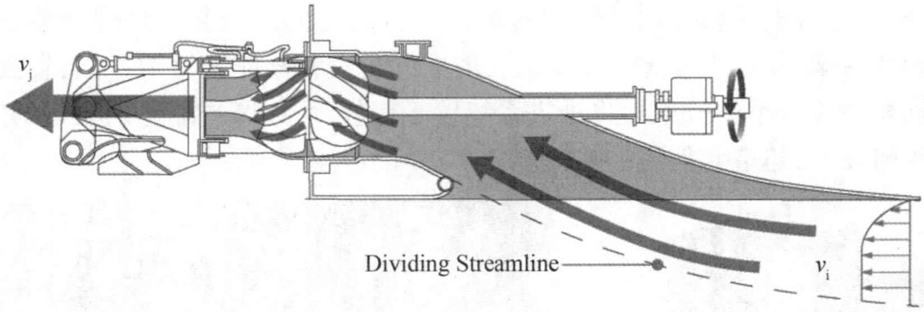

（b）原理图

（c）实物图

图 10-11　喷水推进器

6. 摆线推进器

摆线推进器（Voith Schneider Propeller）由一组均匀分布的叶片构成，一般为 2~6 个叶片，从船体垂直（双桨时，推进器可成一定角度）伸入水中并绕转盘中心轴线做圆周运动，同时，还绕叶片自身的转轴按一定规律摆动。摆线推进器如图 10-12 所示。

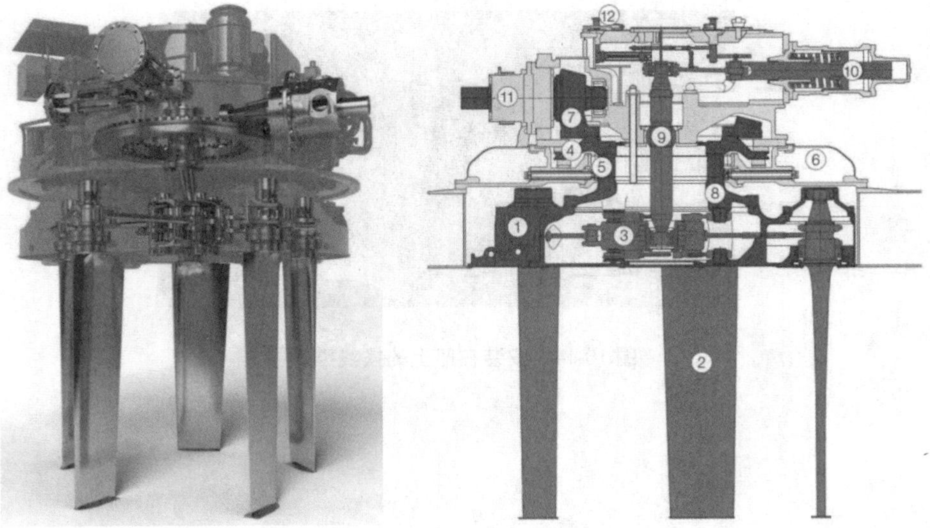

（a）模型图　　　　　　（b）结构图

图 10-12　摆线推进器

1—转子外壳；2—叶片；3—运动学；4—推力板；5—滚子轴承；6—桨壳；7—锥齿轮；8—驱动套筒；9—控制杆；10—伺服电机；11—齿轮泵；12—控制轴

摆线推进器叶片绕中心轴线做圆周运动的同时还绕叶片的轴线按一定规律摆动。只要改变控制点的位置就可改变每个叶片的摆动规律，进而可实现 360°水平范围连续改变推力的大小和方向，从而可实现船舶的前进、后退、横向移动、原地回转、急停等各种复杂运动。摆线推进器叶片在空间形成轨迹是一条摆线，因此称为摆线推进器，图 10-13 为摆线推进器叶片在相对于箱体和绝对位置的摆线轨迹图。安装在船上的摆线推进器如图 10-14 所示。

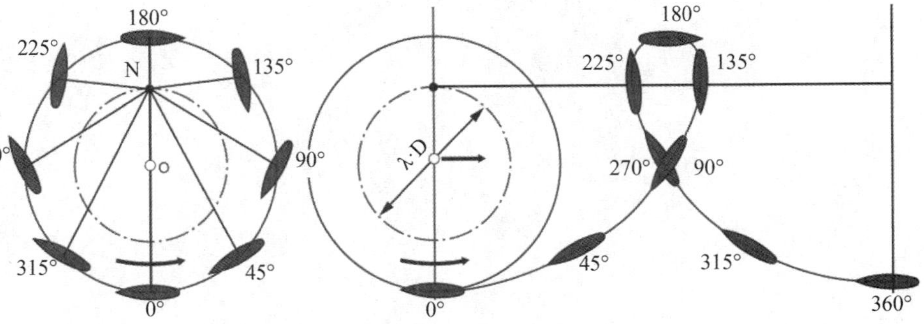

图 10-13　摆线推进器叶片的摆线轨迹

图 10-14　安装在船上的摆线推进器

第11章　动力定位船舶作业与动力定位系统失效移位

我国南海油气资源总量占全国的1/3，并且主要集中在500～3 000 m深水海域，随着"建设海洋强国""中国制造2025"和"21世纪海上丝绸之路"倡议的逐步实施，越来越多深水作业的船舶或平台将会配备动力定位系统。现在海洋行业对动力定位船舶或平台作业的安全性和可靠性要求越来越高，为了确保动力定位船舶或平台的作业安全，必须同时确保动力定位系统的控制精度和一旦发生动力定位系统失效后能及时、安全、有效地解脱。

第1节　动力定位船舶作业

动力定位是一项高新而成熟的技术，是20世纪60—70年代海洋石油和天然气勘探工业快速发展的必然结果。如今，动力定位系统被安装在各种船舶或平台上，不仅仅在近海工业。具体应用包括穿梭油船操作、深水钻井（钻机）、深潜和水下机器人（Remotely Operated Vehicle, ROV）支持业务、疏浚和抛石、铺设管道和管道挖沟作业、电缆铺设和维修业务，还有军事行动（如反水雷）等。

典型的动力定位船舶或平台包括：平台供给船、深潜支持船、水下机器人支持船、钻井船或平台、电缆铺设船、铺管船、挖泥船、起重船、抛石船、多用途船、穿梭油船、FPSO和海军舰艇和操作等。

1. 潜水支持作业

潜水支持船（Diving Support Vessel, DSV）是用于近海潜水进行工程潜水施工作业的支持船舶和漂浮基地，包括自航式船舶、四点锚泊船舶、动力定位船舶，一般配备Class 3级动力定位系统，如图11-1所示。

许多动力定位船舶是专门为支持潜水员而设计的，而有些船舶具有多种功能，支持潜水员只是其中的一项。潜水员所执行的工作多种多样，包括水下检查和测量工作、设备的安装布置、作业监控、丢失或遗弃设备的回收等。这些工作中的相当一部分已经逐步由ROV来执行，但是，有些工作仍然不能完全遥控，还是需要人工干涉。潜水技术如图11-2所示。

在配有推进器和螺旋桨的船舶上潜水，其危险性是显而易见的。动力定位船舶潜水的必

图 11-1　潜水支持船

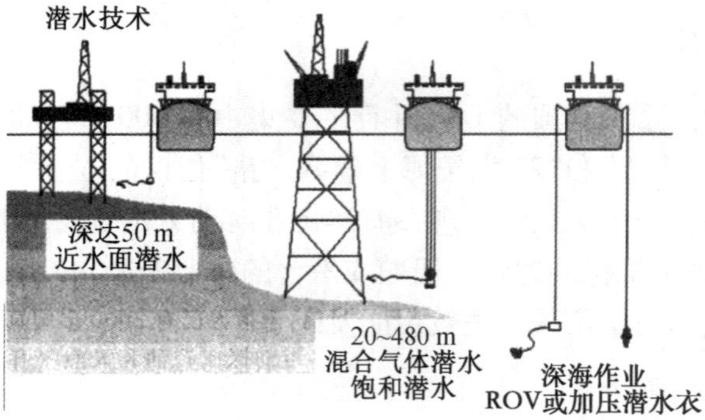

图 11-2　潜水技术

要条件是:潜水员携带的脐带长度比连接点与距其最近的推进器的距离至少短 5 m,以确保潜水器不被卷入推进器或螺旋桨,如图 11-3 所示。

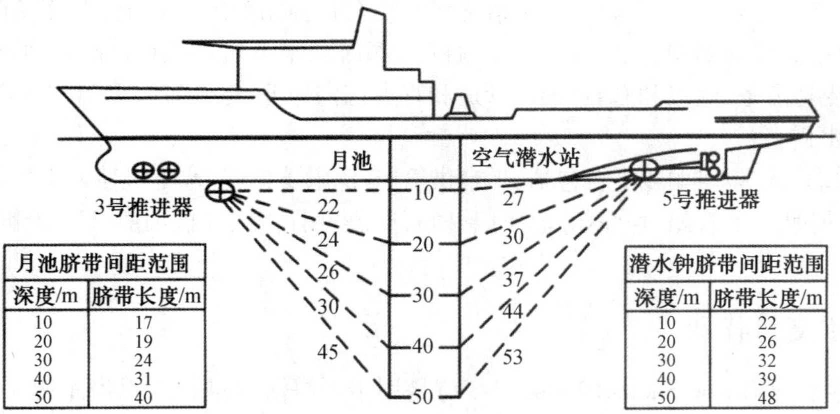

月池脐带间距范围	
深度/m	脐带长度/m
10	17
20	19
30	24
40	31
50	40

潜水钟脐带间距范围	
深度/m	脐带长度/m
10	22
20	26
30	32
40	39
50	48

图 11-3　脐带长度约束

饱和潜水是一种适用于大深度条件下开展长时间作业的潜水方式。按照国际惯例,当潜水作业深度超过 70 m,时间超过 1 h,一般就要采用饱和潜水。作为唯一一种可使潜水员直接暴露于高压环境开展水下作业的潜水方式,饱和潜水已经广泛应用于失事潜艇救援、海底施工作业、水下资源勘探、海洋科学考察等军事和民用领域。在潜水深度超过 50 m 的作业中,潜水员必须借助于潜水钟,携带的气体为氮/氧混合气体。潜水钟与母船上的加压设备配合,使潜水员能够下潜到工作深度。潜水员在高压舱活动时间可高达 28 天，以完成在潜水钟中的作业，该技术称为饱和潜水。潜水钟通过母船的月池（母船中间的一个开口）下放到水中，如图 11-4 所示。通常，潜水钟作业配有 3 名潜水员，工作时长为 8 h。

图 11-4 潜水钟

目前，潜水钟实际的极限下潜深度为 300 m，如果作业深度超过这一极限，将由深水遥控潜水器（Remotely Operated Vehicle, ROV）或穿有深海潜水衣（Atmospheric Diving Suit, ADS）的潜水员执行。随着 ROV 或者无人潜水器的装备、传感器和仪表越来越完善，它们所从事的工作也将越来越广泛。

2. 勘察和 ROV 支持作业

ROV 支持船（ROV Support Vessel）是进行 ROV 操作的动力定位船舶。ROV 支持船配备了计算机控制的精确定位功能，并具有额外的冗余功能，例如，多台计算机、推进器和参考系统。ROV 支持船设有额外的客舱、餐厅设施和客户办公室，以舒适地容纳 ROV 支持人员。ROV 支持船“Edda Sun”如图 11-5 所示。

图 11-5 ROV 支持船“Edda Sun”

这种类型的供应船通常从事大量的水道测量、沉船侦查、水下回收、现场勘测、安装检查及维护等任务。尽管任务本身可能相对无危险，但其工作点可能存在危险，尤其是当其工作点十分靠近平台结构时。

ROV 可以直接从位于母船一侧或船艇的吊架或者“A”形架下放入水，或者由中继器与箱笼联合下放到水中。如果从船的侧面将 ROV 下放入水，那么必须十分小心，要确保脐带不会与推进器或螺旋桨发生缠绕，如图 11-6 所示。为完成该作业，可以将动力定位系统设为“目标跟随”(Follow Target)模式，此时船上的水声接收器则成为位置基准，如图 11-7 所示。

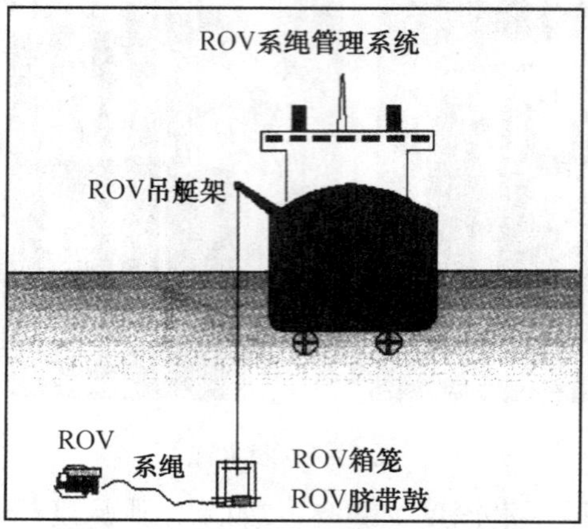

图 11-6　ROV 系绳操纵系统

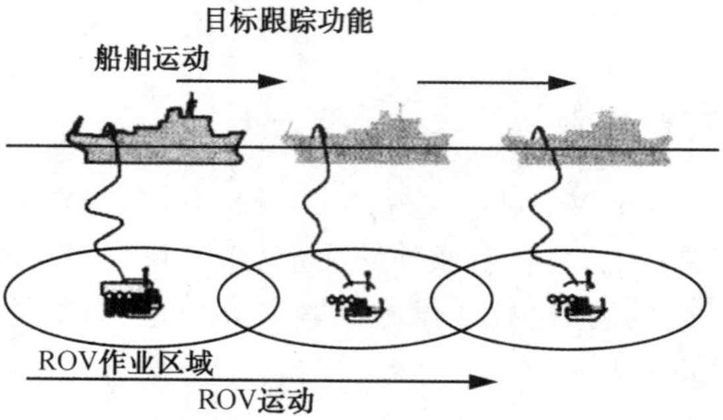

图 11-7　“目标跟随”模式

3. 海床开沟机作业

挖沟支持船(Trencher Support Vessel)是专为支持各种海底挖沟机而设计与建造的船舶。如图 11-8 所示的挖沟机支持船“Argo”具有电缆铺设和维修以及潜水、ROV、勘测、检查、维修、修理(Inspection, Maintenance and Repair, IMR)作业功能，船上装有 150 t 的主动补偿起重机和 65 t“A”形架。

完成铺设和掩埋电缆时会用到海床牵引机或开沟机，如图 11-9 所示。这时，母船需要遵循一定的轨迹航行。开沟机由船上操作员控制，就像它们在船上一样。由于土壤状况原因，它们运行得很慢。在有些情况下需要独立部署 ROV，用以记录作业的进展和表现。用于管道埋设的开沟机更大、更重一些，它们着陆于海床，位于管道上方，动力定位控制系统能够设定它的旋转中心。

图 11-8 挖沟机支持船“Argo”

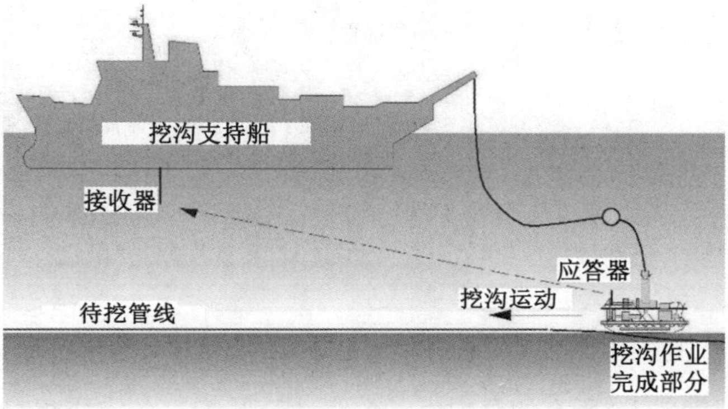

图 11-9 开沟作业

4. 铺管作业

铺管船(Pipelaying Vessel)是铺设海底管道专用的大型设备,多用于海底输油管道、海底输气管道、海底输水管道的铺设,其船体是铺管设备的载体,铺管设备及铺管工艺是整个铺管船的核心。主要的铺管设备包括张紧器、A/R 绞车、船舷吊、破口机、对口器、爬行探伤器、退磁器、加热器、辅助作业线、主作业线、移管机构、托管架以及电焊机等。如图 11-10 所示,许多铺管作业都是由动力定位铺管船执行的。

图 11-10 铺管船

铺管船铺管方式主要包括 S 型铺管(S-lay)法、J 型铺管(J-lay)法和 R 型铺管(R-lay)法。根据卷筒在铺管上的放置方式,Reel-lay 型铺管法有垂直卷筒式(Vertical Reel)和水平转盘式

(Horizontal Carousel)两种布置方式,如图 11-11 所示。

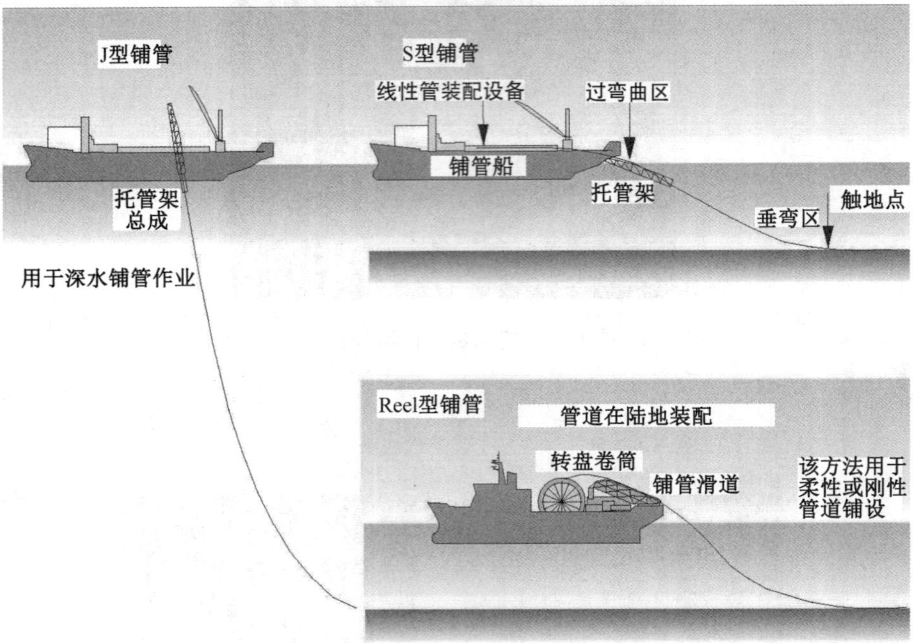

图 11-11 铺管方式

在典型的 S 型铺管船上,所有的管均由一个线性管装配设备完成焊接。每项作业都在特定的站完成。较远的站对焊接点、防蚀层进行 X 光和无损检验。动力定位操作员会不时地向前航行一段距离,正好为一段管子的长度。一旦完成一次向前航行,管子焊接作业就会继续进行。

管子保持的张力是很重要的。在线性管装配设备的后端,管子由许多张紧装置夹着,由履带卡持着管子。张紧装置控制着管子的运动,保持一定的管道张力。管子由托管架固定在线性管装配设备艇部,托管架是伸出船艇的一个开放式格子吊架,并向下倾斜。需要张力预防管子由于弯曲而损坏。张力可以确保光滑的悬链锁到达海床,如果没有张力,管子就会在接触海床的位置损坏。

管子的张力值传送给动力定位系统,而动力定位系统不断地提供推力指令以维持张力、位置和艏向。铺管作业尤其依赖于环境状况。船舶必须能够有效地应付各个方向的潮沙、海流和海风。

(1)S 型铺管作业

S 型铺管船施工时,将存放在船甲板两侧的管段运送到中央纵向作业线上,进行对中、焊接、X 光检测和喷涂补口,最后由张紧装置经托管架将管道徐徐伸向海底,如图 11-12 所示。

(2)J 型铺管作业

J 型铺管作业是为解决 S 型铺管作业中上拱段大应变问题而发展起来的一种深水铺管法,它将管线的接长作业由 S 型铺管法中的水平位置调整为竖直位置,管线在垂直的塔上完成连接后直接入水,如图 11-13 所示。在深水中,S 型铺管作业是不可行的,而 J 型铺管作业是很常见的。在 J 型铺管作业中,托管架设置为一个塔架,和垂直面偏移最高可达 20°。管子在焊接成管子串之前可能要垂直向上抬升 3~4 倍管长。

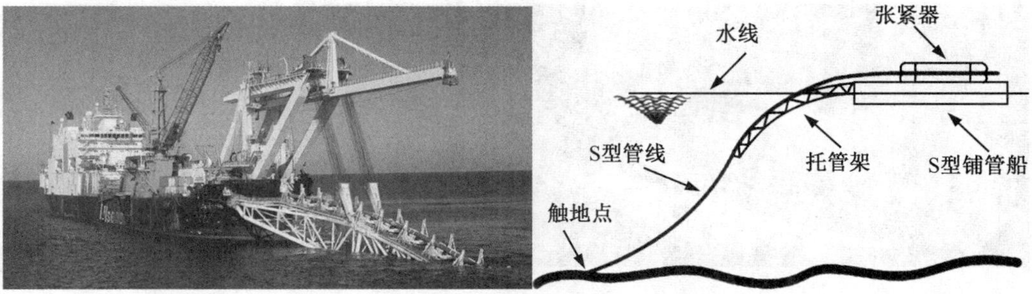

图 11-12　S 型铺管作业

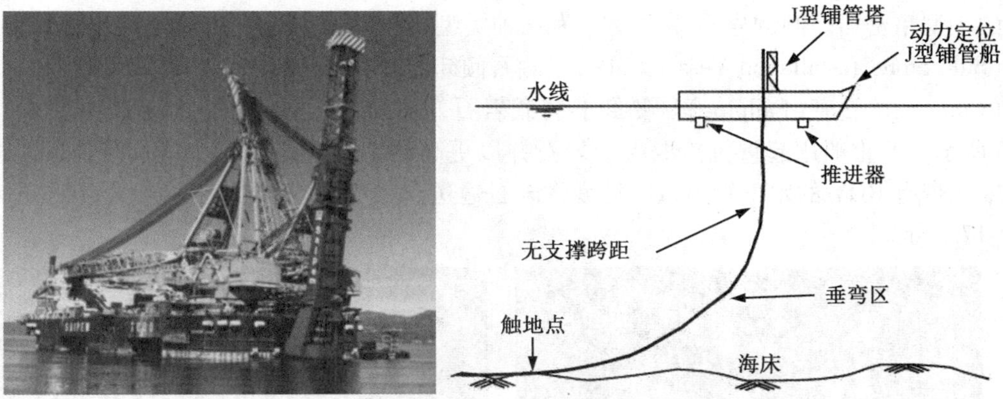

图 11-13　J 型铺管作业

(3)Reel-lay 型铺管作业

在 R 型铺管作业方式中管线的预制在岸上进行,即管线在船上作业时已经连续缠绕在船上的布管卷筒上,管线通过设在船尾的导向机构向海底连续放缆。垂直卷筒式(Vertical Reel),如图 11-14 所示。水平转盘式(Horizontal Carousel),如图 11-15 所示。船舶直接从工厂装载管子,将其绕在卷筒上或传送带里。船舶可以将管子运送到工作地点,通过调直机和张力机将其脱离卷筒/传送带,然后进行铺设。

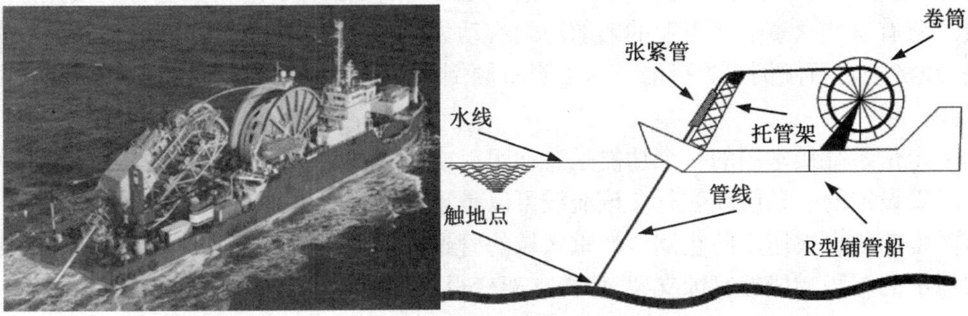

图 11-14　垂直卷筒式铺管作业

5. 倾倒岩石作业

倾倒岩石船(Rock Dumping Vessel,Stone Dumping Vessel)是专门为在海底倾倒岩石而设

图 11-15 水平转盘式铺管作业

计的。它们具有加固船体以承受岩石的重量,范围从大型散装运输船到运送岩石以帮助控制侵蚀的小型精密船。倾倒岩石船主要分为三种类型:侧卸式(Side Discharge),也称为侧石安装船(Side Stone Installation Vessel,SSIV)或侧石倾卸船(Side Stone Dumping Vessel,SSDV);起重机(Crane);落石管(Fallpipe)。侧卸船装载岩石,一旦定位,只需将它们倾倒在一边,如图11-16 所示。起重船用起重机拾取大量岩石并以更高的精度运送它们。落石船是最先进的,使用末端带有 ROV 的水下管道以高精度将岩石输送到海底,甚至将岩石倾倒在结构下方,如图 11-17 所示。

图 11-16 倾倒岩石船

图 11-17 落石船"Van Oord"

倾倒岩石船拥有动力定位系统是为了将岩石准确地倾倒在指定的海床(见图 11-18)。从微型载体(能够通过下水直管完成埋设作业)到更小的甲板装载导管,大部分均要用于侵蚀矫正项目。所有这些从事近海工业的船舶均配有动力定位系统,因为良好的航迹速度控制将使得统一、经济的岩石倾倒成为可能。对于岩石倾倒最普遍的需要就是对没有沟槽保护的管道提供保护。

动力定位系统最常用的一个功能是自动跟踪或循迹(见图 11-19)。这一功能能够使船舶精确地沿着设定的一条航线航行。该航线可以是预先勘测管道时设定的路径点。

该类型船舶也被用于防止潮汐严重区域的管道受潮水冲刷或腐蚀。例如,自升式钻井平台支架周围的沉积物能够腐蚀支架,使得支架变得不再稳定。

6. 采砂挖泥作业

挖泥船(Dredger)属于疏浚工程、船舶工程、机械工程和电气工程相融合的交叉技术领域的产品,它是一种由设置在船身上的挖泥装置将水底泥沙挖掘、提升、搬移和运送的船舶。挖泥船按其挖泥装置的挖泥原理分为机械式、水力式和气动式。

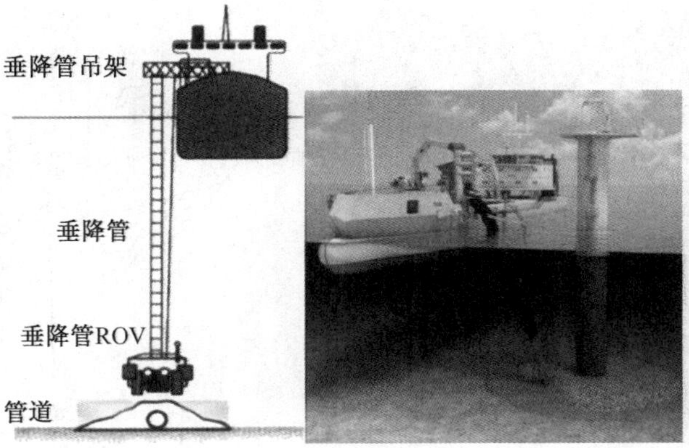

图 11-18　倾倒岩石作业

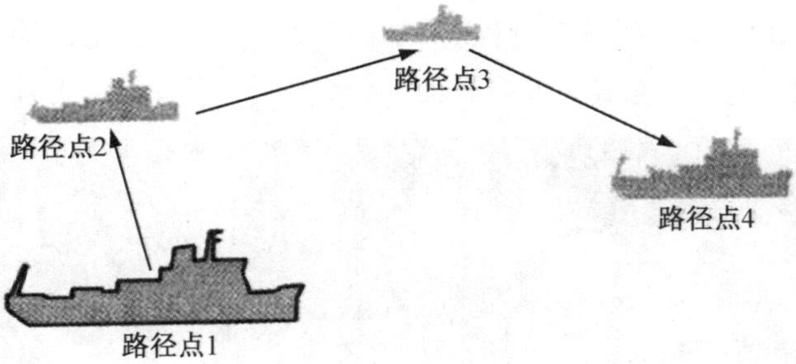

图 11-19　自动跟踪或循迹

机械式挖泥船利用机械直接破土，将泥土收集、提升和搬移至泥驳上，通过泥驳的配合运送挖掘物。少数机械式挖泥船上也带有泥舱，可将挖掘物装舱运送。机械式挖泥船包括链斗式挖泥船、铲斗式挖泥船和抓斗式挖泥船。

水力式挖泥船利用水流的冲刷进行破土，利用水流的吸力将破碎泥土收集、提升，利用水流将挖掘物进行搬移和运送。为了适应硬土、黏性土和风化岩石，现代水力式挖泥方法大多与机械破土相结合，利用刀齿或刀齿和水流冲刷进行破土。水力式挖泥船包括吸扬式挖泥船、绞吸式挖泥船、耙吸式挖泥船和喷水式挖泥船。耙吸式挖泥船是一种水力式挖泥船。它通过置于船体两舷或尾部的耙臂吸入泥浆，利用耙臂上的耙头松土，以“边吸泥边航行”的方式工作，船中设置开底泥舱，舱容积表示船的大小，如图 11-20 所示。

气动式挖泥船将空气的流动作为动力，进行水下土体的挖掘和输送，利用水下土体的压力与空气产生的负压将水底泥沙吸入管道，再利用压缩空气的气力能量提升、输送并排出泥沙。气动式挖泥船包括气动泵式挖泥船和气力提升式挖泥船。

目前，大部分新的挖泥船都有动力定位能力，因为希望它们能够沿着平行航迹航行。例如，对于拖尾吸扬式挖泥船来说，相邻航迹必须紧挨在一起并有最小的重叠。这正是动力定位系统循迹能力的理想状况。挖泥船需要精确地定位以确保它们在授权区域挖泥采砂，并帮助寻找特定类型的材料。

7. 铺缆与维修作业

电缆铺设与维修船(Cable Laying and Repair Vessel)是一种设计用于铺设和维修水下通信

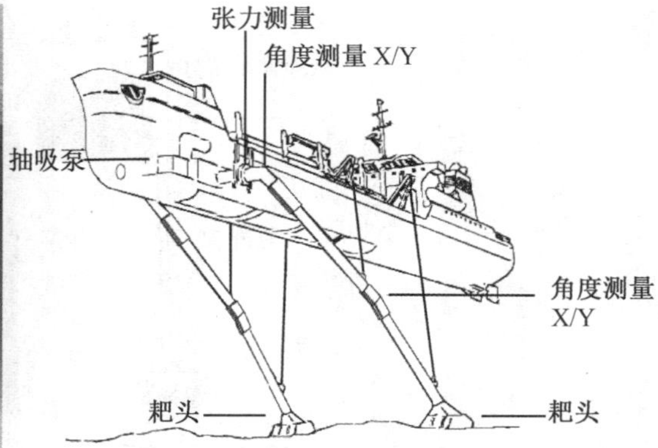

图 11-19　耙吸式挖泥船

电缆网络的远洋船舶，一般装有动力定位系统以精确定位船舶在海上的确切位置并铺设或维修水下电缆，如图 11-20 所示。在当今时代，水下电缆连接变得更加相关和有用，因此电缆铺设与维修船的重要性和相关性也增加了多方面。

图 11-20　电缆铺设与维修船"Reliance"

现代的纤维光缆与传统的电缆相比更为脆弱，所以它们在装载和弯曲半径上有更严格的限制。目前利用动力定位船舶进行铺缆(见图 11-21)和维修相当普遍。

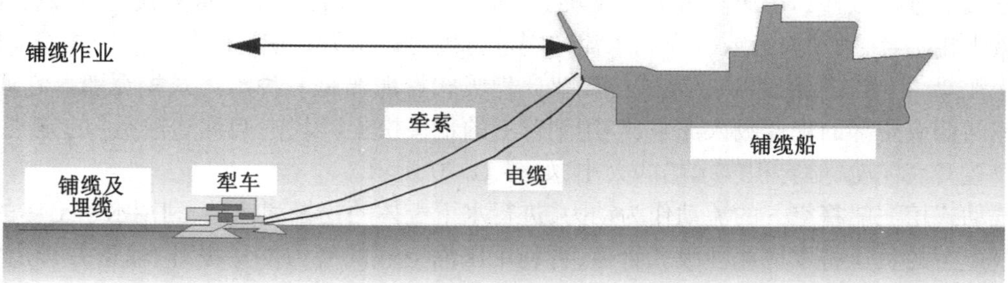

图 11-21　铺缆方式

近海或其他浅水区的铺缆作业，常常需要将电缆埋设起来，防止打捞装置对电缆造成损坏。当用到犁车时，需要船舶对其进行拖曳，就像田地里拖拉机拉犁耕地一样，这就降低了位置保持所用的动力。动力定位能力在作业的这一阶段是非常有用的，尤其是近海岸的连接作业——当船舶的铺缆作业接近尾声，距离海滩只有一小段距离便可完成连接时，需要船保持一个固定的位置——靠近海岸的浅水区域，此时潮汐和海流可能很强烈。电缆铺设与维修如图 11-22 所示。

(a)电缆铺设

(b)电缆维修

图 11-22 电缆铺设与维修

8. 起重船作业

起重船(Crane Vessel)是专用于水上起重作业的工程船,亦称浮式起重机或浮吊,如图11-23所示。起重船广泛应用于海上大件吊装、海上救助打捞、桥梁工程建设、港口码头施工、海上风电场安装、旧平台拆除等多个领域。

(a)全回转起重船

(b)半潜式全回转起重平台

图 11-23 起重船/平台

与石油和天然气工业相关的海上拆建工程几乎都配有起重船,甚至于城市建设项目中有时都有它的身影。海上救援和沉船移除作业也要用到起重船。许多起重船和建筑用船都具有动力定位能力,较大的船舶甚至配有符合国际海事组织规范的 Class 3 等级要求。动力定位对于这些船舶的最大好处是能够在很短时间内完成任务,因为节省了施放和回收系泊工具的时间,同时也避免了系泊工具对附近管道和其他建筑物造成损坏的风险。

9. 油船作业

计划到近岸装载站(Offshore Loading Terminal,OLT)装载的油船配有与其他动力定位船舶十分相似的系统,但是该系统特别配有近岸装载功能。

随着地域的不同,设备也会有所不同。典型的设备为柱形浮标,即有多点系泊的大型浮塔结构(见图11-24)。柱形浮标顶部通常带有一个旋转转台,用以连接船舶的系泊装置和软管装卸设备。

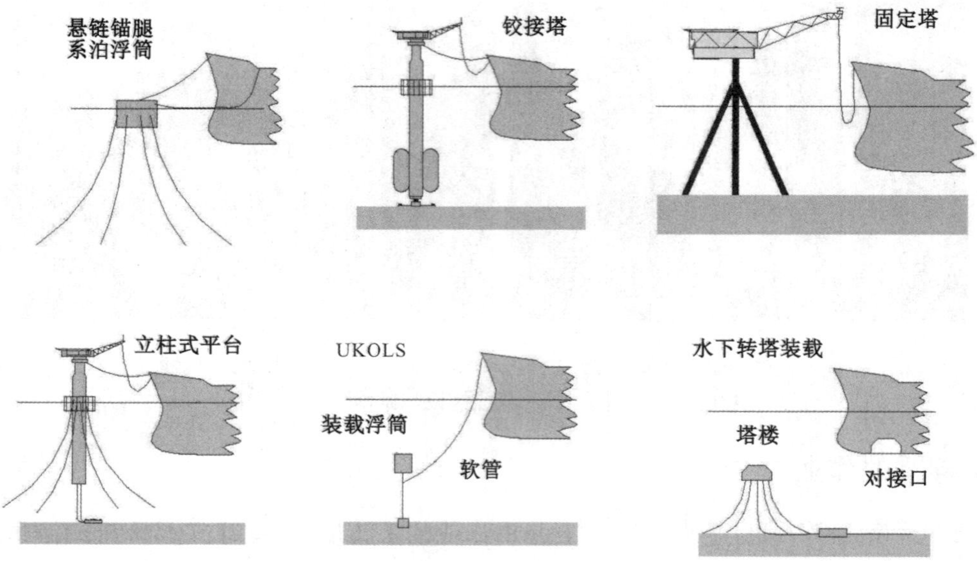

图 11-24　OLT 结构

UKOLS(Ugland-Kongsberg Offshore Loading System)设备有一个输油软管与水中浮标相连。该浮标浮力很大并系泊在固定深度。采用该设备的船舶不需要系泊缆索,与浮标连接的只有输油软管。最近出现了水下转台装载(Submerged Turret Loading,STL)系统,装载连接位于水下的浮标。一旦连接完毕,船舶就可以利用锚链转环绕 STL 中心随风漂浮(见图 11-25)。

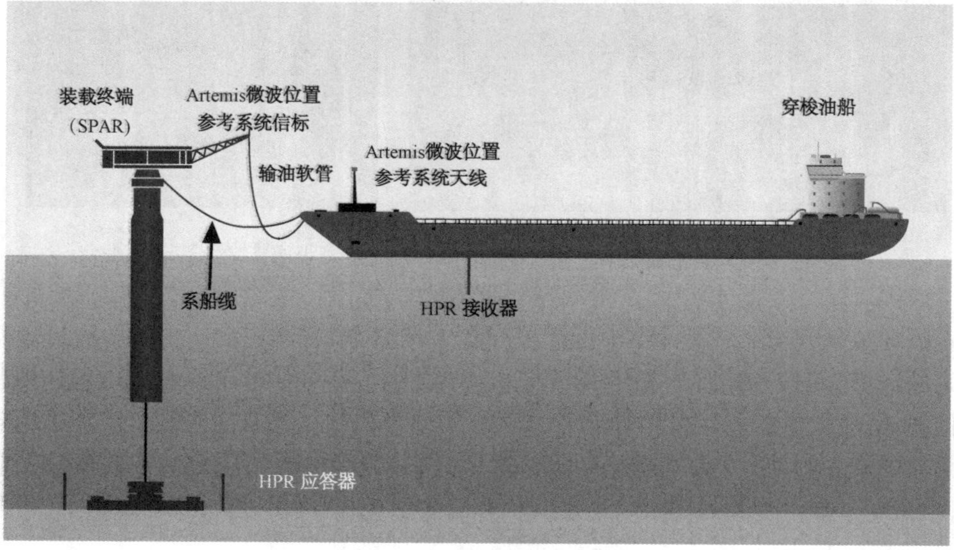

图 11-25　动力定位穿梭油船

10. 浮式生产储卸装置作业

浮式生产储卸装置(Floating Production Storage and Offloading,FPSO)是集生产、储油、卸油为一体的海上浮式生产储卸油装置。截止到 2021 年 7 月 1 日,全球共有 212 艘 FPSO,很多

FPSO 能够绕转台漂浮,并且保持指向与环境力方向一致(见图 11-26)。

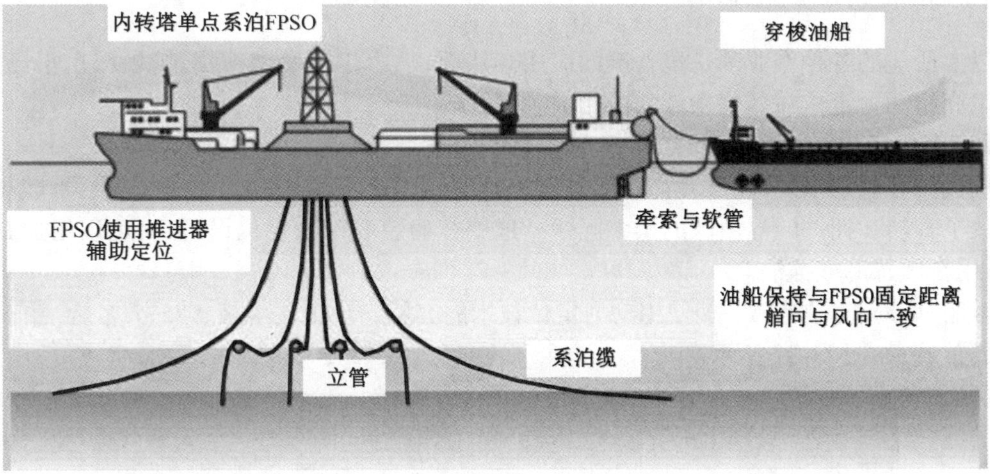

(a)

(b)

图 11-26 FPSO 与穿梭油船装载布置

大部分的 FPSO 利用穿梭油船出口石油,这些穿梭油船通常都具有动力定位能力。船舶将位置保持在一个圆内,该圆半径由输油软管的长度决定。参考位置是位于 FPSO 尾部的输油软管末端。FPSO 的系泊和定位系统允许船舶进行一定程度的运动,尤其是在深水中,因此 FPSO 可能不断地随波漂浮,使得穿梭油船的参考点移动。穿梭油船能够尽量地跟随这一运动或位置。

在 FPSO 外运作业中,相对位置基准是十分必要的。一个位置基准为相对 GPS(Differential Absolute and Relative Position Sensor,DARPS),从 FPSO 终端位置获取位置信息和方位数据。另一个位置基准为 Artemis 微波位置参考系统,在 FPSO 上有固定站,而且移动站在油船上。首先需要考虑的是从 FPSO 到穿梭油船的距离,以降低碰撞的风险。

11. 其他功能和作业

以上所述的各种作业都是最普遍的应用。然而,动力定位发展很快,扩展得也很迅速,下面就来介绍动力定位在其他领域的应用。

(1)客船(Passenger Vessel)

现代的客船吃水浅,能够允许其超过最大目的航程范围,增大干舷。吃水浅、干舷高的特点导致了客船在拥挤的停泊区的操纵问题。这些客船装配动力定位设备后,可以增加其灵活性,不用在敏感海域锚泊。

客船"Grandeur"是第一艘使用动力定位技术的客船,有 11 层甲板、975 个客舱,并于 1996 年完成首航,如图 11-27 所示。

图 11-27　客船"Grandeur"

(2)半潜船(Semi-submersible Vessel)

半潜船也称半潜式母船,它通过本身压载水的调整,把装货甲板潜入水中,以便将所要承运的特定货物(如驳船、游艇、舰船和钻井平台)从指定位置浮装于半潜船的装货甲板上,将货物运到指定位置。半潜船按照半潜入水后的外观特征划分,可以分为二岛式、三岛式和四岛式,如图 11-28 所示。半潜船压排载和调载系统的主要功能是由压载水动力设备(大功率压载水泵、大功率的空气压缩机)将压载水通过压载管系压入或排出压载舱,或将压载水在压载舱之间相互调驳。一些船舶是半潜式单体船,满载时全部浸入水中,允许货物浮于甲板上。动力定位设备能够保证其在装载作业期间正常使用。

图 11-28　四岛式半潜船

(3)三作用工作船(Anchor Handling Tug Supply Vessel)

三作用工作船是一种能够为海上石油工程提供多种作业服务的深水作业守护船,可航行于无限航区、近海航区;是配合海上作业的一种专用船舶,能够积极体现海上支援服务能力,其主要功能是配合海上石油钻探、开拓平台作业,如图 11-29 所示。

图 11-29 三作用工作船

(4)平台供给船(Platform Supply Vessel)

平台供给船是专为石油平台供给设计的,与三作用工作船比,其功能主要是物资供应,不具备拖带和操锚的功能。平台供给船的主要任务是为海上作业的所有固定和浮动式设施运送各类物资,提供后勤保障,如图 11-30 所示。

图 11-30 平台供给船

(5)勘探船

勘探船主要包括海洋勘探船(Research and Survey Vessel)和海洋调查船(Oceanographic Research Vessel)两类船型。

海洋勘探船是用于海洋地质勘探的海洋工程船舶,在地质勘探过程中,海洋勘探船保持低速航行,通过人工爆破产生地震波来探测海底地层。海洋勘探船上装有地震仪和钻机等有关勘探设备,可以直接钻探取样分析,也可以勘查油气、可燃冰和海底矿藏等海洋资源,如图 11-31 所示。

图 11-31 海洋勘探船"海洋石油 708"号

海洋调查船是专门用来对海洋进行科学调查和考察活动的海洋工程船舶。海洋调查船按其调查任务可分为综合调查船、专业调查船和特种海洋调查船。极地科考破冰船“雪龙 2”号，如图 11-32 所示。

图 11-32　极地科考破冰船“雪龙 2”号

(6)风电安装船(Wind Turbine Installation Vessel)

风电安装船主要用于海上风力发电机的运输和吊装，它将运输船、海上作业平台、起重船以及生活供给船的各项功能完美地融为一体，安装先进的动力定位系统和自动控制系统，操作灵活，可以独立完成上述运输和安装作业，全过程无须其他船舶协助。自航自升式平台，如图 11-33 所示。用于风电运维的服务与作业船(Service and Operation Vessel)，如图 11-34 所示。

图 11-33　自航自升式平台

图 11-34　服务与作业船

(7)多用途工作船(Multi-purpose Vessel)

多用途工作船是指为海上工程提供各种服务的特种工作船舶，如图 11-35 所示。多用途工作船具备多种用途，主要包括对钻井、采油、修井作业等各类平台或海上其他大型漂浮物远距离拖航的主拖船，执行拖带等作业任务；执行钻井、采油、修井等各类平台或海上其他大型结构物的安全守护、抢险救助任务；执行钻井、采油、修井等各类平台供应燃油、淡水、钻井水、钻采器具、液态泥浆、水泥等物质；为钻井、采油、修井等各类平台、浮吊进行起抛锚、移位、就位等生产施工作业等。

图 11-35　多用途工作船

(8)海上发射平台(Sea Launch)

海上发射平台也配备动力定位系统，如图 11-36 所示。

图 11-36　海上发射平台

(9)军事作业及军舰

许多国家都在海军及辅助舰船上配有动力定位设备。反水雷艇、两栖登陆艇等都是很好的例子。

第 2 节　动力定位系统失效移位

动力定位船舶或平台已逐步广泛应用在深水和超深水油气资源的勘探开发，由于面临复杂的海洋环境和作业要求，钻井船舶或平台可能会出现动力定位系统失效移位的紧急情况。深水钻井船或平台在发生动力定位系统失效移位时隔水管系统的解脱时间(Point of Disconnect, POD)通常是基于作业水深和隔水管顶部角度 θ_{top} 和底部角度 θ_{bot} 限制要求的简单估算，并没有准确计算动力定位系统失效后的船舶或平台运动规律，因此，有可能会导致不必要的停产时间。

钻井船或平台在钻井作业过程中，隔水管上部与下部挠性接头的角度必须保持在限制范围内，从而防止钻杆与隔水管之间发生摩擦和设备损坏，这就要求钻井船或平台必须保持动力定位系统有效，使装置始终位于允许作业位置范围内。一旦动力定位系统失效，就有可能定位失败，造成动力定位系统事故，最严重的动力定位系统事故是漂移或驱离，在这两种情况下必须在钻井船或平台位置超出允许范围之前断开与隔水管的连接并关闭井口,从而保证井口装置与隔水管系统的完整性。

1. 动力定位系统失效移位模式

动力定位系统失效移位(Loss of Position, LOP)是指船舶或平台不能维持预先设定的位置,如图 11-37 所示。对于动力定位系统操作来说,主要有两种动力定位系统操作失效模式,即漂移和驱离。这两种情况都可能产生严重的经济和生态后果。钻井船或平台在发生动力定位系统失效移位时,如果隔水管不能安全解脱将会对井口设施造成严重损坏并暴露海底设备,最终后果将会发生井喷或对海底生产系统造成严重损坏。这将导致对人员的危害、环境的损害和经济损失。与附近的船舶碰撞也是一个潜在的后果。

动力定位系统操作期间存在两种主要的移位模式:漂移和驱离。

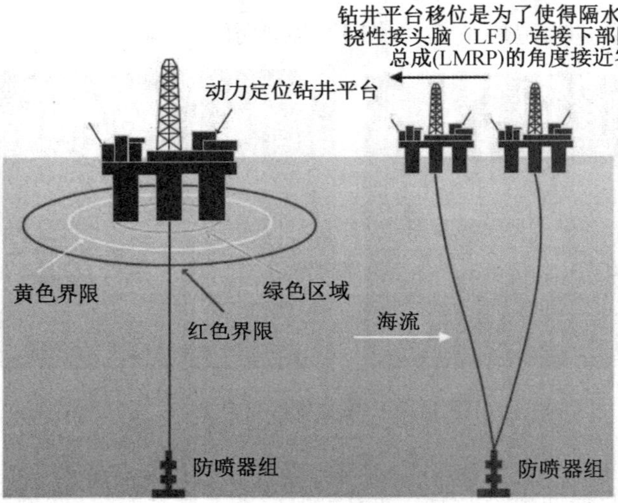

图 11-37 动力定位钻井平台失效移位模式

(1)漂移

漂移是指由于停电导致船舶或平台在环境力的作用下离开预先设定的位置。

船舶停止之前移动的距离取决于船舶正在经受的力和导致漂移的问题多久能得到解决。

有三种情况可能导致漂移:全部断电、部分断电导致推力不足、不正确的推进指令。

(2)驱离

驱离是指动力驱使船舶或平台离开预先设定的位置。驱离可以在全功率时发生。驱离可能由于错误的位置信息或者来自操作人员的错误输入而发生。驱离是动力定位系统被给予错误的位置参考输入并且试图通过利用它的推进器来纠正。这个原因包括位置参考系统、推进器、风传感器、动力定位计算机(硬件和软件)中的故障和操作人员失误。

当动力定位系统不能再保持位置时,力将被转移到连接井口的隔水管。这将造成巨大的拉力和水平力(因为钻机的偏移量),从而也许会破坏钻井。

2. 动力定位系统失效移位隔水管系统

每一艘移动式钻井装置都需要有一套程序和系统用来计划和应急解脱隔水管。应急解脱隔水管由于时间短暂比计划解脱隔水管重要得多。如果应急解脱被激活,防喷器(Blow-out Preventer,BOP)上的全封闭防喷器闸板(Blind Shear Rams)将会剪断钻杆(Drill Pipe)并密封井口。下部隔水管总成(Lower Marine Riser Package,LMRP)连接器将解开,使得下部隔水管总成(LMRP)和隔水管从防喷器上脱开,如图 11-38 所示。

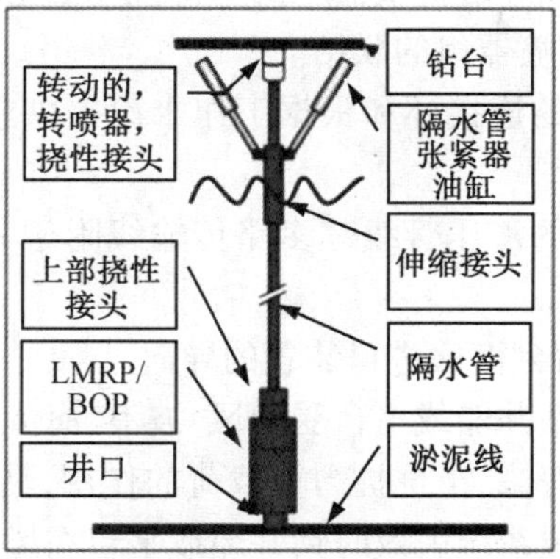

图 11-38 隔水管系统原理模型(直接作用式张紧器油缸)

深水钻井船或平台专用设备——隔水管系统由下而上的组成:下部隔水管总成、隔水管本体组件、伸缩隔水管、泥浆出口管及导流器组件。半潜工钻井平台隔水管系统布置如图 11-39 所示。

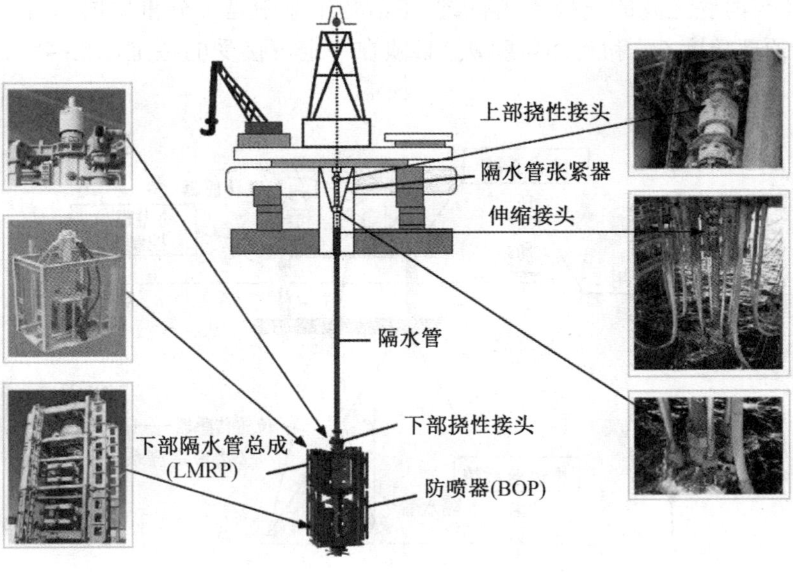

图 11-39 半潜式钻井平台隔水管系统布置图

隔水管系统的主要用途:

(1)下部挠性接头、上部挠性接头和伸缩接头组成适应任意方向运动,使浮式石油钻井船或平台在动力定位或锚泊定位作用下,在钻井船或平台偏离井口中心位移不超过工作水深的 5%(最大 10%)的范围内,钻井船或平台在升沉、摇摆、平移的综合随机运动状态下能安全进行石油钻井作业。

（2）隔水管形成海底井口与水面浮式石油钻井船或平台之间隔开海水的通道，以便于循环钻井液（如泥浆等），钻具旋转钻进、提升和重返井孔。

（3）在遇海底控制阀或环形防喷器组有故障时，可脱开下部隔水管总成与海底防喷器组的联结，将整个带海底控制阀和环形防喷器组的下部隔水管总成提出水面检修排除故障后再实施下部隔水管总成与海底防喷器组的联结。

（4）提供隔水管均匀张紧的连接环和根据工作水深提供立管自身的浮力模块，以确保隔水管在工作状态下的安全性。

（5）提供防喷器控制系统的液压管线和多路传输线附于其上的连接安装及压井/防喷管线的快速连接安装并保持密封。

（6）钻杆、钻井工作从钻台到海底进口装置的导向。

在正常工程模式下，深水钻井船或平台受到风、波浪、海流等环境载荷的作用，深水钻井船或平台隔水管系统受到波浪、海流、土壤抗力等载荷的作用，钻井船或平台与隔水管还会产生相互作用力。例如，当动力定位系统失效时钻井船或平台在风、浪、流的作用下发生漂移运动，钻井船或平台牵引隔水管顶部发生偏移，隔水管以及它与船体、防喷器之间的相互作用在钻井作业中是很重要的一部分，为了确保钻井船或平台安全、有效地作业，隔水管的顶部和底部角度必须在可接受的范围之内，如图 11-40 所示。如果超过这个角度限制，隔水管将要从井口脱开，这将会潜在地导致巨大经济损失。因此，在没有必要解脱的时候是极不希望解脱的，然而，当在需要解脱的时候如果没有解脱成功的话，将会导致更加严重的后果。

作为船体与海底之间的连接体，隔水管在钻井作业中是十分重要的部件。如图 11-40 所示，隔水管的顶部角度 θ_{top} 和底部角度 θ_{bot} 必须在一定可接受的范围（2°～4°）内，以防止对隔水管和/或井口造成损坏。

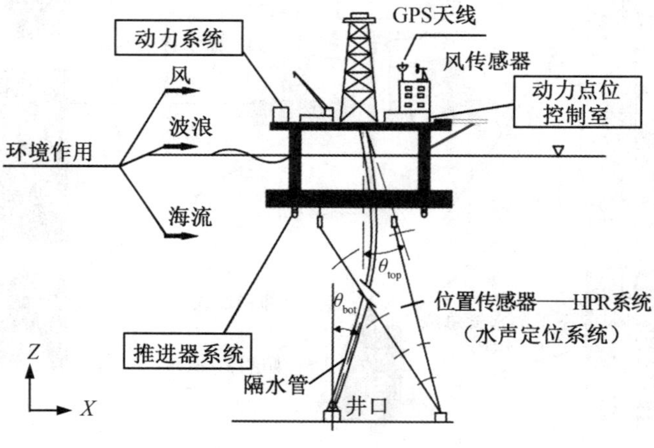

图 11-40　浮式结构物—隔水管系统布置图

3. 动力定位系统失效移位分析

深水钻井船或平台的最大特点之一就是在动力定位模式下进行相关的钻井、完井作业。因此，钻井船或平台在作业过程中可能面临由动力定位系统失效而导致的移位风险。

钻井船或平台动力定位系统失效移位范围主要分为以下三种情形,如图 11-41 所示。

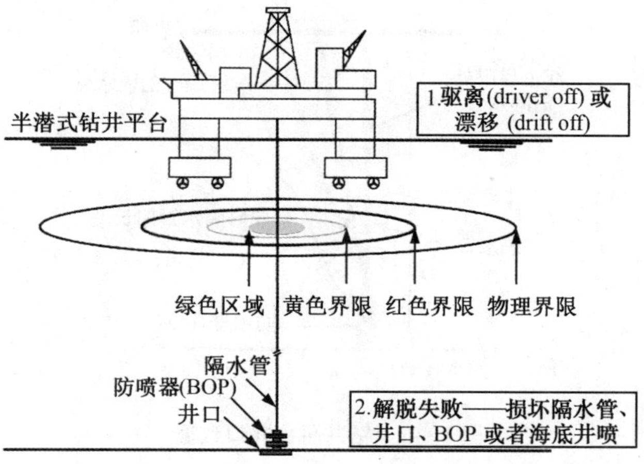

图 11-41 钻井平台动力定位系统失效移位示意图

(1)绿色区域内。可接受的位置偏离。此区域为正常工作时允许偏离的理想位置区域,只要能保持在此区域内偏移则为正常偏移。通常指水平偏移半径为水深的 3.5%以内,偏角 2°。正常的钻井作业可以进行。

(2)黄色界限区。作业受限的位置偏移区。钻井船/位置在此区域时可能造成起下钻困难,摩擦阻力增加,可能导致钻具与隔水管偏磨等情况。通常指水平偏移半径为水深的 3.5%~5%,偏角 3°。属于需随时做好应急解脱的阶段。一旦进入此偏移区域,需根据漂移趋势并判断还在可控范围内,否则需立即按照应急程序或预案采取应急解脱,必须满足达到红色界限警报前,应急准备程序完成,直接由现场指定人员操作。应急解脱黄色界限警报准备程序为:①当正在钻井时:停泵,上提钻具到合适位置,调整补偿器位置,关闭钻杆闸板,等待下步命令;②当钻铤过防喷器时:关闭万能防喷器,使钻具不下滑,如果上提能使钻头离开防喷器,最好就是上提钻具;③当套管过防喷器时:需要考虑剪切闸板能力,有能力剪切的话关闭万能防喷器使套管不下滑,等待下步命令,如果剪切不了则按照钻铤过防喷器方法。

(3)红色界限区。红色界限区是钻井船或平台偏离井位中心接近或达到水下设备(隔水管挠性接头等)允许的工作极限区域,即最大允许偏移量。最大偏移量是指水下设备(隔水管联结器等)能够被解脱时的最大允许偏移角度。通常为水平偏移半径为水深的 5%~7%,偏角 4°。属于应立即采取应急解脱的状况。

当达到红色界限时就需要立即应急脱离,否则有可能导致应急解脱失效,损坏井口及防喷器组等,一旦按下应急解脱按钮则应急脱离的动作会自动完成。

4. 动力定位系统失效移位界限值计算

红色界限值是在钻井船或平台动力定位系统失效移位时隔水管系统解脱的重要数据,因此,根据隔水管系统与水下井口解脱时的物理极限计算钻井船或平台动力定位系统失效移位时的红色界限值。

已知条件如下,钻井平台井口数据,如图 11-42 所示,钻井平台伸缩接头,如图 11-43 所示:

(1)钻井平台作业水深 h_1,单位为 m;

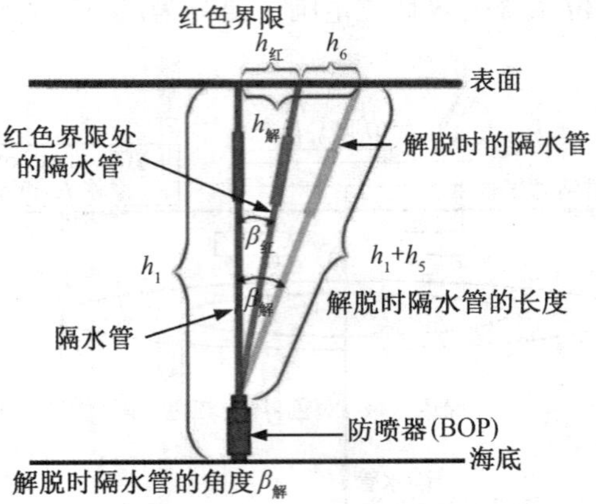

图 11-42 钻井平台井口数据

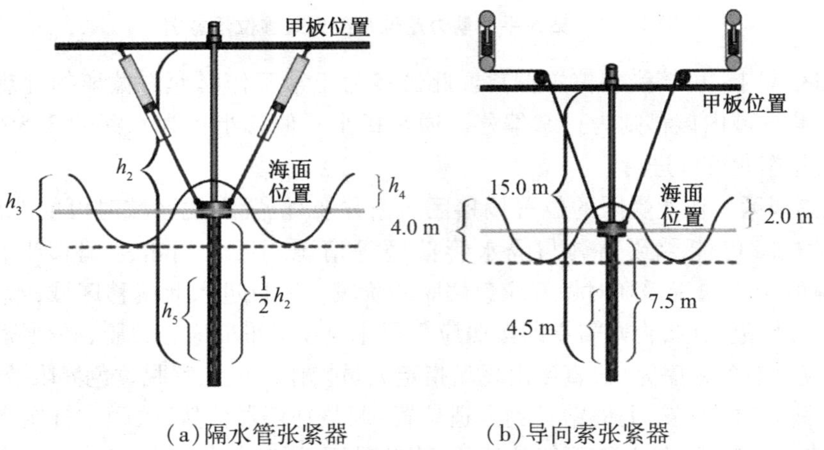

(a)隔水管张紧器　　(b)导向索张紧器

图 11-43 钻井平台伸缩接头

(2)下部隔水管总成解脱需要时间 t_1,单位为 s;

(3)最大隔水管角度 β,单位为°;

(4)伸缩接头长度 h_2,单位为 m;

(5)最大升沉量 h_3,单位为 m;

(6)潮汐(幅度)h_4,单位为 m;

(7)动力定位操作员(Dynamic Positioning Operator,DPO)记录断电后环境作用力使得钻井平台产生漂移(Drift off)的数据,并绘制漂移曲线;

(8)动力定位操作员记录推进器全部在最大推力下运行,停止 30 s 后开始记录驱离(Drive off)的数据,并绘制驱离曲线。

根据漂移曲线和驱离曲线分别计算下面三种输出结果,并且可以对这两种结果进行比较,红色界限值(Red status)$h_红$取两种情况中较小者作为最坏的情况(Worst case):

软件计算输出结果:

(1)红色界限值(Red status)$h_红$,单位为 m;

(2)黄色界限值(Yellow status)$h_黄$,单位为 m;

(3)警告界限值(Advisory)$h_{警}$,单位为 m。

需要计算的参数:

可获得的最大伸缩接头行程 $h_5=\frac{1}{2}h_2-\frac{1}{2}h_3-\frac{1}{2}h_4$

分别根据最大隔水管角度 β 和可获得的最大伸缩接头行程 h_5 求得 $h_{解1}$ 和 $h_{解2}$ 值,为安全考虑,取两者中较小者,即可求得解脱隔水管时平台离开设定井位的距离 $h_{解}$。

$$h_{解1}=h_1\tan\beta \tag{11-1}$$

$$h_{解2}=\sqrt{(h_1+h_5)^2-h_1^{\ 2}} \tag{11-2}$$

$$h_{解}=\min(h_{解1},h_{解2}) \tag{11-3}$$

根据 $h_{解}$ 分别从漂移曲线和驱离曲线中查找对应时间 t_2(单位:s),t_2 减去下部隔水管总成解脱需要时间 t_1 可获得时间 t_3,根据时间 t_3 分别从漂移曲线和驱离曲线中查找对应的漂移距离即红色界限值(Red status)$h_{红}$。

黄色警戒线距离设定井位范围可根据隔水管挠性接头转角为 2°求得,或根据作业经验取为红色警戒线距离设定井位范围的 60%,两者取小值[160]。

$$h_{黄1}=h_{红}\tan2° \tag{11-4}$$

$$h_{黄2}=60\%\times h_{红} \tag{11-5}$$

$$h_{黄}=\min(h_{黄1},h_{黄2}) \tag{11-6}$$

$$h_{警}=0.5\times h_{黄} \tag{11-7}$$

参考文献

[1]罗勇. 浮式结构定位系统设计与分析[M]. 哈尔滨:哈尔滨工程大学出版社,2015.

[2]KAI-TUNG M,YONG L,THOMAS K,et al. Mooring system engineering for offshore structures[M]. Cambridge,Mass:Gulf Professional Publishing,2019.

[3]马延德. 海洋工程装备[M]. 北京:清华大学出版社,2013.

[4]边信黔,付明玉,王元慧. 船舶动力定位[M]. 北京:科学出版社,2011.

[5]徐海祥,冯辉. 船舶动力定位系统原理[M]. 北京:国防工业出版社,2016.

[6]《海洋石油工程设计指南》编委会. 海洋石油工程 FPSO 与单点系泊系统设计[M]. 北京:石油工业出版社,2007.

[7]曾晓光,金伟晨,赵羿羽,等. 海洋开发装备技术发展现状与未来趋势研判[J]. 舰船科学技术,2019,41(9):1-7.

[8]《海洋石油工程设计指南》编委会. 海洋石油工程设计指南[S]. 北京:石油工业出版社, 2007.

[9] AMERICAN PETROLEUM INSTITUTE. Design and analysis of stationkeeping systems for floating structures [S]. Washington: API Publishing Services, 2015.

[10] 国家能源局:浮式结构物定位系统设计与分析[S]. 北京:2016.

[11] 中国船级社. 海上移动平台入级规范[S]. 北京:2020.

[12] 崔宇涛,潘方豪,张莹,等. 船形 FPSO 多点系泊的甲板机械型式简介[J]. 船舶,2017,28(3):85-88.

附图2　海洋油气资源开发体系图（(

·il States公司）